평강의 주께서 친히

때마다 일마다

평강을 주시기를 기도하며

특별히 ＿＿＿＿＿＿ 님께

이 소중한 책을 드립니다.

하나님에 대해 똑바로 알아야 할 9가지

나침반사

MEMBER OF THE
EVANGELICAL CHRISTIAN PUBLISHERS ASSOCIATION
● 본사는 세계적으로 권위있는 출판사들의 모임인 「국제 기독교 복음주의 출판인 협회」의 회원사입니다.

종합선교 –나침반社/그리스도인들의 성장을 돕습니다.

110-616 서울 · 광화문우체국 사서함 1641호 ☎(02)279-6321~3/주문처 (02)606-6012~4

● ● ●

COMPASS HOUSE PUBLISHERS

**A DIVISION OF NACHIMBAN (= COMPASS) MINISTRIES
KWANGHWAMOON P. O. BOX 1641, SEOUL 110-616, KOREA**

차 례

1 · 7

이 바쁜 세상에 하나님을 힘써 알아야 하는 까닭이 무엇일까?

2 · 35

하나님도 때로는 마음을 바꾸실까?
첫째 · 불변하시는 하나님 / 둘째 · 영원하신 하나님

3 · 55

하나님께서 지금 이 방에도 계실까?
셋째 · 스스로 존재하시는 하나님 / 넷째 · 편재하시는 하나님

4 · 81

하나님도 못하시는 것이 있을까?
다섯째 · 전능하신 하나님

5 · 117

우리도 하나님의 능력을 행할 수 있을까?

6 · 165

하나님은 정말 모든 것을 다 아실까?
여섯째 · 전지하신 하나님

7 · 215

하나님은 세상의 왕과 어떻게 다르실까?
일곱째 · 절대주권자이신 하나님

8 · 247

예수님은 그저 온순하기만 한 분이셨을까?
여덟째 · 온유하신 하나님

9 · 299

예수께서 십자가를 기꺼이 지실 수 있었던 힘은 무엇이었을까?
아홉째 · 겸손하신 하나님

1

이 바쁜 세상에
하나님을 힘써 알아야 하는
까닭이 무엇일까
?

하나님을 알아야 하는 첫번째 이유 : 올바른 예배를 드리기 위해

신령으로 드리는 예배란 성령으로 거듭난 진정한 예배자가 성령의 감화 감동하심으로 마음과 뜻과 정성을 다해서 일심으로 드리는 예배를 말합니다. 또한 진정으로 드리는 예배에는 두 가지 차원이 있는데, 첫째로는 하나님께서 계시하신 진리에 따라 드리는 예배를 말하고, 둘째로는 가식과 거짓 없이 신실한 마음으로 드리는 예배를 말합니다. 신령으로만 예배를 드려도 안 되고 진정으로만 예배를 드려서도 안 됩니다. 하나님께서 받으시는 예배는 신령과 진정으로 드리는 예배이며, 신령과 진정으로 예배드리는 사람들을 주님께서 찾으신다고 말씀하셨습니다.

> "하나님은 영이시니 예배하는 자가 신령과 진정으로 예배할지니라"(요 4:24).

예배에서 말씀이 차지하는 중요성이 여기에 있습니다. 사람들은 말씀을 통해서 하나님이 어떤 분이신가를 깨닫게 되고 그 말씀이 우리 마음속에 뜨거움을 주셔서 우리로 신령한 예배를 드릴 수 있게 합니다. 그러므로 말씀과 신령한 예배는 순환 고리의 관계에 있다고 할 수 있습니다. 진리 되신 말씀이 우리로 신령한 예배를 드리게 하고 또 신령으로 드린 예배가 진리로 더 나아가게 하기 때문입니다. 신령과 진정, 이 둘 중 하나에만 치우쳐서는 안 됩니다. 이 두 가지가 조화를 이룰 때 하나님께서 받으시는 아름다운 예배가 됩니다. 그런 예배의 모습이 다음 두 구절에 잘 나타나 있습니다.

"그리스도의 말씀이 너희 속에 풍성히 거하여 모든 지혜로 피차 가르치며 권면하고 시와 찬미와 신령한 노래를 부르며 마음에 감사함으로 하나님을 찬양하고"(골 3:16).

우리들 마음속에 그리스도의 말씀이 풍성히 거하여 있다면, 그리고 하나님이 어떤 분이신지 아는 지혜가 우리에게 있다면, 그래서 우리가 그 지혜를 서로 가르치고 권면한다면 우리들 마음속에서 시와 찬미와 신령한 노래가 나오고 감사함으로 하나님께 찬양을 드리게 될 것입니다. 이것이 바로 신령과 진정이 조화를 이루고 있는 예배의 모습입니다.

"저희가 서로 말하되 길에서 우리에게 말씀하시고 우리에게 성경을 풀어 주실 때에 우리 속에서 마음이 뜨겁지 아니하더냐 하고"(눅 24:32).

그들이 좇던 예수님이 십자가에 달려 돌아가신 사실에 절망한 제자 두 사람이 엠마오로 내려가고 있었습니다. 그러나 부활하신 예수께서는 그들과 함께 걸으시며 그들에게 예수 그리스도에 관한 하나님의 말씀을 풀어서 말씀해 주셨습니다.

이 제자들은 자신들과 동행했던 낯선 사람이 부활하신 예수님이라는 사실을 나중에야 깨닫습니다. 예수께서는 하나님의 말씀을 풀어 주심으로써 제자들의 마음을 뜨겁게 하셨고 그것이 곧 신령과 진정으로 예배드릴 수 있는 발판이 되었습니다.

다시 말해, 하나님의 말씀이 가르쳐지지 않는 곳에서는 신령과 진정으로 드리는 예배가 이뤄질 수 없습니다. 말씀을 들을 때 그 마음속에 저절로 예배드리려는 욕구가 생깁니다. 그래서 하나님의 말씀을 가르치는 것이 무엇보다 중요합니다. 교회에 모여 적당한 형태를 갖추고 드리면 그게 예배이고 거기에서 그 나름대로 은혜를 받으면 그만이지 예배가 뭐 별다른 것이냐고 생각할지 모르지만 하나님의 말씀을 가르치지 않는 곳에서는 진정한 예배가 드려질 수 없습니다. 이 사실을 늘 기억해야 합니다.

한 가지 또 예배와 관련해서 알아야 할 것은 하나님을 아는 지식이 얼마만큼 순수한가에 예배의 순수성이 달려 있다는 것입니다. 즉, 예배가 순수하기 위해서는 하나님을 아는 지식이 순수해야만 합니다. 그 지식이 순수하지 못하면 순수하지 못한 만큼 예배는 그 순수성을 잃게 됩니다. 하나님을 아는 지식이 순수하려면 예배의 대상이신 하나님이 어떤 분인가 하는 것이 말씀을 통해 바로 가르쳐져야 합니다. 그것이 늘 가르쳐지지 않는 곳에서는 진정한 예배가 드려지지 않습니다.

그러니까 먼저 무엇으로부터 시작해야 되는가 하면 하

나님이 어떤 분인가 하는 것을 성경의 가르침을 통해 깨닫는 것에서부터 시작해야 합니다. 그 깨달은 것을 가지고 우리 일상 생활에서 그 하나님의 성품을 그대로 인정해 드리고 믿는 것, 그것이 바로 생활 속에서 일어나는 예배, 즉 올바른 예배입니다. 다시 말하자면 하나님이 누구신가를 이해하지 못할 때 우리는 하나님이 마땅히 받으셔야 할 예배를 드릴 수도, 그런 예배를 드릴 만한 사람이 될 수도 없습니다. 그리고 그것은 곧 하나님의 영광을 도둑질하고 있는 것이나 다를 바가 없습니다.

하나님께서 사람을 통해 역사를 이루셨는데 그 영광을 하나님께 돌리지 않고 사람이 가로채는 것, 그것만이 하나님의 영광을 도둑질하는 행위가 아닙니다. 그것보다 더 적극적으로 하나님의 영광을 도둑질하는 것이 뭔가 하면 바로 하나님께 드려야 할 영광을 제대로 드리지 못하는 것입니다. 우리는 하나님이 어떤 분인지 똑바로 알지 못해서 하나님에 대해 오해하는 일이 많습니다. 정도는 다 틀리지만 모든 믿는 자들이 하나님을 조금씩 오해하고 있습니다. 하나님은 무한한 분이시기 때문에 결코 그분을 다 알 수는 없습니다. 그러나 예수 그리스도의 계시와 성령님의 조명하심으로 우리들은 하나님이 누구신가를 알게 됩니다.

하나님에 대해 잘못된 생각을 갖고 있으면 그것은 곧 잘못된 가르침으로 나타납니다. 하나님에 대해서 잘못 생각하고 있는' 사람이 하나님에 대해서 정확하게 가르칠 수가 없습니다. 하나님에 대한 잘못된 생각이 그 다음에는 잘못된 교리로 발전할 수 있습니다. 그리고 그 잘못된 교리는 생활로 표현되게 돼 있습니다. 일상 생활을 통해 하나님의 성품을 표현해 드리는 것이 예배인데 잘못된 생각과 잘못된 교리는 나로 하여금 잘못된 생활을 하도록 만들어 하나님의 성품을 제대로 표현할 수 없게 합니다. 그렇기 때문에 그것이 곧 하나님의 영광을 도둑질하는 행위가 됩니다.

신명기 29장 29절은 이렇게 말씀합니다.

"오묘한 일은 우리 하나님 여호와께 속하였거니와 나타난 일은 영구히 우리와 우리 자손에게 속하였나니 이는 우리로 이 율법의 모든 말씀을 행하게 하심이니라."

비밀한 것은 하나님께 속하였으나 하나님께서 우리에게 나타내기를 원하시는 모든 것은 성경 안에 다 들어 있습니다. 지금부터 하나님과 얼굴과 얼굴을 맞대고 보는 그 날까지 우리에게 필요한 모든 것이 이 성경 속에 들어 있습니다. 이 성경에 나타나지 않은 하나님의 성품에 관해서는 비밀에 부쳐 놓았다고 하셨습니다.

그런데 사람들은 신기하게도 이 계시된 말씀을 알기보다는 감추어 놓으신 것에 대해 더 알고 싶어합니다. 그래서 말씀을 열심히 연구하기보다는 감춰져 있는 것을 더 열심히 찾습니다. 하나님께서 최초의 인간 아담과 하와에게 주셨던 특권은 말할 수 없이 엄청난 것이었습니다. 그러나 그들은 자신들에게 허용된 그 많은 특권을 누리기보다는 하나님께서 감추어 놓으신 한 가지 것에 더 관심을 보였습니다. 그들은 그 한 가지를 알려고 하다가 시험에 빠졌습니다.

천하없는 수재, 천하없는 성경 연구가, 그리고 일평생을 말씀 하나만 공부한 사람이라고 할지라도 아직까지 성경을 완전히 정복한 사람은 한 사람도 없습니다. 그런데도 우리는 우리에게 주어진 모든 관심과 모든 지식과 모든 노력을 동원해 하나님의 말씀을 더욱 깊이 파려고 하기보다는 보여 주시지도 않는 환상을 보고 싶어하고 보여 주시지도 않는 천국을 보고 싶어합니다.

어떤 사람이 천당을 보여 달라고 7년을 기도했더니 하나님께서 보여 주셨다는 내용의 책이 있어서 읽어 봤습니다. 그가 7년 동안 기도해서 본 하늘나라는 계시록에 기록되어 있는 하늘나라와는 전혀 달랐습니다. 설사 하나님께서 그에게 하늘나라를 보여 주셨다 해도 계시록의 하늘나라와 같았을 것이고 안 보여 주셨다 해도 계시록에 묘사된 하늘나라만 알면 되지 않겠습니까? 저는 그 저자에게 이렇게 묻고 싶습니다. 하늘나라를 보여 달라고 7년 동안 기도하기보다 그 7년 동안 요한계시록을 공부하는 게 낫지 않았겠느냐고 말입니다. 요한계시록에는 하늘나라가 어떻다는 것이 너무나도 자세히 기록되어 있습니다.

　제가 하고 싶은 말은 이것입니다. 하나님은 무한하시기 때문에 평생을 다 투자해도 우리는 하나님을 다 알 수 없습니다. 유한의 그릇이 무한의 내용물을 담을 수 없듯이 말입니다. 그러나 하나님을 직접 만나는 그 날까지 우리가 알아야 될 하나님의 성품은 성경에 이미 다 기록되어 있습니다. 성경에 기록된 하나님의 성품만 잘 알면 충분합니다. 그 이상은 하나님께서 요구하지도 않으십니다. 그 외의 비밀한 것들은 하나님께 속해 있기 때문입니다. 하나님께서는 비밀한 것을 알아내려는 우리의 태도를 기뻐하시지 않습니다. 다만 우리의 할 일은 계시된 하나님의 성품을 말씀을 통해 바로 아는 것입니다.

　하나님의 성품에 대해 묵상할 때마다 저는 제 자신이 마치 망망한 바닷가에서 조그마한 양동이를 손에 들고 바닷물을 퍼내려는 두살박이 아이 같다는 생각이 듭니다. 그러나 이렇듯 제한된 사람을 통해서 자신의 성품을 드러내고자 하시는 것이 하나님의 마음인 것을 어쩌겠습니까? 하나님의 성품이 기록되어 있는 구절이 한두 군데가 아니지만 특별히 이사야서 40장 12~18절에는 그분의 성품이 잘 나타나 있습니다. 그곳에는 하나님이 얼마나 광대하고 위대하며 크신 분인지 잘 묘사되어 있습니다.

"누가 손바닥으로 바다 물을 헤아렸으며 뼘으로 하늘을 재었으며 땅의 티끌을 되에 담아 보았으며 명칭으로 산들을, 간칭

으로 작은 산들을 달아 보았으랴 누가 여호와의 신을 지도하
였으며 그의 모사가 되어 그를 가르쳤으랴 그가 누구로 더불
어 의논하셨으며 누가 그를 교훈하였으며 그에게 공평의 도로
가르쳤으며 지식을 가르쳤으며 통달의 도를 보여 주었느뇨 보
라 그에게는 열방은 통의 한방울 물 같고 저울의 적은 티끌
같으며 섬들은 떠오르는 먼지 같으니 레바논 짐승들은 번제
소용에도 부족하겠고 그 삼림은 그 화목 소용에도 부족할 것
이라 그 앞에는 모든 열방이 아무것도 아니라 그는 그들을 없
는 것같이, 빈 것같이 여기시느니라 그런즉 너희가 하나님을
누구와 같다 하겠으며 무슨 형상에 비기겠느냐"(사 40:12
~18).

거듭 말하지만 우리가 하나님의 성품을 알아야 하는 이유는
예배의 대상이 되신 하나님을 알지 못하고서는 올바른 예배자가
될 수 없기 때문입니다.

하나님을 알아야 하는 두 번째 이유 : 문제 해결을 위해

인생을 사는 동안에 문제 없이 살 수 있는 때는 없
습니다. 이 문제만 지나가면 좀 평안해지겠
지 생각하지만 한 문제 처리되고 나면 또다른 문제가 찾아오
고 또 찾아옵니다. 예수께서도 "세상에서는 너희가 환난을 당

하나 담대하라 내가 세상을 이기었노라"(요 16:33)고 말씀하셨지 아예 문제 없는 삶을 살게 될 것이라고 말씀하진 않으셨습니다. 예수께서 세상을 이기셨기 때문에 그분을 따르는 우리도 이미 승리한 자들이라고 말씀하셨을 뿐입니다. 문제 없는 인생은 없습니다.

그런데도 우리는 마음으로 '이번 일만 해결되면 좀 괜찮아지겠지' 하며 기대를 걸어 봅니다. 혹시 지금 아무런 문제가 없습니까? 조금만 기다려 보십시오. 문제의 물결이 서서히 오고 있을 테니 말입니다. 문제는 파도와 같아서 한 번 지나가면 잠시 후에 또 밀려옵니다. 이제는 그치는가 했는데 또 다른 파도가 다가옵니다. 이것은 저주의 말이 아니라 하나님께서 하신 약속의 말씀입니다.

주님께서는 문제 없는 인생을 원하시는 게 아니라 숱한 문제 속에서 하나님을 힘입어 문제를 해결하는 삶을 살기를 원하십니다. 그래서 예수께서는 돌아가시기 전에 우리를 위해서 무엇을 기도하셨습니까?

"내가 비옵는 것은 저희를 세상에서 데려가시기를 위함이 아니요 오직 악에 빠지지 않게 보전하시기를 위함이니이다"(요 17:15).

주님께서는 우리가 이 땅에 발붙이고 살면서 승리의 삶

을 살기를 원하셨습니다.

　　살면서 부딪치는 문제가 여러 가지이듯 문제 해결의 방법에도 여러 가지가 있습니다. 이 문제는 이런 모양으로 해결하고 저 문제는 저런 모양으로 해결하고 문제의 유형에 따라서 해결 방법이 각각 다릅니다. 그래서 문제에 부닥칠 때마다 적절한 대응 방안들을 강구하게 됩니다. 그러나 모든 문제를 해결하는 종착점이 어딘가 하면 바로 하나님이십니다. **하나님이 누구이신가를 바로 앎으로써 우리 인생이 갖고 있는 문제들을 해결해야 합니다. 다시 말해, 우리가 문제를 해결하지 못하고 있다면 그 원인은 하나님을 알지 못한다는 데 있습니다.**

하나님을 알아야 하는 세 번째 이유 : 하나님을 닮기 위해

예수님을 구세주와 주님으로 영접한 사람들은 영생을 사는 사람들입니다. 이 세상의 삶이 끝난 뒤 가게 되는 하늘나라에서부터 영생의 삶이 시작되는 것이 아닙니다. 영생은 중생(重生)한 그 날부터 시작됩니다. 성경에서는 영생을 가리켜 "유일하신 참 하나님과 그의 보내신 자 예수 그리스도를 아는 것"(요 17:3)이라고 말씀합니다. 그리스도인들은 대부분 영생의 삶을 간절히 소망하면서도 한편으로는 그 끝도 없는 영원한 삶을 지루해서 어떻게 사나 하는 걱정 아닌 걱정을 합니다. "어떻게 허구한 날 비파만 뜯고 살 수 있습니까?"라고 농담처럼 의문을 제기하기도 합니다. 그러나 무한하신 하나님을 알아 가는 일이 결코 지루할 수 없습니다. 대신 하나님을 아는 일은 언제든지 신나고 언제든지 감사하며 언제든지 찬양이 넘치고 언제든지 만족스럽고 언제든지 행복할 것입니다.

중생한 날부터 영생이 시작되고 그 영생이 곧 하나님을 아는 것이라고 한다면 예수님을 구세주와 주님으로 영접하지 않은 사람은 하나님을 모른다고 할 수 있습니다. 스스로는 안다고 생각하지만 사실은 아는 게 아닙니다. 올바른 예배자가 되기 위해서는 하나님이 누구신지 알아야 합니다. 인생의 문제가 해결되기 위해서도 하나님이 누구신지 알아야 합니다. 인간의 삶의 목적 역시 하나님을 아는 데 있습니다. 그것이 또한 하나님께서 인간을 창조하신 목적이기도 합니다. 우리는 나름대로 신중하게 생각해서 인생에 이런 목표 저런 목표를 세웁니다. 그리고 그러한 목표들을 성취하기 위해 열심히 달립니다. 그러나 하나님의 창조 목적에서 벗어나는 인간의 목적은 그저 헛될 뿐입니다. 그런 인생은 방향도 없이 흘러가는 허무한 배와 같습니다.

창세기에 보면 하나님께서 "우리의 형상을 따라 우리의 모양대로 우리가 사람을 만들자"라고 말씀하시는 구절이 있습니다(1:26). 하나님께서는 이 우주만물을 창조하고 난 다음에 사람을 지으셨는데 특별히 그분의 형상을 따라 사람을 지으셨습니다. 우리는 거기에서 인생의 목적을 눈치 챌 수 있습니다. 하나님의 형상을 따라 지음 받은 인간이라면 마땅히 그분을 나타내 드리는 것이 그의 존재 목적이 되어야 하지 않겠습니까? 하나님의 형상을 따라 지음 받은 존재는 짐승이나 꽃도 아니고 달이나 해나 별도 아닌 오직 인간뿐입니다. 인간을 제외한 모든 창조물은 인간이 즐기고 누릴 대상들입니다.

그런데 하나님을 대표하고 그분의 영광을 드러내야 할 형상이 인간의 죄 때문에 엉망이 되고 말았습니다. 그 변질된 형상을 회복시키기 위해 하나님께서 보내신 분이 예수 그리스도입니다. 인간을 처음 창조할 때는 말씀만 하시면 되었지만 타락한 형상을 다시 회복하기 위해서는 하나님의 아들 예수 그리스도의 희생이 필요했습니다. **독생자 아들을 희생시키면서까지 하나님께서 회복하고자 하셨던 인생의 목적, 그것은 하나님을 영화롭게 하는 일이었습니다. 우리는 예수 그리스도를 닮아 감으로써 하나님을 영화롭게 해드릴 수 있습니다.**

그런데 이 영광과 관련해서 예수께서 아주 놀라운 말씀을 하셨습니다. 요한복음 17장 10절입니다.

"내가 저희로 말미암아 영광을 받았나이다."

여기서 "저희"란 바로 우리 믿는 자 한 사람 한 사람을 가리킵니다. 예수께서 우리 같은 사람들을 통해 영광을 받으셨다니 다소 이해가 되지 않는 놀라운 사실 아닙니까? 예수님의 이같은 기도의 이면에는 하나님에 대한 확신이 자리 잡고 있습니다. 예수께서는 우리로 하여금 장차 그리스도의 형상을 닮게 하실 하나님의 능력을 믿고 계셨습니다. 그리고 그 형상으로 자신이 영광을 받을 것을 알고 계셨습니다.

그리스도를 닮아 그분을 영화롭게 하는 삶, 그 삶이 얼마나 고귀한 삶입니까? 돈을 위해서 사는 것 얼마나 치사합니까? 명예를 위해서 사는 것은 또 어떻습니까? 믿지 않는 사람들은 예수님 열심히 따르는 사람들 보고 "예수라는 작자 때문에 맛이 갔군. 믿어도 적당히 믿지 도대체 뭐가 나온다고 그렇게 목숨 건 사람처럼 난리지" 하지만 정작 자신들이 목숨 걸고 있는 것은 시시한 돈·명예·권력인 것을 알지 못합니다. 돈 벌다가 죽는 사람이 어디 한둘입니까? 또 명예를 얻으려다 죽는 사람도 많지 않습니까? 그런 시시한 것을 위해 목숨을 버리느니 기왕이면 그리스도의 형상을 닮겠다는 영원한 목적을 위해 목숨을 거는 것이 멋있는 인생 아닙니까?

그런데 목숨을 내어 놓기보다 더 어려운 일이 있습니다. 바로 "자아"(自我)를 내어 놓는 일입니다. 그리스도의 형상을 닮는 데 가장 큰 방해거리가 되는 게 뭔지 아십니까? 바로 자아입니다. 이 자아가 죽을 때 산 제사가 이루어집니다. 사람은 살았는데 자아가 죽었으니 산 제사인 셈입니다. 어떤 사람은 아무리 해도 자기 중심적인 본성에서 벗어날 수가 없으니까 차라리 목숨을 가져 가시라고 하나님께 간구할 정도입니다. 그만큼 자아를 죽이기가 어렵다는 것입니다.

아무튼 그리스도의 장성한 분량이 충만한 데까지 이르는 것이 우리 생의 목적이고 그 목적을 위해 하나님께서 우리를 빚어 가고 계시는데 그렇다면 우선 하나님의 형상이 어떤 것인지 알아야 할 것 아닙니까? 하나님을 알지 못하면 하나님을 닮을 길이 없습니다. 이것이 바로 하나님을 알아야 할 세 번째 이유입니다. 빌립보서 3장 8절에서 바울은 "또한 모든 것을 해로 여김은 내 주 그리스도 예수를 아는 지식이 가장 고상함을 인함이라"고 말합니다. 저는 주님 만나는 날까지의 인생 목표를 이 말씀에서 찾았습니다. 이 세상에서 귀한 것 중에 가장 귀한 게 뭐라구요? 그리스도를 아는 지식이 가장 귀합니다. 그 이상의 것은 없습니다. 여기에 최고의 가치가 있습니다.

바울은 "그리스도를 얻고 그 안에서 발견되고자" 하는 가장 숭고한 목표를 위해 그 이외의 모든 것들을 배설물로 여긴다고 했습니다. 흔히들 배설물로 여긴다는 바울의 고백을 듣노라면 '나도 이제는 돈을 배설물로 여겨야 되겠다. 아깝지만 할 수 없지' 하고 마음 먹기 쉬운데 사실 물질보다도 더 우선하여 버려야 할 것은 다름 아닌 자기 자신입니다. 왜 그렇습니까? 자신을 배설물로 여기지 않는 한 예수를 알 수 없기 때문입니다. 교만한 자는 그리스도의 참모습을 깨달을 수 없습니다. 결국 "나"[我]가 살아 있는 한 예수 그리스도를 닮을 수가 없습니다.

자기 자신이 배설물로 여겨지고 나면 자신을 먹여 살리는 모든 것이 배설물로 여겨지게 됩니다. 우리가 왜 돈을 많이 모으려고 그럽니까? 자기 자신을 돋보이게 하기 위해서입니다. 그렇지 않습니까? "나" 편안하자고 돈 밝히는 것입니다. 또 명예는 왜 그렇게 따기 좋아하는 줄 아십니까? "나"에게 유익하기 때문입니다. 그러므로 그리스도를 얻는 것과 "자아" 하나를 맞바꿀 수 있는 사람은 세상적인 모든 것을 배설물로 여길 준비가 되어 있는 사람입니다.

그러면 어떻게 하면 하나님을 닮을 수 있습니까? 고린도후서 3장 18절은 다음과 같이 말씀합니다.

"우리가 다 수건을 벗은 얼굴로 거울을 보는 것같이 주의 영광을 보매 저와 같은 형상으로 화하여 영광으로 영광에 이르니 곧 주의 영으로 말미암음이니라."

하나님의 형상을 닮는 방법이 여기에 있습니다. 매순간 그리스도의 얼굴을 바라볼 때 어느새 우리는 그리스도를 닮아 있을 것입니다. 그리스도를 밤에도 쳐다보고 낮에도 쳐다보고 자면서도 쳐다보고 일어나서도 쳐다보고 길을 걸어가면서도 쳐다보고 일을 하면서도 쳐다볼 때, 그러면서 주님을 만져 보고 그분의 말씀을 들어 볼 때, 나도 모르는 사이에 내 모습이 그리스도의 형상을 닮게 될 것입니다. 한 영광에서 그 다음 영광의 높이로, 또다시 그 다음 영광의 높이로 점차 올라가면서 결국 그리스도와 같은 형상을 갖게 되는 것입니다.

빌립보서 말씀에 따르면 우리의 형상을 그리스도와 같은 형상으로 화하게 하시는 이가 누구이십니까? 주의 영께서 그 일을 하십니다. 그 일을 하는 것이 우리가 아닙니다. 모세가 하나님의 영광을 뵙고 내려왔을 때 모세 자신은 자기 얼굴이 빛나는지 몰랐습니다. 남들이 보고서 알았습니다. 그리스도를 닮게 하는 것은 하나님의 영께서 하시는 일이기 때문입니다. **다시 말해, 그 하나님의 영의 일하심 가운데 우리가 그리스도를 주목할 때 나도 모르게 하나님께서 내 얼굴이 그리스도의 형상을 닮아 가도록 하시겠다는 말씀입니다.** 그리스도의 형상을 닮는다는 것은 얼굴이 예뻐진다는 얘기가 아닙니다. 여기서 말하는 얼굴이란 마음의 얼굴을 말합니다.

우리 믿는 자들에게는 한 가지 소원이 있어야 합니다. 그 소원이 있을 때 예수님의 형상을 닮을 수가 있습니다. 시편 17편 15절에서 시인은 그러한 소원을 잘 보여 주고 있습니다.

"나는 의로운 중에 주의 얼굴을 보리니 깰 때에 주의 형상으로 만족하리이다."

이 시인에게서 우리는 주의 형상을 닮고자 하는 소망을 엿볼 수 있습니다. 그리스도의 형상을 닮고자 하는 목적 의식만 분명하다면 그는 그리스도를 닮을 수 있습니다. 그러나 주님의 형상을 닮는 것보다 당장 돈 잘 버는 게 더 중요한 사람은 돈의 형상은 닮을지 몰라도 그리스도의 형상은 닮을 수 없습니다. 사람은 누구나 자신이 주목하는 것을 닮게 되어 있기 때문입니다.

한 가지 이야기가 있습니다. 아마도 학창 시절 국어 교과서에 실린 이야기일 것입니다. 어느 마을에 어네스트라는 한 소년이 살고 있었습니다. 그 마을 뒤편에는 산이 있었는데 그 산에는 아주 인자한 사람의 얼굴 모양을 한 화강암 바위가 우뚝 솟아 있었습니다. 그 동네에는 그 바위와 관련된 전설이 전해져 내려오고 있었는데 언젠가는 이 동네에서 저 바위의 얼굴을 닮은 영웅이 태어날 것이라는 전설이었습니다. 숱한 세월 동안 많은 사람이 태어나고 죽어 갔건만 그 바위와 같은 얼굴을 가진 사람은 나타나지 않았습니다. 어네스트라는 이 조그마한 아이는 어릴 때부터 줄곧 그 바위를 바라보며 나이를 먹어 갔습니다. 바위를 보고 또 쳐다보면서 저 얼굴을 가진 사람이 언제쯤 우리 마을에 태어날 것인가 생각했습니다.

세월이 흘러흘러 어네스트도 노인이 되었습니다. 그런데, 다 늙어서 이제나저제나 죽을 날만 기다리고 있는 어네스트를 바라본 동네 사람들은 그의 늙은 얼굴에서 화강암 바위의 얼굴을 발견했습니다. 큰 바위 얼굴의 장본인이 바로 어네스트였던 것입니다. 바위상(像)의 주인공이 나타나기만을 고대하던 어네스트가 바로 그 주인공이 될 수 있었던 이유가 무엇입니까? 그 이유는 간단합니다. 영웅이 나타나기를 기대하면서 평생을 하루같이 바위를 쳐다본 결과로 그 자신이 바위의 형상을 닮아 갔던 것입니다. 어네스트 자신은 자기 얼굴이 바위의 형상과 닮았다는 것을 알지 못했습니다. 다른 사람들이 발견하고 말해 주었던 것입니다.

시편 23편 1절은 또한 이렇게 말씀합니다.

"여호와는 나의 목자시니 내가 부족함이 없으리로다."

우리는 하나님 자체보다는 그분께서 주시는 부수적인 것에 관심을 가지기 쉽습니다. 그래서 하나님께서 주시는 축복, 하나님께서 주시는 건강, 하나님께서 주시는 명예를 하나님을 아는 것보다 더 큰 축복으로 여깁니다.

로마에 부자 한 사람이 있었습니다. 그가 나이가 들어 아들에게 재산을 상속해 주려고 보니 아들이 영 못 미더웠습니다. 상속받은 지 얼마 못 가 재산을 탕진할 것 같았습니다. 재산을 탕진하면 재산만 없어지는 게 아니라 아들의 남은 생애도 별 볼일 없어질 것을 걱정한 이 아버지가 이 문제를 어떻게 처리할까 고민하다가 자기 수하에 있는 종에게 재산을 상속하기로 했습니다. 오랜 세월 동안 그 종을 곁에서 지켜보았던 아버지는 그가 얼마나 착실하고 충성스럽고 됨됨이가 된 사람인지 잘 알고 있었습니다. 그래서 모든 재산을 종에게 남기고 가기로 작정했습니다.

그런데 죽기 전에 가만히 생각을 해보니 그래도 자기가 너무 했다는 생각이 들었습니다. 아무리 못 미더운 아들이라지만 아들은 아들인데 뭐라도 하나 남기고 가야 하지 않나 하는 생각이 들었습니다. 그래서 아들을 불러 놓고 조용히 물었습니다.

"이 아비는 내 모든 재산을 우리 집 종에게 상속하기로 했다. 너를 생각해서 결정한 것이니 섭섭히 여기지 말고 원하는 것이 있거든 하나만 말해 보아라. 그 하나만큼은 너에게 줄 테니. 뭘 주랴?"

아버지의 말씀을 들은 아들이 잠깐 생각했습니다. 그리고 이렇게 대답했습니다.

『그 종, 절 주십쇼.』

종이 아버지의 재산을 몽땅 갖고 있으니까 종만 소유하면 전부를 소유하게 되는 셈입니다. "여호와는 나의 목자시니 내가 부족함이 없으리로다"라는 시편 기자의 고백에서도 우리는 같은 맥락의 교훈을 얻을 수 있습니다. 온 우주를 소유하고 계신 여호와를 그 마음에 소유한 자에게는 부족함이라는 게 있을 수 없습니다. 그러니 하나님께서 주시는 개개의 복들에 매달리는 것은 갑부인 아버지에게 달랑 어느 것 하나만 구하는 것처럼 바보스러운 행위입니다. **"여호와는 나의 목자시니 내가 부족함이 없으리로다"라는 고백처럼 우리에게도 하나님을 소유하는 것이 마음의 소원이 되어야 합니다.**

또한 시편 27편 4절에서 시인은 "내가 여호와께 청하였던 한 가지 일 곧 그것을 구하리니 곧 나로 내 생전에 여호와의 집에 거하여 여호와의 아름다움을 앙망하며 그 전에서 사모하게 하실 것이라"고 고백합니다. 하나님의 성전에 거하여 여호와의 아름다우심을 평생 바라보는 것 외에는 더 바라는 것이 없다는 말입니다. 다윗에게 있었던 이러한 거룩한 소원이 당신에게도 있습니까? 그래서 "사슴이 시냇물을 찾기에 갈급함같이 내 영혼이 주를 찾기에 갈급하니이다"(시 42:1), "내가 간절히 주를 찾되 물이 없어 마르고 곤핍한 땅에서 내 영혼이 주를 갈망하며 내 육체가 주를 앙모하나이다"(시 63:1), "하늘에서는 주 외에 누가 내게 있으리요 땅에서는 주밖에 나의 사모할 자 없나이다…하나님께 가까이함이 내게 복이라"(시 73:25, 28)고 고백하는 시인들처럼 간절히 주님을 찾고 있습니까?

하나님을 알기 위해서는 먼저 이렇게 기도해야 합니다.

"저는 정말 하나님을 알고 싶습니다. 천지만물을 창조하고 우주를 꽉 채우고 계신 하나님이 어떤 분인지 알고 싶습니다. 저도 주의 형상으로 만족하겠노라고 고백하기를 원합니다. 저로 오직 주님의 형상만을 바라보게 하시옵소서. 오직 여호와 한 분만으로 만족하는 삶을 살게 하옵소서. 여호와의 집에 거하여 여호와 한 분 바라다보는 것 이외에는 제게 소원이 없게 하옵소서."

이런 기도를 통해 하나님을 알아 가는 성도가 되시기를 바랍니다.

하나님의 자기 드러내기

그렇다면 하나님을 알 수 있는 구체적인 방법이 무엇입니까? 하나님께서는 자기를 숨기는 분이 아니십니다. 그분은 여러 방법으로 자신을 계시하십니다. 그 방법들을 다섯 가지로 구분지어 보면 다음과 같습니다.

첫째/자연

하나님께서는 우선 자연을 통해 자신을 드러내십니다. 어느 시편 기자는 자연을 바라보며 이런 고백을 했습니다.

"하늘이 하나님의 영광을 선포하고 궁창이 그 손으로 하신 일을 나타내는도다"(19:1).

바울도 "창세로부터 그의 보이지 아니하는 것들 곧 그의 영원하신 능력과 신성(神性)이 그 만드신 만물에 분명히 보여 알게 되나니"라고 말한 바 있습니다(롬 1:20). 우리는 웅대한 자연과 신비롭기만 한 자연의 법칙 속에서 창조주 하나님을 느낄 수 있습니다. 경외심마저 불러일으키는 거대한 폭포수나 하늘을 찌를 듯한 산봉우리 아래서 인간은 한낱 먼지와 같은 존재가 되고 하나님의 위대하심은 더욱 빛을 발하게 됩니다.

둘째 / 양심

바울은 로마서에서 이렇게 말합니다.

"율법 없는 이방인이 본성(本性)으로 율법의 일을 행할 때는 이 사람은 율법이 없어도 자기가 자기에게 율법이 되나니 이런 이들은 그 양심이 증거가 되어 그 생각들이 서로 혹은 송사하며 혹은 변명하며 그 마음에 새긴 율법의 행위를 나타내느니라"(2:14, 15).

우리 인간은 각자의 양심을 통해 하나님이 어떤 분이신지 어느 정도 알 수 있습니다.

셋째 / 말씀

예를 들어 어떤 사람과 말 한마디 나누지 않는다 해도 그 사람과 열흘을 같이 지낸다고 하면 그 사람에 대해 어느 정도 알 수 있지 않습니까? 비록 직접 얘기를 나누진 않았지만 그 사람을 좇아 다니면서 그의 행동을 관찰하고 그가 다른 사람들과 어떤 말을 주고받는지 보면서 그 사람의 성격을 대략 파악할 수 있습니다. 그런 것처럼 이스라엘 백성을 직접 대하신 하나님을 보면서 우리는 하나님이 어떤 분이신지 알 수 있습니다. 이스라엘 백성들과 함께하셨던 하나님이 곧 나의 하나님이라는 인식 속에서 성경을 대할 때 우리는 하나님이 어떤 분이신지 알 수 있습니다.

넷째 / 율법과 계명

율법과 계명은 우리들이 지켜야 할 종교적인 계율이 아니라 하나님의 성품을 우리들에게 계시하시는 방법 중 하나입니다. 다시 말해 율법과 계명 속에서 하나님의 성품이 표현되고 있다는 말입니다. "하라"는 명령과 "말라"는 명령은 각각 하나님께서 좋아하시는 것과 싫어하시는 것이 무엇인지 말해 줍니다. 그래서 계명을 지킨다는 것은 곧 하나님께서 기뻐하시는 것을 행하고 기뻐하지 않으시는 것을 삼가는, 일종의 사랑의 행위입니다.

다섯째 / 예수 그리스도

그러나 무엇보다도 하나님을 결정적으로 알 수 있는 것은 예수 그리스도를 통해서입니다. 그래서 성경은 예수님을 일컬어 "이는 하나님의 영광의 광채시요 그 본체의 형상이시라"고 말씀합니다(히 1:3). 또한 예수께서는 "나를 알았더면 내 아버지도 알았으리로다…나를 본 자는 아버지를 보았거늘"이라고 말씀하셨습니다(요 14:7, 9). 예수님을 바로 바라보고 바로 알 때 하나님이 어떤 분인지 알 수 있습니다.

예수님에 관하여 요한일서 1장 1~5절은 다음과 같이 전합니다.

"태초부터 있는 생명의 말씀에 관하여는 우리가 들은 바요 눈으로 본 바요 주목하고 우리 손으로 만진 바라 이 생명이 나타내신 바 된지라 이 영원한 생명을 우리가 보았고 증거하여 너희에게 전하노니 이는 아버지와 함께 계시다가 우리에게 나타내신 바 된 자니라 우리가 보고 들은 바를 너희에게도 전함은 너희로 우리와 사귐이 있게 하려 함이니 우리의 사귐은 아버지와 그 아들 예수 그리스도와 함께함이라 우리가 이것을 씀은 우리의 기쁨이 충만케 하려 함이로다 우리가 저에게서 듣고 너희에게 전하는 소식이 이것이니 곧 하나님은 빛이시라 그에게는 어두움이 조금도 없으시니라."

태초부터 있는 생명의 말씀이란 다름 아닌 예수님을 가리킵니다. 요한일서 기자를 비롯한 여러 사람들이 이 생명의 말씀을 눈으로 보았고 주목했으며 손으로 만졌다고 했습니다. 또한 이 생명의 말씀이 나타난 바 된 것을 눈으로 보았다고 했습니다. 이들이 이렇게 보고 들은 것을 우리에게 전하는 것은 우리와 하나님 사이에 사귐이 있게 하기 위해서입니다. 예수님을 구세주와 주님으로 영접한 이후부터 우리는 하나님과 사귐을 갖게 됩니다. 그러나 이 사귐의 정도는 사람마다 제각각 다릅니다.

사람 사이의 사귐도 마찬가지입니다. 당신에 대해 잘 아는 사람이 있는가 하면 조금밖에 모르는 사람도 있습니다. 당신과 함께 지낸 지가 오래고 또 자주 대화의 시간을 가진 사람이라면 그렇지 못한 사람보다는 당신에 대해 더 잘 알 것입니다. 그런 것처럼 우리가 하나님과 좀더 깊이 사귀기 위해서는 그분을 만져 봐야 하고 주목해 봐야 합니다. 그럴 때 비로소 이 하나님을 증거할 수 있습니다. 하나님과 깊은 사귐이 있고 그 사귐을 전하는 자에게는 기쁨이 충만할 것입니다. 그러므로 그리스도인으로서 기쁨이 없다면 뭔가 잘못되었다고 보아야 합니다.

우리는 이 구절들에서 전도자의 자격 요건을 찾아볼 수 있습니다. 전도자는 우선 예수님을 본 사람이어야 하고 예수님을 들은 사람이어야 하며 예수님을 만져 본 사람이어야 하고 예수님을 주목한 사람이어야 합니다. 이 짤막한 다섯 절에서 "보고", "듣고"라는 말이 여러 번 반복되고 있습니다. 예수님을 보고 듣고 하기를 여러 번 반복했으니 그분을 확실히 전할 수 있는 것입니다. 이렇듯 자신이 직접 예수님을 확실히 경험했을 때 그분을 다른 사람들에게 전할 수 있습니다.

자연과 양심과 말씀과 계명(혹은 율법)과 예수 그리스도를 통하여 자신을 드러내시는 그 하나님을 주목할 때 장차 우리는 그분과 같은 형상으로 화하여 영광으로 영광에 이르게 될 것입니다.

하나님도 때로는 마음을 바꾸실까 ?

첫째 · 불변하시는 하나님
둘째 · 영원하신 하나님

하나님의 성품

우리는 하나님의 성품을 다각도로 살펴볼 수 있습니다. 우선 하나님은 "아버지 되신 분"입니다. 또한 하나님께서는 "영"(靈)이십니다. 그렇기 때문에 하나님을 형상화할 수는 없습니다. 그래서 이사야서에는 "그런즉 너희가 하나님을 누구와 같다 하겠으며 무슨 형상에 비기겠느냐"라는 말씀이 있습니다(사 40:18). 인간은 하나님의 형상을 가시적(可視的)인 것으로 고정시킬 재간이 없습니다. 이 세상에서 우리가 보고 느끼고 생각하는 것 중에는 하나님 같은 대상이 전혀 없기 때문입니다. 하나님은 이 세상과는 완전히 다른 분이십니다. 완전히 구별되신 분입니다. 심지어 교회라는 장소에 하나님을 제한할 수도 없습니다.

또한 하나님은 "인격체"이십니다. 과거 일부 사람들이 믿었던 것처럼 어떤 막강한 "세력"이 아니라 지성과 감성과 의지를 갖고 계신 인격체입니다. 그리고 하나님은 "스스로 존재하시는" 분입니다. 존재하기 위해서 공기나 음식이나 함께 더불어 살아갈 사람이나 그 외의 수많은 것들이 필요한 인간으로서는, 스스로 존재할 뿐 아무것도 필요치 않으신 하나님을 이해하기가 어렵습니다. 어떻게 시작이 없는 영원 전 과거에 홀로 존재하셨는지 이해할 수가 없습니다. 요한복음 5장

26절은 "아버지께서 자기 속에 생명이 있음같이 아들에게도 생명을 주어 그 속에 있게 하셨고"라는 말씀을 통해 하나님 안에 생명 그 자체가 있기 때문에 스스로 존재하시는 것임을 말해 주고 있습니다. 하나님은 존재하기 위해서 아무도 아무 것도 필요치 않으신 분입니다.

하나님의 성품을 생각할 때는 도덕적인 성품과, 도덕적인 것과는 무관한 성품을 구별해서 볼 수가 있습니다. 도덕적인 성품에는 정의, 공의, 사랑 등이 포함되고, "영원하시다" "스스로 존재하신다" "영이시다" "아버지이시다" "불변하신다" "전지하시다" "전능하시다" "편재(遍在)하신다" 등의 성품은 도덕적인 면과는 관계가 없는 성품에 포함됩니다. 그러므로 지금 제가 말씀드리고 있는 하나님의 성품들은 도덕적인 것과는 관계되지 않은 것들입니다.

불변하시는 하나님

하나님은 전혀 변할 수 없는 분이십니다. 더 좋게도 표현할 수도 없고, 더 나쁘게도 표현할 수 없는 분이십니다. 하나님이 불변하신다는 말은 하나님의 존재, 하나님의 성품, 하나님의 뜻이 변하지 않는다는 의미입니다. 그런데 사람들이 이것을 자주 오해합니다. 그래서 하나님이 인간을 다루시는 방법조차 변화가 없다고 생각합니다. 그러나 하나님께서 그분의 뜻을 이루시고 그분의 성품을 인간에게 나타내시는 방법은 하나님께서 무한하신 만큼 무한합니다.

예를 들어, 구약 시대(율법 시대)에 하나님께서 인간을 다스리셨던 방법과 오늘날 은혜 시대에 하나님께서 인간을 다루시는 방법이 다릅니다. 이스라엘 백성들이 40년 동안 광야에서 만나와 메추라기를 먹고 살았다고 해서 우리가 지금 일 안하고 앉아서 "하나님 저에게 만나와 메추라기를 내려 주세요. 이제 주님께서 주시는 양식으로 살겠습니다. 구약의 하나님이 곧 나의 하나님이시기 때문입니다"라고 할 수는 없는 노릇 아닙니까?

초대교회 시절에 아나니아와 삽비라 부부가 하나님께 헌금을 가지고 나왔습니다. 사람들에게는 집 판 돈을 몽땅 가져 왔다고 해놓고는 뒤에 얼마를 숨겨 놓고 있었습니다. 결국 그들은 자신들의 거짓 행위 때문에 그 자리에서 성령께 죽임을 당합니다. 부정직하게 바치는 헌금을 하나님께서 기뻐하지 않으신다는 대표적인 실례였습니다. 아무리 얼마를 따로 챙겼다고 해도 집 판 돈이었으므로 헌금의 액수가 상당히 컸을 것입니다. 우리 생각에는 일단 헌금의 분량이 크면 웬만한 것은 눈감아 주실 것 같지만 하나님은 기뻐하지 않으셨습니다. 그래서 그들을 데려가셨습니다.

오늘날에도 여전히 정직하지 않은 헌금을 하는 사람들은 많습니다. 그렇다고 해서 그 잘못된 헌금 때문에 그 자리에서 죽임을 당하는 사람이 있습니까? 그런 죄 때문에 하나님께서 그 생명을 거둬 가신다면 아마 제대로 목숨 붙이고 살아 있을 사람 없을 것입니다. 그렇게 생각하지 않습니까? 불변하시는 하나님이라고 해서 동일한 상황에 대해 늘 동일하게 반응하시지는 않는다는 얘기입니다. 그렇다고 우리가 "불변하는 하나님이시라면서 왜 이럴 때 다르고 저럴 때 다르십니까?"라고 따질 수는 없습니다. 하나님께서는 그분의 절대 주권 아래 역사를 이루시기 때문입니다.

하나님의 불변성을 얘기할 때 사람들이 흔히 예로 드는 성경 구절이 히브리서 13장 8절입니다.

"예수 그리스도는 어제나 오늘이나 영원토록 동일하시니라."

여기서 그리스도께서 영원토록 동일하시다는 것은 그분의 뜻과 성품이 동일하다는 얘기입니다. 죄를 미워하시는 그분의 마음이나, 그럼에도 불구하고 여전히 죄인을 사랑하시는 그 사랑의 성품은 변하지 아니합니다. 그러나 죄인들을 다루는 방법은 언제든지 변한다는 것을 알아야 합니다.

그래서 이런 얘기가 있습니다. 어떤 목사님에게서 들은 얘기입니다. 아주 크게 홍수가 나서 동네 도랑물이 범람을 하

는데 어떤 사람이 "아, 홍해를 갈라지게 하사 이스라엘 백성
으로 하여금 그 바다를 건너게 하신 하나님, 이 도랑물도 그
냥 건너게 해주실 것을 믿습니다" 하고 도랑으로 들어갔다가
그만 떠내려가고 말았다고 합니다. 그건 무슨 얘기인가 하면
하나님께서 구약 시대와 지금 인간을 다루시는 방법이 다르다
는 것입니다. 홍해 사건은 하나님께서 구속(救贖)의 역사를
펴 나가시는 과정에서 특정한 때에 특정한 방법으로 행하신
것이었을 뿐 보편적인 방법은 아니었습니다. 이제는 바다를
가르실 능력이 없어지셨다는 말이 아닙니다. 다만 방법이 달
라지셨을 뿐입니다. 하나님은 언제고 불변하십니다.

야고보서 1장 17절 하반절은 "그[하나님]는 변함도 없
으시고 회전하는 그림자도 없으시니라"고 말씀합니다. 하나님
의 성품이 불변적이라는 것 한 가지 사실만 바로 배우고 이것
을 실생활에 적용한다면 우리들이 안고 있는 문제들이 깨끗이
사라질 것입니다. 때로는 당면한 문제가 태산만큼 커 보일 때
가 있습니다. 다윗 앞에 버티고 서 있는 골리앗처럼 도저히
손쓸 수 없는 문제처럼 보입니다. 그럴 때면 저는 시편이나
그 외 다른 성경 구절들을 통해 하나님의 성품을 묵상하기 시
작합니다. '하나님은 천지를 지으신 분이다. 그리고 그 하나님
은 불변하는 분이시다. 다시 말해 모세의 하나님이 곧 나의
하나님이시다. 그렇다면 홍해바다를 갈라 주신 하나님께서 내
앞에 놓인 이 문제들을 해결해 주지 못하시겠는가?' 라고 생각
이 미칠 때면 그 크게 보이던 문제가 금방 티끌로 변해 버림

니다.

　바꾸어 말하면 자신의 문제가 커 보이는 때일수록 하나님은 작게 보이는 법입니다. 하나님이 크게 보일 때 그의 문제는 상대적으로 작아 보이는 법입니다. 자신이 믿는 하나님이 어떤 분인지 모를 때 그만큼 자기 문제에 시달리게 되어 있습니다. 그러니까 당면 문제를 최소화하기 위해서는 그 문제보다 더 크신 하나님을 마음으로 묵상해야 합니다. 우리가 믿는 하나님이 얼마나 크신 분인지 이사야는 "보라 그[하나님]에게는 열방은 통의 한방울 물 같고 저울의 적은 티끌 같으며 섬들은 떠오르는 먼지 같으니"라고 말한 바 있습니다(사 40:15). 모든 나라를 다 합친 것도 하나님께는 물 한방울과 같은데 그 속에서 일어나는 문제가 제아무리 크면 얼마나 크겠습니까? 우리가 이것을 알아야 합니다. 그래서 하나님을 아는 것이 너무나도 중요합니다.

　믿음도 그렇습니다. 내가 믿는 대상이신 하나님께서 얼마나 크신가에 따라 내 믿음이 달라집니다. 어떤 때는 우리들이 믿는 하나님이 대통령보다 작을 때가 있습니다. 우리는 때로 대통령도 해줄 수 있는 일을 하나님께서 못해 주실 것처럼 의심하고 염려하곤 합니다.

　민수기 23장 19절은 "하나님은 인생이 아니시니 식언치 않으시고 인자(人子)가 아니시니 후회가 없으시도다 어찌 그 말씀하신 바를 행치 않으시며 하신 말씀을 실행치 않으시라”고 말씀합니다. “식언치 않는다”는 것은 거짓말을 하지 않으신다는 말입니다. 이 한 구절만 믿어도 우리의 모든 문제가 없어져야 합니다. 하나님의 성품이 불변하기 때문에 그분이 하신 말씀 또한 불변합니다. 그러므로 하나님께서 하신 약속에는 일점일획이라도 변함이 없습니다. 그래서 우리에게 베푸신 구원도 우리를 향하신 사랑도 변함이 없습니다.

하나님의 불변성을 그분의 다른 성품과 비교해 보십시오. 예를 들어 하나님의 성품에는 모든 것을 다 하실 수 있는 전능(全能)이라는 것이 있습니다. 만일 그분이 가변적인 분이시라면, 모든 것을 하실 수 있는 능력이 언제 어떻게 변할지 모릅니다. 그러나 하나님은 전능하신 동시에 불변하시기 때문에 그것이 우리에게 위로가 됩니다. 또한 하나님은 우리를 사랑하시되 독생자 예수 그리스도를 내어 주기까지 사랑하신 분입니다. 만일 변하시는 하나님이면 그 사랑도 나중에 가서는 달라질지 누가 압니까? 그러나 하나님은 불변하시는 분이기 때문에 그분의 사랑이나 용서나 약속이나 위로나 능력도 결코 변치 않습니다.

때로는 마음을 돌이키시는 하나님?

그런데 성경에는 "하나님께서 뜻을 돌이키사"라는 식의 구절이 등장할 때가 있습니다. 그러나 이 말을 오해해서는 안 됩니다. 주님이 분명히 안 된다고 하신 일인데 밤새도록 철야기도를 하고 조르고 떼쓰고 금식기도를 한다고 해서 주님이 마음을 돌이켜, 안 될 일이 되게 하시는 줄 착각하면 안 됩니다. 마음을 돌이켜야 하는 것은 하나님이 아니라 우리 자신입니다. 이틀을 금식기도 한 후에 뜻을 돌이켜야 할 쪽은 하나님이 아니라 바로 우리입니다. 우리가 하나님의 뜻에 맞게 변해야 합니다. 이러한 예를 성경에서 찾아보면 다음과 같습니다.

우선 요나서 3장을 보십시오. 1장에서 하나님의 낯을 피해 도망하다가 물고기 배에서 고초를 겪은 요나가 다시 니느웨로 향하는 내용이 3장에 나와 있습니다. 요나가 니느웨 성에 들어가서 각 거리를 누비며 "사십 일이 지나면 니느웨가 무너지리라"고 외치자 니느웨 백성이 하나님을 믿고 금식을 선포하고 무론 대소하고 굵은 베를 입으며 회개했습니다. 뒤에 이 회개 운동에 합세한 왕이 백성들에게 조서를 내리는데 내용인즉슨 "…힘써 여호와께 부르짖을 것이며 각기 악한 길과 손으로 행한 강포에서 떠날 것이라 하나님이 혹시 뜻을 돌이키시고 그 진노를 그치사 우리로 멸망치 않게 하시리라 그렇지 않을 줄을 누가 알겠느냐"는 것이었습니다(3:8, 9절).

그런데 놀랍게도 그 회개 운동 후에 정말로 하나님께서 니느웨에 내리려고 하셨던 진노의 장막을 거두시는 일이 벌어집니다. 10절은 "하나님이 그들의 행한 것 곧 그 악한 길에서 돌이켜 떠난 것을 감찰하시고「뜻을 돌이키사」그들에게 내리리라 말씀하신 재앙을 내리지 아니하시니라"고 전합니다. 이것을 언뜻 읽어 보면 하나님께서 마음을 바꾸신 것 같지만 진정으로 마음을 돌이킨 쪽은 하나님이 아니라 니느웨 백성이었습니다. 그들은 요나가 선포하는 진노의 메시지를 듣고 이제까지 행하던 악한 길에서 돌아섰습니다.

하나님의 뜻은 여전히 변하지 않았습니다. 그렇게 말할 수 있는 근거가 무엇입니까? 악인을 심판하시지만 회개하고 돌아오는 자에 대해서는 용서하고 맞아 주시는 그 성품에는 변화가 없기 때문입니다. 하나님께서 기회를 주셨을 때 니느웨 백성들이 회개했고 하나님께서는 그 회개한 백성들에게 본디 성품대로 용서를 베푸신 것입니다. **변해야 하는 건 사람이지 하나님이 아닙니다. 기도를 하건 금식을 하건 자신이 변할 생각을 해야지 하나님의 마음을 강제로 바꾸려고 해서는 안 됩니다. 하나님은 마음을 돌이키시는 분이 아닙니다.**

그 뒤에 이어지는 요나서 4장 1, 2절은 이렇게 말씀합니다.

> "요나가 심히 싫어하고 노하여 여호와께 기도하여 가로되 여호와여 내가 고국에 있을 때에 이러하겠다고 말씀하지 아니하였나이까."

요나는 니느웨 백성이 그 죄에서 돌이키자 당장 그들을 용서하시는 하나님이 못마땅했습니다. 그리고 니느웨 백성을 살려 두신 것이 끝끝내 분하여 "여호와여 원컨대 이제 내 생명을 취하소서 사는 것보다 죽는 것이 내게 나음이니이다"라고 말합니다(3절). 2절 하반절에 따르면 요나는 하나님의 성품에 대해 진작부터 알고 있었다고 합니다. 니느웨 백성에게 재앙을 내리지 않으실 것도 미리 알고 있었기에 다시스로 도망했다고 합니다.

요나의 이런 행동들을 통해 우리가 알아야 할 것은 이것입니다. 하나님을 머리로만 알아서는 소용이 없다는 것입니다. 요나가 진정 하나님이 어떤 분이신지 알았다면, 즉 하나님께서 은혜로운 분이고 자비로운 분이며 노하기를 더디 하는 분이고 인애가 큰 분이어서, 회개하는 사람들에게 재앙이 아닌 은혜를 베푸신다는 것을 정말 안 사람이었다면, 그리고 자신(요나)을 통해 하나님의 그러한 성품이 니느웨 백성들에게 베풀어질 것을 알았다면 니느웨 백성이 전부 회개했을 때 요나는 원통해 하기보다 기뻐해야 했을 것입니다. 그러나 요나는 니느웨가 잘되는 것을 죽기보다 싫어했습니다.

그런 요나에게 하나님께서는 박 넝쿨을 주었다가 거두어 가심으로써 니느웨 백성들을 향한 하나님의 마음을 보여주십니다. 하루 피었다가 지는 박 넝쿨조차 요나가 아꼈을진대 어린아이만 해도 십이만 명이나 되는 큰 도시 니느웨를 나 여호와가 아끼는 것이 당연하지 않느냐는 것입니다. 이런 배경에 비춰 볼 때 이것은 하나님이 마음을 바꾸셔야 할 상황이 아니라 니느웨 사람들이 그들의 발걸음을 돌이켜야 할 상황이요 니느웨를 향한 요나 자신의 마음을 바꿔야 할 상황인 것을 알 수 있습니다.

하나님께서 어떠한 분이시라는 것을 머리로 백 번 알아도 소용이 없습니다. 실생활에서 그것을 인정할 줄 알아야 합니다. 어떤 문제에 부딪쳤을 때 걸음을 멈추고 ‘우리 하나님은 불변하는 하나님이시지. 약속을 지키는 하나님이시지’ 하며 하나님을 믿고 굳게 설 수 없으면, 그래서 그 불변하시는 하나님에 대한 믿음을 힘입어 내 문제가 해결되지 않으면, 우리는 요나와 다를 게 없는 셈입니다.

하나님이 불변하시는 분이라는 것은 창세기 6장을 통해서도 알 수 있습니다. 하나님께서 인간의 죄악이 땅 위에 가득한 것을 보시고 인간을 지은 것에 대해 한탄하셨다고 되어 있습니다. 이 구절을 읽고 혹 이렇게 생각할 사람이 있을지 모릅니다.

'그렇게 한탄하고 근심하실 걸 왜 애당초 인간을 지으셨다
지?'

그러나 이번 경우에도 변한 것은 하나님이 아니라 사람이었습
니다. 하나님께서는 복을 주기 위해서 인간을 창조하셨습니다.
그런데 시간이 흐름에 따라 인간들이 하나님께 불순종하기 시
작했습니다. 그래서 하나님의 축복이 저주로 바뀌게 되었습니
다.

그러나 여전히, 악을 행하는 자에게 벌을 주시고 선을
행하는 자에게 상주시는 하나님이라는 사실에는 변함이 없습
니다. 아무리 악인이라 할지라도 하나님께서는 그들이 멸망하
는 것을 결코 기뻐하시지 않습니다. 그러나 불변의 하나님이
시기 때문에 "내가 너의 죄 값을 묵인하겠다"라고 하실 수는
없습니다. 이렇듯 성경이 때로 "하나님께서 뜻을 돌이키사"라
든가 "하나님께서 한탄하사 마음에 근심하시고"라는 식의 표
현을 사용하는 것은 존귀하신 하나님의 성정(性情)을 인간의
용어로 이해하기 쉽게 표현하기 위해서일 뿐, 하나님은 언제
고 불변하십니다.

하나님께서 불변하시다는 것이 우리 믿는 사람들에게는 말
할 수 없는 위로가 됩니다. 그 성품 덕분에 우리에게 베푸신 구원
도 불변하고 우리가 받고 있는 사랑도 불변하고 우리에게 주신 모
든 약속이 불변하기 때문입니다. 그러나 믿지 않는 사람들에게

는 이러한 하나님의 성품이 큰 짐이 됩니다. 하나님께서는 그들이 죄를 회개하지 않는 한 어떠한 일이 있어도 그 죄에 대한 마음을 돌이키지 않으시기 때문입니다. 그런데 믿는 사람들도 때로는 자신의 잘못을 회개하고 하나님께 용서를 구하기보다 선행으로 하나님의 호의를 사서 하나님의 뜻을 돌이켜 보려고 하는 경향이 있습니다. 그러나 그럼에도 불구하고 하나님은 여전히 불변하십니다.

요즘 세상처럼 모든 게 급변하는 때에라도 하나님은 변함이 없으시다니 이 얼마나 위로가 되는 사실입니까? 완전히 불변하는 말씀이 있고, 완전히 불변하는 약속이 있다니 놀랍지 않습니까? 아무튼, 하나님께서 불변하신다는 것이 믿는 자들에게는 다행이지만 만약 인간이 불변한다면 그것처럼 저주스러운 일도 없을 것입니다. 우리 인간은 자꾸만 변해서 예수 그리스도를 닮아 가야 하는 존재이기 때문입니다.

하나님은 또한 온전하신 분입니다. 그래서 마태복음 5장 48절에서 예수님은 "하늘에 계신 너희 아버지의 온전하심과 같이 너희도 온전하라"고 말씀하셨습니다. 하나님의 불변성은 그분의 온전성에 그 근거를 두고 있습니다. 너무나도 완전하신 분이기 때문에 불변하십니다. 그래서 욥의 친구 소발은 이렇게 말한 바 있습니다.

"네가 하나님의 오묘를 어찌 능히 측량하며 전능자를 어찌 능히 온전히 알겠느냐"(욥 11:7).

우리는 온전하지 못하기 때문에 온전하신 하나님을 다 알 수가 없습니다. 그래서 하나님은 우리가 온전해지기를 바라십니다. 이러한 온전함은 오직 그리스도 안에서만 이루어집니다.

비록, 하나님과는 달리 우리가 온전하지 못한 존재이지만 하나님의 온전하심이 우리에게 위로가 되는 것은 그분의 그 온전하심에 힘입어 그분의 용서가 온전하고 그분의 사랑이 온전하며 그분께서 주시는 소망이 온전하다는 것을 믿을 수 있기 때문입니다. 그리고 특별히 저처럼 이렇게 아직도 덜 떨어진 사람, 하나님의 영광에 이르지 못하는 사람에게는 하나님께서 내 속에서 시작하신 착한 일이 장차 온전한 열매를 보게 될 것이고 그리하여 내가 그리스도의 형상을 한껏 닮게 되리라는 소망이 있기 때문에 하나님의 온전하심이 큰 위로가 됩니다.

영원하신 하나님

하나님은 또한 영원하십니다. 그래서 시편 기자는 "산이 생기기 전, 땅과 세계도 주께서 조성하시기 전 곧 영원부터 영원까지 주(主)는 하나님이시

니이다"(90:2), "여호와여 주는 영원히 계시고 주의 기념 명
칭은 대대에 이르리이다"(102:12)라고 말한 바 있습니다. 시
간과 공간에 제한을 받으며 잠시 잠깐의 인생을 사는 인간으
로선 영원이라는 것을 이해하기가 어렵습니다. 그러나 하나님
께서 모든 일을 영원의 안목 속에서 이루고 계시다는 것이 얼
마나 감사한 일인지 모릅니다.

예를 들어 부모가 아이들에게 매를 들 때 지금 당장엔
그 아이가 그걸 달갑게 여기지 않습니다. 그러나 부모가 자녀
에게 벌을 주는 이유가 무엇입니까? 지금은 아이를 때리는 것
이 마음 아파도 아이의 나중을 생각할 때는 지금 매를 드는
편이 훨씬 낫다는 것을 알기 때문입니다. 지금 매를 아끼면
아이의 장래에 더 큰 문제를 낳을 수 있습니다. 대체로 아이
들은 학교에 가서 공부하고 훈련받는 것을 싫어합니다. 숙제
하는 것도 싫어합니다. 그러나 부모가 싸우다시피 하면서까지
아이들에게 학교와 숙제의 중요성을 강조하며 있는 힘을 다해
서 밀어 주는 이유는 그 잠깐의 고생이 아이의 평생에 유익이
되기 때문입니다.

그런 것처럼 하나님께서도 우리를 영원의 안목에서 다
루십니다. 우리는 그런 것도 모르고 '하나님께서는 왜 이렇게
귀찮은 것을 나보고 하라고 그러시지. 또 이 문제는 그냥 눈
감아 주시면 안 되나. 왜 이렇게 나를 아프게 하시나' 하고
생각하지만 하나님의 영원한 안목으로 볼 때는 잠시 잠깐의

고통이 우리 장래에 유익이 되기 때문에 그렇게 행하시는 것입니다.

하나님의 이런 영원성을 생각한다면, "너는 마음을 다하여 여호와를 의뢰하고 네 명철을 의지하지 말라 너는 범사에 그를 인정하라 그리하면 네 길을 지도하시리라"는 잠언 3장 5, 6절 말씀에 자연스럽게 순종할 수 있습니다. 자녀들은 부모님의 생각은 늘 고리타분한 것으로 여기고 자기들의 생각이야말로 지혜롭고 옳은 것으로 여깁니다. 그러나 부모 입장에서 보면 어떻습니까? 부모의 경험에 비추어 볼 때 그리고 긴 안목으로 자녀들의 앞날을 바라볼 때 지금 자녀의 생활 방식이나 생각이 결코 좋지 않다는 것을 잘 압니다. 그런 것처럼 하나님도 마찬가지이십니다. 이런 이치를 일단 이해하고 나면 (설사 하나님의 뜻이 잘 이해되지 않는다 해도) 자신의 명철을 의지하지 않고 하나님을 의뢰하기가 좀더 쉬워집니다.

이렇게 하나님의 안목을 믿고 순종할 때 하나님께서 그의 길을 지도하신다고 약속하셨습니다. 우리의 길을 지도하신다는 말은 "길을 곧게 하시리라"는 말과도 통합니다. 하나님께서는 그 순종하는 자의 길을 곧게 해주시되 영원의 안목으로 해주시기 때문에 때로는 그 곧게 해주신 길이 곧지 않아 보일 수 있습니다. 결국 지혜에 한계가 있는 우리로서는 그저 하나님을 믿고 그분의 영원하심 속에서 안식할 수밖에 없습니다.

때로는 죄를 너무 많이 지어서 하나님 앞에 회개하기도 부끄러울 때가 있습니다. 그러나 죄가 무엇입니까? 제한된 인간이 제한된 생각으로 짓는 게 바로 죄입니다. 우리는 우리가 생각할 수 있는 것 이상의 죄는 지을 수 없습니다. 따라서 우리 죄가 아무리 머리털보다도 더 많다고 할지라도 그것은 어차피 한계 있는 인간에 의해 저질러진 것일 수밖에 없습니다. 반면, 하나님의 용서는 전혀 제한받지 않으시는 하나님의 마음에서 나온 것이므로 내 모든 죄보다 더 크십니다. 그래서 "그 크신 하나님의 은혜"라는 소리가 절로 나올 수밖에 없습니다. 이 얼마나 감사합니까?

또한 이 땅에서 사는 것이 얼마나 짧은 순간인가 하는 것을 깨닫게 해주고 우리로 하여금 나그네로서의 삶을 잘살 수 있도록 해주는 것도 바로 하나님의 영원성입니다. 아무리 나그네같이 살고 싶어도 그 영원한 나라를 생각하지 않으면 우리는 곧 이 곳이 영원한 처소인 양 착각하며 살기 쉽습니다. 그 사람이 하늘나라에 소망을 두고 사는지 아니면 이 땅에 마음을 빼앗겨 사는지는 그 사는 형편만 봐도 알 수 있습니다. 영원을 생각하는 자만이 이 땅에서 임시 체류자의 마음으로 살 수 있습니다. 이 땅에서 당하고 있는 어려움이 아무리 크다고 할지라도 영원에 비해서는 눈 깜빡할 사이에 지나가는 것이나 마찬가지입니다.

하나님을 안다는 것은 바로 이런 것입니다. **즉, 하나님**

의 성품이 우리 생활 속에 그대로 적용될 때 비로소 하나님을 안다고 할 수 있습니다. 또한 그런 자세를 가진 사람을 통해 드려지는 예배가 하나님 앞에 바르게 드려지는 예배라는 것을 알아야 합니다.

3

하나님께서 지금 이 방에도 계실까?

셋째 · 스스로 존재하시는 하나님
넷째 · 편재하시는 하나님

스스로 존재하시는 하나님

하나님 앞에 신령과 진정으로 예배를 드리기 위해서는 우선 말씀 속에 계시된 하나님부터 알아야 합니다. 또한 이 땅 위에서 사는 동안 만나는 모든 문제가 하나님이 누구신지 모르는 데서 발생하는 것이기 때문에 하나님의 성품을 아는 것이 무엇보다 중요합니다.

요한복음 17장 3절은 "영생은 곧 유일하신 참하나님과 그의 보내신 자 예수 그리스도를 아는 것이니이다"라고 말씀합니다. 흔히들 영생 영생 그러지만 영생이라는 것은 유일하신 하나님과 그분이 보내신 예수 그리스도를 아는 것입니다. 우리는 예수님을 구세주와 주님으로 영접한 이후로도 영원토록 하나님과 동거하면서 하나님이 어떤 분이시라는 것을 알아가게 되는데 이것이 바로 영생입니다.

저는 『거룩하신 분에 대한 지식』(*The Knowledge of the Holy*)이라는 책을 통해서 스스로 존재하시는 하나님에 대해 다시 생각해 보게 되었고 하나님의 이 성품이 우리의 일상 생활과 얼마나 밀접한 관계성을 가지고 있는가 하는 것을 다시금 깨닫게 되었습니다. 그래서 이번에는 스스로 존재하시는 하나님에 대해 살펴보고자 합니다.

“스스로 존재하신다”는 말을 고쳐 말하면 “하나님께서는 창조되신 분이 아니다”라고 할 수 있습니다. 우리 인간은 하나님께서 창조하셨기 때문에 존재하게 된 피조물들일 뿐, 스스로 존재하게 된 사람들이 아닙니다. 따라서 우리는 스스로 있을 수 있는 존재들이 아니라 완전히 하나님께 의존해서 사는 의존적인 존재들입니다. 오직 하나님만이 스스로 있으실 수 있는 분입니다. 자기 안에 생명이 있어서 그 생명을 다른 이에게 나누어 주실 수가 있는 분은 오직 하나님 한 분뿐이십니다. 인간이 죽은 생명을 왜 못 살리는가 하면 우리 속에는 생명을 창조하는 능력이 없기 때문입니다. 인간은 남에게 생명을 나누어 줄 수가 없습니다.

호렙산에서 떨기나무 불꽃 가운데 나타나신 하나님의 사자를 만났을 때 모세가 하나님의 이름을 묻습니다. 그러자 하나님께서는 “나는 스스로 있는 자니라”(I am that I am)고 대답하십니다(출 3장 참조). 이스라엘 백성들 사이에서는 이 이름이 하나님의 별칭이 되었습니다. 하나님을 가리키는 이름인 “야훼”(Yahweh)는 너무나도 거룩하기 때문에 하나님을 일컬어 감히 야훼라고 부르는 것조차도 두려워했습니다. 그래서 하나님의 성품 중 하나를 뜻하는 “스스로 있는 자”라는 것이 하나님의 별칭으로 사용되게 된 것입니다.

인간의 성품은 언제든지 하나님의 성품과 정반대되는 성향을 띱니다. **하나님은 스스로 계실 수 있지만 인간은 스스로**

있을 수가 없습니다. 다시 말해 하나님은 독립적인 존재인 반면 우리 인간은 의존적인 존재입니다. 인간뿐 아니라 모든 창조물이 그렇습니다. 스스로 존재할 수 있는 피조물이란 없습니다. 오직 하나님만이 스스로 존재하십니다. 이런 맥락을 이해할 때 "아버지께서 자기 속에 생명이 있음같이 아들에게도 생명을 주어 그 속에 있게 하셨다"는 말씀이 비로소 이해가 될 것입니다(요 5:26).

어린아이들이 주일학교 반사에게 이렇게 묻습니다. "우리를 하나님이 만드셨다면 그럼 그 하나님은 누가 만들었어요?"
아주 피조물다운 생각입니다. 믿지 않는 사람들은 이것을 문제 삼아 하나님이 없다고 결론을 내리기도 합니다. 누가 창조한 것도 아니고 밑도 끝도 없이 스스로 존재하신다니, 그렇지 못한 인간들로선 이해가 되지 않을 수밖에 없습니다.

우리는 하나님께서 우리 인간을 창조하셨다는 것과 인간이 존재하기 위해서는 하나님을 의지해야 한다는 사실을 알고 있습니다. 그러나 실생활에서는 그것을 믿지 않고 행동할 때가 많습니다. 예를 들어 하나님의 "사랑하라"는 명령 앞에서 우리는 주춤할 때가 많습니다. 우리 안에 사랑이 없다는 것을 누구보다도 잘 알기 때문입니다. 그러나 우리 안에 사랑이 없으므로 이웃을 사랑할 수 없다는 것으로 끝난다면 그것은 불신앙입니다. 하나님께서 사랑 없는 우리 속에 사랑을 창조해 주실 것을 믿지 않는 것이나 마찬가지이기 때문입니다. 우리는 하나님께 지음 받은 존재일 뿐 아니라 그 하나님을 의지하지 않고는 살 수 없는 존재이기도 합니다. 다음 성경 구절들이 그 사실을 잘 증명해 주고 있습니다.

> "만물이 그로 말미암아 지은 바 되었으니 지은 것이 하나도 그가 없이는 된 것이 없느니라"(요 1:3).

그러나 사단의 유혹을 받은 아담과 하와는 스스로 존재하시는 하나님과 같이 되고자 하는 마음에 선악과를 따먹음으로써 하나님께 독립을 선언했습니다. 하나님을 의존하지 않고는 살 수 없는 존재가 하나님에게서 독립을 했으니 어찌 문제가 없을 수 있겠습니까?

이 "만물"에는 하나님 없이도 충분히 살 수 있다고 생각하는 사람까지도 포함됩니다. 스스로 된 자가 없다는 얘기는 스스로 존재할 수 없다는 얘기를 다시 강조하는 말씀입니다.

부모와 자식 사이를 예로 들어 설명하면 더 명확히 이해될 것입니다. 어머니의 뱃속에 있을 때 자녀는 아무것도 필요치 않습니다. 필요한 모든 것이 어머니로부터 공급되기 때문입니다. 그러나 다 자라서 자궁 밖으로 나오면 탯줄이 끊어지는 그 순간부터 필요한 것이 한두 가지가 아니게 됩니다.

그런데 이 핏덩어리가 부모의 도움 없이도 살 수 있다고 버틴다면 살길이 있겠습니까? 대답은 자명합니다. 예수께서는 포도나무와 가지의 비유를 통해서 이 원리를 설명하셨습니다.

"그가 세상에 계셨으며 세상은 그로 말미암아 지은 바 되었으되 세상이 그를 알지 못하였고"(요 1:10).

물론 이것은 구원에 관한 말씀입니다. 그러나 이번에는 이 말씀을 약간 다른 각도에서 살피기를 원합니다. 세상이 하나님을 알지 못했다는 말은 곧 그분만이 스스로 존재하실 수 있는 분이라는 사실을 몰랐다는 의미입니다. 이 땅에는 하나님 없이 사는 사람들이 수두룩합니다. 그러나 비단 불신자들뿐 아니라 하나님의 살아 계심을 믿는다고 하는 사람들조차도 얼마나 자주 하나님이 아닌 자신을 의지하는지 모릅니다. 우리는 이런 측면에서 자신을 점검할 수 있어야 합니다. 정말로 예수님 한 분만이 스스로 존재하시는 분이라는 것을 믿는지, 그래서 자신의 문제를 스스로 해결하려 하기보다 하나님께 의존하며 살고 있는지 살펴보시기 바랍니다.

"만물이 그에게 창조되되 하늘과 땅에서 보이는 것들과 보이지 않는 것들과 혹은 보좌들이나 주관들이나 정사들이나 권세들이나 만물이 다 그로 말미암고 그를 위하여 창조되었고 또한 그가 만물보다 먼저 계시고 만물이 그 안에 함께 섰느니라"(골 1:16, 17).

만물이 그 안에 함께 섰다는 것은 하나님 안에 모든 것이 보존되어 있다는 말씀입니다. 하나님의 창조물들이 흐트러지거나 망가지거나 없어지지 않고 하나님께서 창조하신 대로 보존되어 있는 이유는 하나님께서 그것들을 그렇게 보존하고 그렇게 붙잡고 계시기 때문이라는 겁니다. 따라서 만물을 붙들고 계시는 하나님의 능력을 벗어나서는 어떤 창조물이라도 살아 남을 수가 없습니다. 사람뿐만 아니라 모든 창조물이 마찬가지입니다. 여기에는 눈에 보이지 않는 영의 세계나 권세나 정사까지도 포함됩니다.

당장 하나님께서 지구의 인력(引力) 하나만 소멸시키셔도 우리는 다 우주 공간을 떠돌 수밖에 없는 존재들입니다. 지금 우리가 이 지구에 발을 붙이고 사는 이유는 하나님의 능력이 인력이라는 것을 통해서 우리를 붙잡고 계시기 때문입니다. 평평한 땅에 발붙이고 살기 때문에 느끼지 못하지만 사실 우리는 공중에 거꾸로 매달려 지내는 셈입니다. 그런데도 불구하고 대기 밖으로 떨어져 나가지 않는 이유는 하나님의 능력이 우리를 보존하시기 때문입니다. 우리가 이것을 얼마나 자주 잊어버리고 삽니까?

"또 저[예수 그리스도]로 말미암아 모든 세계를 지으셨느니라…그의 능력의 말씀으로 만물을 붙드시며"(히 1:2, 3).

모든 세계가 그리스도로 말미암아 지음을 받았으며 지

음 받은 세계는 스스로 존재할 수 없습니다. 하나님께서 모든 것을 만드셨다 할지라도 그것을 보존치 않고 붙들지 않으신다면 우리는 더 이상 이런 모습으로 존재할 수 없습니다. 바울은 아테네(아덴)에서 복음을 전하면서 하나님이 과연 어떤 분이신지에 대해 이해하기 쉽게 설명합니다. 그의 설교에는 스스로 계셔서 만물의 주관자 되시는 하나님의 속성이 잘 나타나 있습니다.

"바울이 아레오바고 가운데 서서 말하되 아덴 사람들아 너희를 보니 범사에 종교성이 많도다 내가 두루 다니며 너희의 위하는 것들을 보다가 알지 못하는 신에게라고 새긴 단도 보았으니 그런즉 너희가 알지 못하고 위하는 그것을 내가 너희에게 알게 하리라 우주와 그 가운데 있는 만유를 지으신 신께서는 천지의 주재(主宰)시니 손으로 지은 전(殿)에 계시지 아니하시고 또 무엇이 부족한 것처럼 사람의 손으로 섬김을 받으시는 것이 아니니 이는 만민에게 생명과 호흡과 만물을 친히 주시는 자이심이라 인류의 모든 족속을 한 혈통으로 만드사 온 땅에 거하게 하시고 저희의 연대를 정하시며 거주의 경계를 한하셨으니 이는 사람으로 하나님을 혹 더듬어 찾아 발견케 하려 하심이로되 그는 우리 각 사람에게서 멀리 떠나 계시지 아니하도다 우리가 그를 힘입어 살며 기동(起動)하며 있느니라"(행 17:22~28).

하나님께서는 무엇이 부족한 것처럼 사람의 손으로 섬김을

받으시는 분이 아닙니다. 다시 말하면 그분은 피조물의 필요를 전혀 느끼지 않으시는 분입니다. 필요가 전혀 없으신 분입니다. 그런 반면 하나님께서는 자신이 지으신 만민에게 생명을 주고 호흡을 주며 그 생명을 유지하기 위해 만물을 주시는 분입니다. 호흡이 없이는 생명이 유지될 수 없고 만물이 없이는 그 생명을 보존할 수 없습니다. 여기서 우리는 인간이 얼마나 의존적인 존재로 지어졌는지 알 수 있습니다. 하나님을 힘입지 않고는 기동도 할 수 없고 숨도 쉴 수가 없는 게 우리입니다. 문제는 뭔가 하면 그런 존재인 우리가 하나님 없이도 살 수 있다고 생각할 때가 너무 많다는 겁니다.

하나님께서는 인간을 창조하실 때 그분의 형상을 닮은 존재로 창조하셨습니다. 하나님께서 우리를 그분과 닮게 하신 것이 여러 가지 있지만 그 중 하나는 우리에게 선택할 수 있는 자유의지를 주셨다는 것입니다. 그런데 첫 사람 아담과 하와가 그 선택권으로 하나님을 의지하지 않는 방향의 선택을 했습니다. 인간이 하나님을 전폭적으로 의지해서 살 수밖에 없는 존재로 창조되었는데도 불구하고 아담과 하와가 사단의 꾀임에 빠져 죄를 세상에 들여놓았습니다.

아담과 하와를 유혹한 사단은 어떤 존재입니까? 이사야서 14장 13, 14절은 사단이 존재하게 된 경위에 대해 말씀합니다.

"네가 네 마음에 이르기를 내가 하늘에 올라 하나님의 뭇별
위에 나의 보좌를 높이리라…가장 높은 구름에 올라 지극히
높은 자와 비기리라."

사단은 하나님과 동등되고자 하는 욕망 때문에 타락의
자리에 서게 된 천사입니다. 하나님을 섬겨야 할 자신의 직분
을 망각한 채 "스스로 존재하시는 하나님"과 같이 되고자 하
다가 음부에 빠지게 된 존재입니다.

그런 존재인 사단이 인간을 자신과 똑같은 처지로 몰아
넣으려고 에덴 동산에서 유혹의 손길을 뻗쳤습니다. 그러면서
이렇게 말했습니다.
"굳이 하나님을 의지해서 살 필요가 없어. 하나님께서 따먹지
말라고 하신 나무의 실과 있지? 그 명령에 순종할 필요 없어.
네가 용기를 내어 그 열매를 따먹는 날에는 너도 하나님과 같
이 될 거야. 그래서 이제는 하나님께 의존해서 사는 것이 아
니라 네 능력으로 살 수 있게 될 거라구."
사단의 유혹에 귀가 번쩍 뜨인 인간은 결국 하나님의 명령에
불순종하는 길을 선택했습니다. 불순종을 선택한 그 날부터
인간은 하나님께로부터 독립을 선언한 셈입니다.

인간 세상에서는 한 아이가 태어나 점점 그 정신과 육
체가 자랄수록 부모로부터 독립해 나가는 것을 일컬어 "성장"
이라고 말합니다. 아이들이 어릴 때는 부모에게 100% 의지하

다가 점차 나이를 먹어 감에 따라서는 무슨 일이든 혼자 해보려는 쪽으로 자세가 바뀝니다. 이것이 흔히들 생각하는 성장입니다. **그런데 영적인 성장은 육적인 성장과는 완전히 정반대입니다. 영적으로 성장한 사람은 독립적으로 살려고 하기보다는 하나님께 더 가까이 가고자 하고 더욱더 하나님을 의지하고자 합니다.** 반대로, 뭐든지 스스로 할 수 있다고 생각하고 사는 사람은 영적으로 아주 어린 사람입니다.

자신을 돌아보십시오. 하나님의 뜻은 고려해 보지도 않고 마음 내키는 대로 처신할 때가 얼마나 많습니까? 그것은 마치 보좌에 좌정하신 하나님께 이렇게 선언하는 것과 같습니다.
"주님, 이제 저 혼자 힘으로도 살 수 있으니까 그 자리에서 내려오십시오."
하나님 앞에 반만 무릎 꿇고 입술로만 주님이라고 고백하는 것은 참순종자의 모습이 아닙니다. "주님"(Lord)이라는 말 속에는 그분의 말씀이라면 내가 온전히 순종하겠노라는 결단이 내포되어 있습니다. 복음을 받아들인 사람이라면 그리고 자신이 하나님을 의지하지 않고는 살 수 없다는 것을 인정하는 사람이라면 죽는 날까지 하나님의 주인 자리를 지켜 드리기 위해 자아와 투쟁할 것을 다짐해야 합니다. 사도 바울도 로마서에서 이 투쟁에 대해 기록했습니다.

"내 속사람으로는 하나님의 법을 즐거워하되 내 지체 속에서 한 다른 법이 내 마음의 법과 싸워 내 지체 속에 있는 죄의 법 아래로 나를 사로잡아 오는 것을 보는도다 오호라 나는 곤고한 사람이로다 이 사망의 몸에서 누가 나를 건져 내랴"(롬 7:22~24).

바울이 이렇듯 괴로워하는 이유가 무엇입니까? 하나님께 순종하고 싶어하는 바울의 속사람과는 달리 하나님께 불순종하려는 또다른 지체가 있어서 그 둘 사이에서 치열한 전쟁이 있는 까닭입니다. 바울 내부에서 이런 전쟁이 벌어지는 이유가 무엇입니까? 바울이 영적으로 어린 자이기 때문이겠습니까? 그렇지 않습니다. 그리스도인에게는 누구나 다 이런 내적 씨름이 있습니다. 이 사실을 인정해야 합니다. 우리 안에는 하나님께 독립 선언을 하고 싶어하는 마음과, 그분을 온전히 주인으로 모시고 살기 원하는 마음, 이렇게 두 마음이 있습니다.

저는 앞서도 언급한 바 있는 『거룩하신 분에 대한 지식』이라는 책을 두 번째 읽으면서 상당히 큰 충격을 받았습니다. 처음 그 책을 접했을 때만 해도 그렇게 마음에 와 닿지 않았는데 다시 한 번 읽으면서는, 인간이 자기 스스로 뭔가 할 수 있다고 생각하는 것이 얼마나 지독한 죄인가 하는 것을 절실히 깨달았습니다. **하나님을 의지하지 않고 행하는 인간의 모든 행동들은 결국 "나는 스스로 있는 자니라"는 하나님의 선포에 반기를 드는 행위라고 딱 잘라 말할 수 있습니다. 인간의 독립 행위는 곧 하나님만이 좌정하실 수 있는 보좌에 인간이 감히 올라가**

앉는 것이나 마찬가지이기 때문입니다.

그런 이치로 보면, 하나님을 믿지 않는 사람들은 그저 24시간 내내 하나님의 보좌에 앉아 있다고 보면 됩니다. 그러면서 그들은 속으로 이렇게 되뇝니다.
'나는 스스로 존재할 수 있는 사람이다. 내 권력과 돈과 학식이 내 문제의 해결사가 되어 줄 것이다.'
거기에 비하면 그리스도인들은 형편이 조금 낫다고 해야 할까요? 수시로 올라갔다 내려왔다 하니까 말입니다. 그러나 어찌 보면 그리스도인들이 비그리스도인들보다 더 수고를 하는지도 모릅니다. 한자리에 가만 있는 게 아니라 노상 오르락내리락하니 말입니다. 올라가서는 '이게 내 자리가 아니구나' 하고 내려오고, 내려와서는 또 '이것도 내 자리가 아닌데. 내 문제는 내가 해결해야지' 하고 또 올라갑니다.

하나님께서는 저에게 오래전부터 "아니다, 너는 할 수 없는 사람이다"라는 말씀을 해 오셨는데 그 말씀을 인정하고 받아들이기까지 15년이라는 세월이 걸렸습니다. 사실은 15년도 더 걸렸습니다. 그 오랜 세월이 흘러서야 '야, 이 보좌가 내 자리가 아니구나' 하고 하나님께 되돌려 드렸던 것입니다. 그런데 그렇게 내드리고 나서도 여전히 오르락내리락하기를 수도 없이 반복합니다.

하나님이 차지하셔야 할 보좌를 내 맘대로 차지하고 앉

아서 하나님의 거룩하신 이름에 도전장을 내밀면서도 우리는 다음과 같은 말씀을 하나님께 서슴지 않고 드립니다.

"자, 하나님, 연보가 필요하십니까? 여기 100만 원 드립니다. 받으십시오. 하나님, 이번에는 제 봉사가 필요하십니까? 제가 이렇게 열심히 봉사하고 있습니다. 하나님, 제 고운 음성으로 찬양을 불러 드릴까요? 자, 이렇게 찬양을 드립니다."

하나님을 보좌 아래로 끌어내리고 자신이 상전이 되어 있으면서도 예배를 드린답시고 이런 마음가짐으로 예배를 드리니 하나님께서 보시기에 우리가 얼마나 가증스럽겠습니까?

우리는 아주 착각을 잘합니다. 하나님은 아무것도 필요치 않으신 분인데 우리는 그분께 빈 껍데기 같은 것들을 드리면서도 무슨 큰 영광이라도 돌려드리는 양 허세를 부릴 때가 얼마나 많은지 모릅니다. 하나님께서는 무엇이 부족한 것처럼 사람의 손으로 섬김을 받으시는 분이 아니라고 했습니다. 하나님은 우리의 돈도 능력도 재주도 목소리도 필요로 하지 않으십니다. 그분의 보좌를 갈취하고 드리는 이러한 예배는 하나님의 마음을 오히려 역겹게 할 뿐입니다.

지금 이렇게 살아 숨쉬고 있는 것 자체도 하나님의 은혜라는 것을 왜 모릅니까? 쉽게 말해, 하나님께서 재채기 하나만 잘못하게 해서 숨구멍으로 숨이 잠깐만 잘못 넘어가게 해도 그 자리에서 숨이 끊어지고 마는 게 우리 인생인 걸 왜 모릅니까? 그런데도 우리는 스스로 존재할 수 있다고 착각하고 살 때가 많습니다. 이런 인간의 어리석음과 그런 인간에 대한 하나님의 배려가 가장 잘 나타나 있는 말씀이 이사야서 53장 6절입니다.

> "우리는 다 양 같아서 그릇 행하여 각기 제 길로 갔거늘 여호와께서는 우리 무리의 죄악을 그에게 담당시키셨도다."

우리 모두는 스스로 존재할 수 있다고 독립 선언을 하고는 각기 제 길로 간 사람들입니다. "저에겐 하나님이 필요 없습니다. 제가 알아서 제 인생 살겠습니다" 하고 제 갈 길로 간 존재들입니다. 이것은 곧 "나는 스스로 있는 자니라"는 하나님의 말씀에 도전장을 던지는 행위입니다. 그런데도 여호와께서는 하나님과 같이 되고자 하는 인간들의 죄를 예수 그리스도에게 담당시키사 용서해 주셨습니다. 얼마나 감사한 축복의 말씀인지 모릅니다.

우리는 모든 일에 하나님을 의지해서 살 수밖에 없는 사람들로 지음을 받았기 때문에 하나님께 의존하면 할수록 인생이 더 아름다워지고 더 조화로워집니다. 그것이 바로 창조의 목적을 이루어 드리는 인생입니다. 반면 창조의 목적에 어긋나는 삶은 그렇게 추악하고 보기 싫을 수가 없습니다. 자기를 일컬어 자칭 하나님이라고 외치는 사람이 있다면 주위 사람들은 토해 내고 싶을 정도로 기분이 언짢을 것입니다. 그러나 자기를 낮추고 하나님만 높여 드리는 사람을 만난다면 '야

정말 아름답구나' 하고 느낄 것입니다. 우리 자신은 비록 그렇게 살고 있지 못하더라도 눈으로 봐서 뭐가 아름다운 줄은 아는 법입니다.

창조의 목적대로 살아 드리는 삶이 아름다운 삶이라는 것을 알아야 합니다. 저는 아무것도 필요하지 않으신 하나님께서 무엇 때문에 우리 같은 인생들을 들어 쓰시는지 의아할 때가 있습니다. 그게 얼마나 신비스러운 일이며 하나님께서 얼마나 자신을 낮추시는 일인지 생각해 본 적이 있습니까? 인간들은 때로 그런 하나님을 오해하고 만만히 보기까지 합니다. 우리 같은 존재들을 쓰시는 것이 하나님의 은혜인 줄 모르고 '하나님께서 정말 내 도움이 필요해서 그러시는가 보다' 하면서 말입니다. 사실상 하나님은 아쉬울 것이 하나도 없으신 분인데 인간이 하나님을 위해 일해 드리지 않으면 마치 그분께 큰 손해라도 생기는 것처럼 우리를 쓰십니다. 사역을 통해 우리를 온전히 빚어 가시기 위함이지만 그래도 신비한 일이 아닐 수 없습니다.

스스로 존재할 수 없는 사람들인 우리는 아침에 잠에서 깰 때마다 이렇게 기도해야 할 것입니다.

"주님, 오늘도 저는 스스로 존재할 수 없는 사람입니다. 하나님의 전적인 도우심이 아니면 숨을 쉴 수도 기동할 수도 없는 사람입니다. 오늘 하루 동안도 독립 선언하지 않고 하나님께 의존하여 살게 해주시옵소서. 오늘도 제 갈 길 가지 않게 하시고 「나는 스스로 있는 자니라」는 하나님의 거룩하신 이름에 감히 도전하는 일 없게 하시옵소서.”

우리들에겐 제 길을 가는 게 쉬운 일이고 제 길을 가지 않는 게 어려운 일입니다. 바짝 깨어 있지 않으면 우리는 저절로 제 갈 길로 가는 존재들입니다. 그래서 이런 기도가 필요한 것입니다.

“나는 스스로 있는 자니라”는 하나님의 이름이 우리에게 엄청난 위로가 됩니다. 스스로 있는 자 되시는 하나님 안에는 우리가 필요로 하는 모든 것이 들어 있습니다. 도움이 필요할 때 그분이 우리의 도움이 되시고 지혜가 필요할 때 그분이 우리의 지혜 되십니다. “하나님은 나의 ○○이시다”라는 구절에서 ○○에 우리의 필요들을 채워 넣으면 그대로 맞는 문장이 됩니다. 그저 우리는 우리가 필요로 하는 모든 것이 하나님 안에 있는 줄만 알면 됩니다.

그래서 “여호와는 나의 목자시니 내가 부족함이 없으리로다”라는 시편 23편 1절 말씀이 내 것이 되게 하면 됩니다. 우리는 스스로 무슨 동력이 있어서 살아가는 존재들이 아닙니다. 오직 하나님의 동력으로만 우리의 모든 문제가 해결되고 모든 필요가 채워질 수 있기 때문에 순간순간 “여호와는 나의 목자시니 내가 부족함이 없다”는 고백이 입에서 나와야만 합니다. 우리 안에 무엇에 대한 필요가 있는데도 이것을 아무도 충족시켜 주지 못할 것이라고 생각한다면 그는 "스스로 있는 자" 되시는 하나님을 잊어버린 것입니다. 그리고 하나님의 보좌에 자신이 올라가 앉아 있는 것입니다. 사사로운 일상 생활 가운데서도 이 스스로 있는 자 되시는 하나님을 늘 의지하며 살아가기를 바랍니다.

편재(遍在)하시는 하나님

"편재"는 어디 어느 곳에나 안 계신 곳이 없는 하나님의 속성을 가리키는 말입니다. 하나님께서는 어디에나 제한 없이 인격적으로 존재하십니다. 그런데 하나님은 눈에 보이지 않는 분이시기 때문에 사람들은 하나님이나 예수님을 가까이서 대면하고 싶을 때 흔히들 환상을 요구하곤 합니다. 하나님께서는 하나의 온전한 인격체로서 우주 공간 어디에나 안 계신 곳이 없이 존재하시기 때문에 하나님을 환상으로 보려고 하는 것은 지극히 잘못된 태도입니다.

우리는 하나님의 편재하심을 늘 마음에 새기며 살도록 연습해야 합니다. 그래서 하나님께서 늘 나와 함께 계신다는 사실을 잊지 않도록 해야 합니다. 우리가 믿든지 아니 믿든지 하나님께서는 언제 어디에나 계십니다. 그런 하나님을 느낄 때도 있고 느끼지 못할 때도 있습니다. 하나님께서 함께하신 다는 것을 느끼지 못할 때에라도 믿음으로 하나님의 임재를 인정할 수 있어야 합니다. 만물을 만드신 창조주는 눈에 보이지 않지만 하나님의 작품인 창조물은 우리 눈앞에 언제나 펼쳐져 있습니다. 그래서 창조물을 통해서 창조주의 편재하심을 상기하는 훈련도 큰 도움이 됩니다. 잠언 3장 6절은 "너는 범사에 그를 인정하라"고 말씀합니다. 이것은 곧 하나님이 어디에나 계신다는 사실을 믿으라는 말과도 통합니다.

혼자서는 맘놓고 하던 일도 옆에 어린아이만 하나 있어도 못할 때가 있습니다. 그런데 하물며 이 우주를 다스리는 자요 우주의 주인이며 창조주 되신 하나님, 즉 편재하고 전능하며 거룩하고 영원하며 불변하시는 하나님께서 정말로 언제 어디서나 나와 함께 계신다면, 그리고 그 사실을 정말 믿는다면 내 말이 달라져야 되고 내 행동이 달라져야 되고 내가 하는 모든 것이 달라져야만 합니다. 이러한 하나님의 편재하심에 대해서는 성경 여러 곳에 기록되어 있지만 그 중에서도 시편 139편을 보면 다음과 같습니다.

"내가 주의 신을 떠나 어디로 가며 주의 앞에서 어디로 피하리이까 내가 하늘에 올라갈지라도 거기 계시며 음부에 내 자리를 펼지라도 거기 계시니이다 내가 새벽 날개를 치며 바다 끝에 가서 거할지라도 곧 거기서도 주의 손이 나를 인도하시며 주의 오른손이 나를 붙드시리이다"(7∼10절).

　　　　이 지구 어디를 가든지, 이 우주 어디를 가든지 하나님께서 안 계신 곳이 없습니다. 그것을 시편 기자는 이렇게 시적인 언어로 표현하고 있습니다. 우주 어디에도 하나님을 피할 곳이 없다는 것을 말과 생각으로는 알고 있지만 실생활에서는 얼마나 자주 이 사실을 잊고 사는지 모릅니다. 하나님의 편재성에 대해 예레미야서에는 이와 같이 기록되어 있습니다.

　　"나 여호와가 말하노라 나는 가까운 데 하나님이요 먼 데 하나님은 아니냐 나 여호와가 말하노라 사람이 내게 보이지 아니하려고 누가 자기를 은밀한 곳에 숨길 수 있겠느냐 나 여호와가 말하노라 나는 천지에 충만하지 아니하냐"(23:23, 24).

　　　　그래서 이렇게 말한 사람도 있습니다.
"공중의 공기가 새들을 둘러싸고 있고 바다의 물이 물고기들을 둘러싸고 있듯이 하나님께서는 인간인 우리들을 둘러싸고 계신다."
물고기는 물 밖에 나와서는 살 수가 없습니다. 물고기가 어디를 가든지 만나는 환경은 물입니다. 새들이 어디를 가든지 공기가 그들 주변을 온통 감싸고 있는 것처럼 말입니다. 그런 것처럼 하나님께서도 우리의 환경이 되시기 때문에 하나님의 존전을 피해서 숨을 곳이라고는 아무 데도 없습니다. 가도 가도 물이고 가도 가도 공기이며 가도 가도 하나님이십니다.

　　이렇듯 하나님께서 우주에 가득하신데도 인간은 하나님을 잘 모릅니다. 이유는 한 가지입니다. 하나님이 보이지 않기 때문입니다.

　　전파 방해 지역에서는 라디오나 텔레비전을 켜도 전파가 잡히지 않아 청취나 시청이 어렵습니다. 그러나 웬만한 도시의 웬만한 장소에서는 어디서나 라디오나 텔레비전을 즐길 수 있습니다. 그런데 라디오 전파가 잘 전달되는 곳이라고 해서 라디오만 덩그러니 갖다 놓으면 소리가 들립니까? 아닙니다. 전원을 켜야만 청취할 수 있습니다. 라디오를 갖다 놓고 전원을 켜면 그 주변에 꽉 차 있던 전파가 잡히면서 방송국의 메시지를 전달해 줍니다. **하나님 역시 라디오 전파처럼 어디에나 꽉 차 계시지만 영적인 전원이 들어왔다 나갔다 하기 때문에 하나님의 임재를 느낄 때도 있고 느끼지 못할 때도 있는 것이지 하나님이 계셨다가 안 계셨다가 하는 것이 아닙니다.**

　　창세기 5장 24절에 보면 "에녹이 하나님과 동행하더니"라는 말씀이 있습니다. 하나님과 동행한다는 말이 영어로는 "walk with God"입니다. 즉, 하나님과 동행한다는 것은 하나님과 걷는다는 의미이고, 걷는다는 것은 곧 일상 생활을 의미합니다. 그러므로 하나님과 함께 걷는다는 것은 하나님과 함께 일상 생활을 한다는 의미입니다. 다시 말해, 에녹이 하나님의 임재하심 속에서 하루하루를 살았던 사람이라는 애기입니다.

하나님께서는 야곱에게 "내가 너와 함께 있어 네가 어디로 가든지 너를 지키리라"고 약속하셨습니다(창 28:15). 하나님께서 야곱에게 그런 약속을 하신 것은 야곱을 비롯한 모든 인간에게 필요한 것이 오직 그것밖에 없기 때문입니다. 요셉도 "여호와께서 함께하시므로 형통한 자가 된 사람"이었습니다(창 39:2 참조). 하나님께서는 모세에게도 "내가 정녕 너와 함께 있으리라"고 약속하셨고(출 3:12) 여호수아에게도 "내가 모세와 함께 있던 것같이 너와 함께 있을 것임이라 내가 너를 떠나지 아니하며 버리지 아니하리라"고 약속하셨습니다(수 1:5). 또한 기드온에게도 "큰 용사여 여호와께서 너와 함께 계시도다"라는 말로 다가오셨습니다(삿 6:12).

그 많은 하나님의 종들에게 그 엄청난 구원의 역사를 맡기면서도 하나님께서 약속하신 것은 오직 한 가지, "내가 너와 함께 있으리라"는 것이었습니다. 함께하겠노라고 말씀 안하셔도 함께 계시는 사실에는 변함이 없지만 이 말씀을 자꾸 반복해서 하시는 이유는 건망증이 심한 우리들 때문입니다. 잊어버리지 않게 하기 위해 자꾸 상기시켜 주시는 것입니다. 그러면 구약에서만 함께하겠다는 약속을 하셨냐 하면 그렇지 않습니다. 예수께서도 하늘에 올라가시기 전에 "볼지어다 내가 세상 끝 날까지 너희와 항상 함께 있으리라"고 말씀하셨습니다(마 28:20). 언제까지요? 세상 끝 날까지 말입니다. 히브리서 13장 5절에도 "내가 과연 너희를 버리지 아니하고 과연 너희를 떠나지 아니하리라"는 말씀이 있습니다.

이렇게 함께 있겠노라고 약속하신 분이 대관절 어떤 분이십니까? 결코 변함이 없으신 분입니다. 게다가 스스로 있는 분이요, 영원한 분이요, 완전한 분이요, 어디든지 계시는 분 아닙니까? 이 하나님께서 참으로 나와 같이 계신다는 것을 우리가 늘 의식하고 산다면 산더미 같아 보이던 문제도 아주 사소한 것이 될 수밖에 없습니다. 문제가 커지면 하나님의 성품을 묵상하십시오. 그러면 문제가 사라집니다. 기도하기 전에도 하나님의 성품을 먼저 묵상해 보십시오. 어떤 기도 제목들은 시시하게 느껴지기까지 할 것입니다. 그래서 기도가 찬양으로 끝을 맺게 됩니다.

아무튼 이런 하나님께서 나와 함께하시는데 어떻게 내 속에서 "여호와는 나의 목자시니 내가 부족함이 없으리로다"라는 고백이 안 나올 수 있습니까? 저절로 나오게 되어 있습니다. 하나님께서 우리와 함께 계신다는 사실이 슬픔 속에서도 위로가 됩니다. 야곱의 역사, 요셉의 역사, 모세의 역사, 여호수아의 역사, 기드온의 역사를 다 살펴보기에는 지면이 부족하지만 그들의 삶에 대해 공통적으로 말할 수 있는 것은 그들 모두가 하나님의 동행하심을 통해 큰 역사에 동참할 수 있었다는 것입니다. 바로 그 하나님이 세상 끝 날까지 우리와 같이 하겠노라 약속하셨는데 두려울 게 무엇이 있습니까?

반면, 하나님의 임재를 생각할 때면 마음속에 경외심이 생겨나기도 합니다. 그렇게 항상 우리와 같이 계시는 분이 다름 아닌 거룩하신 하나님이기 때문입니다. 아무리, 아무도 안 보는 곳에서 은밀히 혼자서 죄를 지었다고 해도 하나님의 존전을 벗어날 수는 없는 노릇입니다. 바로 하나님의 거룩하신 얼굴 앞에서 죄를 짓는다고 생각해 보십시오. 도둑질할 수 있겠습니까? 철모르는 어린아이 하나만 있어도 감히 나쁜 짓을 할 수 없는데 하물며 하나님 앞에서이겠습니까?

그런데도 우리는 우리 앞에 편재하는 하나님이 계시다는 것을 망각한 채 밥 먹듯이 죄를 짓습니다. 느끼든 느끼지 못하든 하나님께서 우리를 보고 계시다는 것을 알아야 합니다. 그리고 이 사실을 자녀들에게 가르쳐야 합니다. 부모가 무슨 재간으로 아이들을 24시간 동안 따라다니겠습니까? 자기 아이를 아무리 사랑해도 부모는 편재의 능력이 없기 때문에 아이들이 다니는 곳을 다 좇아 다닐 수가 없습니다. 그러므로 아이들에게 부모나 선생님이나 친구가 없을 때에라도 하나님께서 네 행실을 보고 계시다는 것을 가르쳐야 합니다.

유혹당할 때 '아, 하나님 앞이지. 내가 지금 유혹당하고 있는 걸 하나님께서 보고 계시지' 하면 유혹이 금새 도망가 버립니다. 하나님께서는 우리에게 감당하지 못할 시험을 주지 않으실 뿐더러 시험을 당할 즈음에 피할 길을 준다고 하셨습니다. 피할 길을 주신다고 해서 시험 자체를 생략하시겠다는 말씀은 아닙니다. 하나님의 임재와 하나님의 능력과 하나님의 거룩하심 등을 마음에 되새길 때 유혹이 떠나가는 것입니다.

　　결국 하나님의 편재성은 믿는 자에게 위로가 되는 동시에 **죄를 방지하는 경고요 변함없는 확신이요 변함없는 위로입니다.** 그러나 불신자들에게는 하나님의 성품 하나하나가 두려움이고 악조건이 됩니다. 불신자들 역시 하나님의 존전으로부터 피할 길이 없기 때문입니다. 이런 사실을 기록하고 있는 곳이 바로 아모스서 9장입니다.

> "저희가 파고 음부로 들어갈지라도 내 손이 거기서 취하여 낼 것이요 하늘로 올라갈지라도 내가 거기서 취하여 내리울 것이며 갈멜 산 꼭대기에 숨을지라도 내가 거기서 찾아낼 것이요 내 눈을 피하여 바다 밑에 숨을지라도 내가 거기서 뱀을 명하여 물게 할 것이요 그 원수 앞에 사로잡혀 갈지라도 내가 거기서 칼을 명하여 살륙하게 할 것이라 내가 저희에게 주목하여 화를 내리고 복을 내리지 아니하리라 하시니라"(2~4절).

　　이것이 바로 하나님을 알지 못하는 사람들의 결국입니다. 또한 "스스로 계시는" 하나님의 자리를 넘보는 사람들의 결국이기도 합니다.

　　스스로 존재하고 편재하며 불변하고 완전하며 영원하신 이 하나님이 누구의 하나님이십니까? 우리 하나님이십니다. 이것을 마음에 굳게 간직하시기 바랍니다.

4

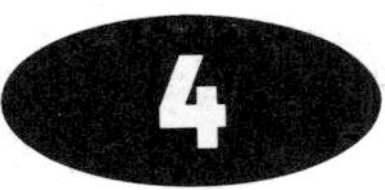

하나님도 못하시는 것이 있을까?

다섯째 · 전능하신 하나님

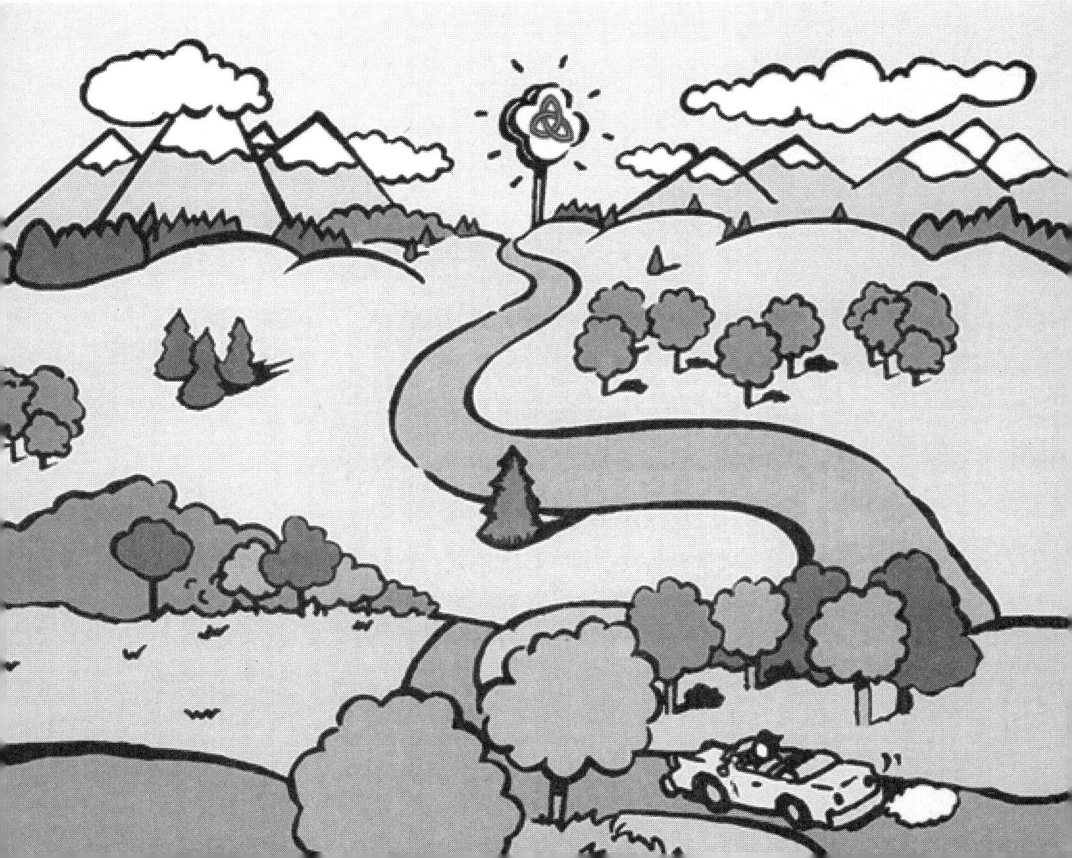

능력의 원천이신 하나님

전능하신 하나님을 히브리어로는 『엘샤다이』라고 합니다. 이 하나님은 무엇이든 불가능한 것이 없으신 하나님입니다. 하나님의 성품 가운데 중요하지 않은 성품이 없지만 이것은 너무나 중요한 성품입니다. 하나님의 전능하심을 온전히 믿고 그 믿음에 기초하여 사는 사람은 승리하는 그리스도인으로 살아갈 수 있습니다. 성경은 전능하신 하나님이라는 말을 56회나 반복합니다. 이 말은 단 한 번도 하나님 이외의 존재에 사용된 적이 없습니다. 오직 하나님 한 분에게만 쓰여진 말입니다. 다시 말하면 하나님 한 분 외에는 전능하신 분이 없다는 말입니다. 그런데 하나님께서 완전한 분이고 스스로 존재하는 분이며 영원한 분이고 무한한 분이시라면 그분은 자연 전능할 수밖에 없습니다.

전능하시다는 말을 다시 풀어서 말하면 하나님은 하고자 하는 것을 무엇이든 다 하실 수 있는 힘과 능력이 있으시다는 말입니다. 그분께는 못하실 일이 없고 불가능이 없다는 말입니다. 아무리 힘을 써도 그분은 지치지도 않으십니다. 하나님은 모든 힘과 능력의 원천이 되시는 분입니다.

이 전능하신 하나님에 대해 우리들이 제일 먼저 보여야

할 반응은 경배자의 반응입니다. 오늘날에는 왕정 국가가 많이 사라졌지만 그 옛날 왕이 한 나라를 통치하던 시절, 사람들이 왕 앞에 넙죽 엎드렸던 이유가 무엇입니까? 통치 지역 내에서는 왕이 전능자이기 때문입니다. 하나님과 같은 전능자는 아니지만 그의 수하에 있는 영역 안에서는 왕이 던지는 말 한마디에 따라 모든 것이 결정됩니다. 그런 존재이기에 백성이 왕 앞에 부복하는 것입니다. 그러니, 이 온 우주의 통치자 되시는 하나님 앞에 우리가 납작 엎드리는 것이 마땅하지 않겠습니까? 그분의 능력 앞에서 납작 엎드려야 합니다. 그런 자세가 안 된 사람은 아직 전능자를 못 만난 것입니다.

성경에는 하나님께서 하신 약속이 굉장히 많습니다. 그런데 하나님이 만약 전능한 분이 아니시라면 그 숱한 약속들이 별 의미가 없습니다. 우리도 평상시 얼마나 많은 약속을 하고 사는지 모릅니다. 일단 약속을 하고 나면 그것을 지키기 위해 최선을 다하지만 어쩔 수 없는 사정 때문에 약속을 지키지 못할 때도 있습니다. 우리가 약속을 지키지 못하는 이유가 무엇입니까? 전능하지 않기 때문입니다. 갑작스럽게 닥치는 급한 상황을 막을 능력이 없기 때문입니다. 하나님도 마찬가지이십니다. 그분이 만약 전능하지 않으시다면 하나님의 약속들은 별 의미를 갖지 못합니다.

하나님이 전능하지 않으시다면 "모든 것이 합력하여 선을 이룬다"(롬 8:28)는 말씀도 우스운 호언장담에 불과합니다. 제가 만일 제 주위 사람들에게 "제가 이제부터 여러분들에게 일어나는 모든 일들이 합력해서 선을 이룰 수 있도록 해 드리겠습니다"라고 약속한다면 그들이 어떤 반응을 보이겠습니까? 『웃기시네. 좋아하시네』하며 귀담아 듣지도 않을 것입니다. 왜 그렇습니까? 저에게 그럴 만한 능력이 없다는 것을 뻔히 알기 때문입니다.

또한 하나님께서는 백성 된 우리를 불쌍히 여겨 주신다고 했지만 만약 그분이 전능하지 않으시다면 그것도 아무런 의미가 없는 공약(空約)에 불과합니다. 자녀들이 아플 때를 한번 생각해 보십시오. 어떻게든 해서 아이의 아픔을 가시게 해주고 싶은 것이 부모의 마음 아닙니까? 그러나 우리는 전능하지 않기 때문에 아파하는 아이들을 그저 바라볼 수밖에 없는 경우가 많습니다. 정말 내가 대신 아프고 싶을 때가 얼마나 많습니까? 육신적으로 아픈 것뿐만 아니라, 영적으로나 정서적으로나 정신적으로 자녀들이 아파할 때 그 아픔을 내가 대신 졌으면 하는 마음이 솟구치기 마련입니다.

하나님은 전능하시기 때문에 하시는 일이 능력 있고 하시는 말씀이 능력 있고 이루시는 역사가 능력 있으십니다. 하나님 자신이 능력의 원천인데 그분께서 하시는 일치고 능력 있지 않은 것이 무엇이 있겠습니까?

그런데 하나님의 성품은 서로서로 연결이 되어 있기 때문에 따로 떼어서는 생각할 수 없습니다. 예를 들어 하나님께서 전능하기는 하지만 가변적인 분이시라면 어떤 일이 벌어지겠습니까? 그럴 경우엔 하나님의 약속이 안 지켜질 수도 있다고 봐야 합니다. 그러나 우리 하나님은 변함 없는 능력을 가진 분이십니다.

또한 하나님의 능력이 아무리 굉장하다 하더라도 그분이 거룩하신 분이 아니라면 하나님의 능력이 우리에게 유익하게 작용하리라는 보장이 없습니다. 그러나 다행히도 하나님의 능력은 거룩한 능력이요 변하지 않는 능력이요 편재하는 능력이요 사랑하는 능력입니다. 이 얼마나 감사한 사실입니까?

하나님의 능력을 좀더 세분하여 살펴보면 다음 열여섯 가지로 나누어 볼 수 있습니다.

첫째 / 창조하시는 능력

하나님의 능력은 제일 먼저 창조의 과정에서 그 정체를 드러냅니다. 시편 33편 9절은 "저[하나님]가 말씀하시매 이루었으며 명하시매 견고히 섰도다"라고 말씀합니다. 대체 어떤 분이시길래 말 한마디만 하면 그대로 이루어진다는 말입니까? 시편 148편 5절은 또한 "그것들이 여호와의 이름을 찬양할 것은 저가 명하시매 지음을 받았음이로다"라고 말씀합니다. 하나님께서 명하시는 족족 만물이 창조되었다는 것을 이 말씀에서도 알 수 있습니다. 이사야서에도 "만군의 여호와께서 맹세하여 가라사대 나의 생각한 것이 반드시 되며 나의 경영한 것이 반드시 이루리라"는 말씀이 있습니다(14:24). 하나님께서는 자신의 생각을 현실로 이루어지게 하는 능력을 갖고 계십니다.

우리가 잘 아는 대로 창세기 1장 1절은 "태초에 하나님이 천지를 창조하시니라"는 말씀으로 시작됩니다. 태초에 천지를 창조하신 이 하나님만 날마다 기억해도 승리의 삶을 살지 않을 수가 없습니다. 하나님께서 "빛이 있으라"(3절) 하시니 빛이 있었고 "천하의 물이 한 곳으로 모이고 뭍이 드러나라"(9절) 하시니 그대로 되었다고 기록되어 있습니다. 창세기 1장 7절에도, 11절에도, 15절에도, 24절에도, 30절에도 "그대로 되니라"는 말씀이 반복되고 있습니다. 이처럼 하나님의 말씀대로 모든 일이 이루어졌는데 어떻게 그분의 약속이 안 이루어집니까?

창세기 17장에 보면 하나님께서 아브람에게 오셔서 언약을 세우시는 장면이 나옵니다. 1~3절을 살펴보면 다음과 같습니다.

"아브람의 구십 구세 때에 여호와께서 아브람에게 나타나서 그에게 이르시되 나는 전능한 하나님이라 너는 내 앞에서 행하여 완전하라 내가 내 언약을 나와 너 사이에 세워 너로 심히 번성케 하리라 하시니 아브람이 엎드린대 하나님이 또 그에게 일러 가라사대."

이 다음부터는 아브람을 향한 하나님의 언약의 말씀이 죽 이어집니다. "내가 이렇게 하겠노라 이렇게 하겠노라" 하는 말씀이 8, 9번 반복됩니다. 아브람에게 지금 말씀하고 계신 분은 전능하신 하나님인 반면 그 하나님의 약속을 받고 있는 사람은 모든 인간적 능력을 상실한 채 죽을 날만 기다리고 있는 아브람이었습니다. 인간적으로 볼 때는 뭔가 새로운 도전을 하기엔 너무 늦었다고 생각되는 나이의 아브람에게 하나님께서는 이것저것 많은 약속을 하십니다. 그러나 아브람이 염려할 필요가 없는 것은 이 약속을 이룰 분이 자신이 아니라 전능한 하나님이시기 때문입니다.

자신과 언약을 세우시겠다는 하나님의 말씀을 듣고 아브람이 어떤 태도를 보입니까? 땅에 얼굴을 대고 납작 엎드렸습니다. 그리고는 18장 27절에서 "티끌과 같은 나라도 감히 주께 고하나이다" 하면서 기도합니다. 아브람은 전능하신 하나님 앞에서 자신이 먼지와도 같은 존재일 수밖에 없음을 알았습니다. 이것이 바로 전능하신 하나님 앞에서 성도들이 가져야 할 태도입니다.

하나님과 언약을 세울 당시 아브람의 나이 99세였고 그때까지 그에게는 아내 사래에게서 난 자식이 하나도 없었습니다. 그런데 하나님께서 아브람에게 하신 약속이 구체적으로 어떤 것이었습니까? 하나님께서는 자식이 하나도 없는 이 사람에게 열국의 아비가 되게 하겠다고 약속하십니다. 그리고 이제부터 그를 아브람이라고 부르지 않고 아브라함이라 부르겠다고 약속하십니다. 이름이 달라졌다는 것은 성품이 달라졌다는 것과 통합니다.

또한 하나님께서 아브람과 세우신 약속은 한 대에서 끊어질 것이 아니라 그의 후손에게까지 이어질 영원한 약속이었습니다. 여기서 우리는 무(無)에서 유(有)를 창조하시는 하나님, 사람의 성품을 변화시키시는 하나님 그리고 영원한 약속을 이루시는 하나님을 발견할 수 있습니다. 또한 하나님께서는 아브람의 후손에게 가나안 땅을 기업으로 주며, 그의 아내 사래는 사라 즉 "열국의 어미"가 되며 그의 모태에서 민족의 왕들이 나올 것을 약속하셨습니다.

이렇게 엄청난 약속을 듣고 아브람과 사래가 보인 반응은 무엇이었습니까? 아브람도 처음에는 여호와께서 그렇게 하실 줄 믿더니(창 15:6 참조) 나중에는 엎드려 웃었습니다(창 17:17 참조). 백 세가 다 된 자신이 자식을 나을 수 있으리라고 믿어지지 않았기 때문입니다. 사래도 속으로 웃으며 '내가 노쇠하였고 내 주인도 늙었으니 내게 어찌 낙이 있으리요' 하며 하나님의 약속을 믿지 않았습니다(창 18:12 참조). '하나님께서 아무리 천지를 지으신 분이고 말 한마디로 무에서 유를 창조하신 분이라지만 그때는 그때 얘기고, 지금 이 형편에서 어떻게 우리 부부에게 자식을 주실 수 있단 말인가? 말도 안 되는 얘기이지' 하는 마음이었을 것입니다.

　　　창세기 1장 1절을 믿는 사람이라면 이런 상황에서 웃지 말아야 합니다. 그런데 비단 아브람과 사래만 웃은 것이 아니라 우리도 하나님의 말씀에 코웃음을 칠 때가 있습니다. 가만히 생각해 보십시오. 우리가 믿는 하나님이 전능하신 분이라는 것을 몰랐다면 모르지만 이미 안 상태에서는 우리의 태도가 달라져야 하지 않겠습니까? '나의 눈에는 아무리 불가능한 일처럼 보일지라도 전능하신 하나님께서 나의 장래를 쥐고 계신데 내가 무엇을 두려워하리요' 하는 마음을 가져야 합니다. 이 전능하신 하나님이 어떤 분이십니까? 나의 아버지이고, 아들을 주기까지 나를 사랑하는 분이고, 내게 해가 될 일은 안 하실 거룩한 분이고, 내 모든 필요를 채우시는 분이고, 인생의 모든 문제를 해결하실 분이지 않습니까? 이 하나님을 믿는 믿음을 가지시기 바랍니다.

둘째 / 보존하시는 능력

하나님께서는 또한 지으신 것을 유지하고 보존하는 능력을 가지고 계십니다. 히브리서 1장 3절은 "이[그리스도]는 하나님의 영광의 광채시요 그 본체의 형상이시라 그의 능력의 말씀으로 만물을 붙드시며"라고 말씀합니다. 하나님께서 만일 이 웅대한 자연과 우주를 만들어만 놓으시고 그 능력의 말씀으로 보존하지 않으신다면 우주 만물은 이미 오래전에 산산조각이 나고 말았을 것입니다. 그러나 이 우주를 주님의 말씀의 능력으로 붙잡고 계십니다. **우리 생각 같아서는 자연이 그저 저절로**

돌아가면서 질서를 유지하는 것 같지만 사실은 예수 그리스도의 말씀의 능력이 우주를 단단히 붙잡고 계십니다.

대관절 하나님의 말씀의 능력이 얼만큼 강력하시길래 없는 것도 있으라 하면 있게 되고, 이 우주 만물도 그분의 말씀 한마디면 일사불란하게 질서를 유지하는 것입니까? 하나님의 말씀(성경)이 가지고 있는 능력이라는 것은 감히 상상할 수도 없을 만큼 대단한 것입니다. 그런데 우리는 성경 말씀이 가지고 있는 그러한 능력을 사실상 온전히 믿지 않습니다. 그것이 우리의 비극입니다. 골로새서 1장 17절에 보면 "또한 그[그리스도]가 만물보다 먼저 계시고 만물이 그 안에 함께 섰느니라"는 말씀이 있습니다. 만물이 그리스도 안에 함께 섰다는 말은 그분 안에서 만물이 보존되고 있다는 말입니다.

사람들은 흔히 이렇게 생각합니다.
'세상의 종말이 오면 이 우주 만물이 모두 질서를 잃어버리고 파괴되는 현상이 일어난다지만, 이렇게 멀쩡하게 돌아가는 거대한 우주를 (물론 20세기말에 접어들면서 세계 곳곳에서 이상 징후들이 약간씩 나타나고 있는 것이 사실이지만) 산산이 파괴시킬 만큼 강력한 힘이 어디 있겠나?'
그러면서 종말의 도래를 의심하기도 합니다. 그러나 그리스도께서 붙잡고 계신 것을 탁 놓기만 하시면 단번에 만물이 질서를 잃게 됩니다. 이것을 한번 실제적으로 생각해 봅시다. 만물이니 우주니 자연이니 하는 용어들은 그 규모가 너무 크기 때문에 우리 마음에 얼른 다가오지를 않습니다. 그러니 이것을 우리 수준에 맞게 다시 이야기해 봅시다.

당신에게 목장이 있다고 합시다. 거기서 소를 100마리 쯤 기르고 있다고 상상을 해보십시오. 또 4천 평 정도 되는 정원도 가지고 있다고 합시다. 3천 평 정도는 잔디를 깔고 나머지 1천 평에는 꽃과 나무를 심습니다. 그리고 당신이 직접 목장과 정원을 관리한다고 합시다. 100마리의 소를 먹이기 위해서 얼마만큼 일을 해야 되는지 아십니까? 하다 못해 집에서 개 한 마리만 길러도 신경 쓸 일이 한두 가지가 아닌데 100마리나 되는 소를 끼니 때마다 챙겨 주고 병날 때마다 돌봐 주려니 해야 할 일이 오죽 많겠습니까? 정원은 또 어떻습니까? 저희 집에는 손바닥만한 작은 정원이 있는데도 유지하기가 어찌나 힘든지 꽃이나 풀이 난 곳보다는 황토색 흙이 드러난 곳이 더 많은 것 같습니다.

100마리의 소를 먹이기도 이렇게 힘들고 4천 평의 정원을 관리하기도 상상하지 못할 만큼 힘이 드는데 우주를 유지하고 우주를 보존하는 데는 과연 얼마만큼의 힘이 필요하겠습니까? 감히 상상할 수도 없습니다. 그러나 하나님께서는 그 일을 하십니다. 그것도 아주 정확하게 말입니다. 하나님의 보존하시는 능력 덕분에, 쏟아져야 할 바닷물도 쏟아지지 않고 그 뜨거운 태양도 지구를 태우는 법이 없습니다. 이렇듯 우리는 우주를 보존하고 유지하시는 하나님의 능력 속에서 그분의 전능하심을 볼 수 있습니다.

셋째 / **구원하시는 능력**

마태복음 19장에 나오는 예수님과 부자 청년 이야기는 우리가 잘 아는 이야기입니다. 영생을 얻고자 하는 부자 청년에게 예수께서 "네 소유를 팔아 가난한 자들을 주라…그리고 와서 나를 좇으라"(21절)고 말씀하시지만 재산이 많았던 이 청년은 근심하며 돌아갑니다. 그러면서 예수께서 "약대가 바늘귀로 들어가는 것이 부자가 하나님의 나라에 들어가는 것보다 쉬우니라"(24절)고 말씀하십니다. 그 말씀에 제자들이 놀라며 묻습니다.

『그런즉 누가 구원을 얻을 수 있으리이까』(25절).
"사람으로는 할 수 없으되 하나님으로서는 다 할 수 있느니라"(26절).

낙타가 무슨 수로 바늘귀로 들어갑니까? 전혀 있을 수 없는 일입니다. 그런데 그것보다 더 불가능한 일, 즉 구원을 주님께서는 묵묵히 이루고 계십니다.

히브리서 7장 25절은 이렇게 말씀합니다.

"그러므로 자기[예수]를 힘입어 하나님께 나아가는 자들을 온

전히 구원하실 수 있으니 이는 그가 항상 살아서 저희를 위하
여 간구하심이니라."

　　하나님께서는 우리를 죄에서 구원해 주셨을 뿐만 아니
라 지금도 계속해서 죄로부터의 구원의 역사를 펼치고 계시며
죄의 세력으로부터 우리를 막아 주십니다. 그래서 유다서 24,
25절은 "능히 너희를 보호하사 거침이 없게 하시고 너희로 그
영광 앞에 흠이 없이 즐거움으로 서게 하실 자 곧 우리 구주
홀로 하나이신 하나님께 우리 주 예수 그리스도로 말미암아
영광과 위엄과 권력과 권세가 만고 전부터 이제와 세세에 있
을지어다 아멘"이라고 말씀합니다.

　　**그런데도 우리는 죄에서 구원해 주시는 하나님의 능력을 실
감하지 못하고 사는 경우가 많습니다. 이유는 두 가지입니다. 한
가지는 우리 자신이 죄에 너무 깊이 젖어 있기 때문이고 또 한 가
지는 죄의 세력이 얼마만큼 강력한지 모르기 때문입니다.** 그러니
자연히 그 죄에서 구원하는 능력이 얼마만큼 큰 가도 알지 못
합니다.

　　하나님의 구원 능력을 쉽게 설명하기 위해 주변 이야기
를 예로 들까 합니다. 자녀를 양육하다 보면 때리지 않아야
될 때라는 것을 알면서도 화가 치밀어 아이에게 매를 들 때가
있습니다. 실컷 때려 놓고 나서는 '다음부터는 절대 내 성질
에 못 이겨 아이에게 매를 들거나 하진 말아야지' 하며 단단

히 결심합니다. 그러나 어디 그렇습니까? 같은 상황이 발생하면 굳은·결심은 온 데 간 데 없이 사라지고 다시 매를 들어 버리고 맙니다. 또 자기 아내에게 손찌검하는 남편들도 마찬가지입니다. 매번, 자기 손목을 꺾어 버리는 한이 있어도 다시는 당신에게 손대지 않겠다고 사정하지만 그래도 욱하면 또 손이 올라갑니다. 마약에 중독된 사람이나 담배에 중독된 사람들의 맹세도 역시 마찬가지입니다. 아무리 결심하고 별 짓을 다해도 우리는 자신을 그런 죄에서 건져 낼 능력이 없습니다.

인간을 그러한 구차한 죄에서 건지실 수 있는 분은 오직 하나님 한 분밖에 안 계십니다. 그래서 알코올 중독자도 마약 중독자도 예수님을 구세주와 주님으로 만나기만 하면 그 무서웠던 마약과 술의 세력에서 벗어나 새 생활을 시작할 수 있게 되는 것입니다. 하나님을 만나지 않은 이상, 주위 사람들이 아무리 온 힘을 다해 술과 마약의 세력권에서 빼내 오려고 해도 되지 않습니다. 그러나 그 괴로웠던 죄악의 사슬을 끊고 주님께로 돌아올 때의 광경은 말로 형언할 수 없을 만큼 아름답습니다. 그 아름다운 일을 하시는 분이 바로 하나님이십니다. 하나님의 전능하심이 그 일을 행하십니다.

여기서 한 가지 짚고 넘어가야 할 것이 있습니다. “죄에서 건져 주시고 죄로부터 지켜 주시는 하나님의 능력” 하면 사람들은 흔히 외부적인 죄의 세력으로부터 우리를 건져 주며 지켜 주시는 능력만을 생각하는 경향이 있습니다. 그러나 예레미야는 "만물보다 거짓되고 심히 부패한 것은 마음이라 누가 능히 이를 알리요마는"이라고 지적한 바 있습니다(렘 17:9). 인간의 마음이 얼마나 부패했으면 아무도 그 부패한 정도를 알 자가 없으리라고 했겠습니까?

달리 말해, 하나님께서 건져 내야 할 악은 어디 멀리 있는 것이 아니라 바로 우리 안에 존재하는 셈입니다. 밖에서 오는 악은 우리 안에 있는 악에 비하면 아무것도 아닙니다. 예를 들어 누가 저를 유혹하기 위해 제 앞에서 담배를 피운다고 칩시다. 뻐끔뻐끔 담배를 맛있게 피워 대면서 저에게도 한 대 권한다고 해서 제가 그 유혹에 넘어가겠습니까? 당연히 넘어가지 않습니다. 왜냐하면 저는 담배를 안 피우는 사람이고 담배맛을 모르는 사람이며 담배에 대해 아무런 욕구도 가지지 않은 사람이기 때문입니다. 그러므로 천하없는 사람이 천하없는 재주를 가지고 담배로 저를 유혹하려 해도 저는 넘어가지 않습니다.

저에게 담배는 전혀 문제가 되지 않습니다. 문제는 다른 데 있습니다. 예를 들어 저에게는 남 험담하는 것 등이 문제가 됩니다. 제 안에는 남을 비판하고 헐뜯기를 좋아하는 죄성이 있어서, 남 얘기하기 좋은 환경이 조성된다든지 하면 제 안에서는 악한 자아(自我)가 팔짝팔짝 뛰면서 좋아합니다. 아주 재밌어 합니다.

밖에서부터 오는 악이든 우리 안에 있는 악이든 하나님의 능력을 힘입을 때 물리칠 수 있습니다. 안팎에서 몰려드는 죄악의 세력으로부터 우리를 보호하고 건져 주시는 하나님의 능력을 믿으시기 바랍니다.

넷째/필요를 채우시는 능력

빌립보서 4장 19절에는 "나의 하나님이 그리스도 예수 안에서 영광 가운데 그 풍성한 대로 너희 모든 쓸 것을 채우시리라"는 엄청난 약속의 말씀이 기록되어 있습니다. "너희 모든 쓸 것" 속에는 영적인 것, 감정적인 것, 정신적인 것, 물질적인 것 등이 몽땅 다 들어 있습니다. 비단 물질만을 채워 주시겠다는 말씀이 아닙니다. 몽땅입니다! 이 땅에 살 동안 필요한 모든 필요를 능히 채워 주시겠다는 약속입니다.

모든 필요를 채워 줄 뿐 아니라 영광 가운데 풍성하신 대로 채워 주겠다고 약속하십니다. 하나님의 풍성은 백만 장자의 풍성이나 억만 장자의 풍성이 아닙니다. 그분의 풍성은 우주를 점령하고 계신 자로서의 풍성이며 우주를 소유하고 계신 자로서의 풍성입니다. 그래서 예수께서는 의식주 문제로 염려하는 자들에게 "공중의 새를 보라…들의 백합화가 어떻게 자라는가 생각하여 보라…하물며 너희일까보냐"라고 말씀하셨습니다(마 6:26, 28, 30). 그런데도 우리는 이렇게 생각합니다.

'공중 나는 새나 들의 풀이야 기르신다고 쳐도 나의 이 필요야 하나님께서 채워 주실 수 있겠나?'

그러면 과연 "필요를 채우시는 하나님의 능력"이 얼마나 굉장한 것인지 한번 생각해 봅시다. 정원에 나무 몇 그루만 심으려고 해도 거기에 비료가 들어갑니다. 시시때때로 물도 줘야 하고 때로는 가지도 쳐 주어야 합니다. 그게 다 돈과 정성이 드는 일입니다. 그런데 하나님께서 소유하고 계신 자연을 생각해 보면 정원에 심은 나무 몇 그루와는 비교할 바도 아닙니다. 하나님께서 소유하고 계신 전세계의 나무들, 들꽃들, 들짐승들, 새들, 바다의 물고기들을 생각해 보십시오. 우리가 이것들을 계속 먹이고 입히려면 도대체 얼마만큼의 재력이 뒷받침되어야 하겠습니까? 하나님께서는 이들의 모든 필요를 날마다 채우고 계실 뿐 아니라 우리들의 필요에 대해서도 영광 가운데 풍성한 대로 채워 주겠다고 약속하십니다. 그분은 전능한 하나님이시기 때문입니다.

이러한 하나님의 능력이 확실히 드러난 사건이 있습니다. 바로 이백만 명이 넘는 이스라엘 백성들을 아무것도 없는 광야에서 40년 동안 먹이신 사건입니다. 그 광야에서 하나님의 능력이 증명되었습니다. 또한 보리떡 다섯 개와 물고기 두 마리로 이만 명이 넘는 군중을 먹이신 기적에서도 필요를 채우시는 하나님의 능력을 볼 수 있습니다. 이만 명 이상의 군중이 먹은 보리떡과 물고기는 4인 가족으로 치면 40년 동안 먹을 양식에 해당합니다. 그렇게 많은 양의 음식으로 한끼 잔치를 벌이신 셈입니다. 배고파하는 군중들의 허기진 배를 채우시기 위해서 말입니다.

이 세상에 날아다니는 새의 수나 산과 들에 피어 있는 꽃의 수는 이만 군중이나 이백만 이스라엘 백성 수에 비할 바가 아닙니다. 그런 거대한 자연도 때마다 먹이고 입히시는 하나님께서 하물며 우리를 돌아보시지 않겠습니까? 우리를 위해 사랑하는 독생자 예수 그리스도까지도 아낌없이 내어 주신 분이 우리의 물질적·영적·정신적·정서적·육체적 필요를 나 몰라라 하시겠습니까? "하물며 너희일까보냐" 하시는 예수님의 음성에 귀기울이십시오. 삶의 각 영역에서 문제에 부딪칠 때마다 "공중의 새를 보라…들의 백합화가 어떻게 자라는가 생각하여 보라…하물며 너희일까보냐" 하시는 주님의 음성을 들으시기 바랍니다.

다섯째 / **자연을 명하시는 능력**

마태복음 8장에는 예수께서 큰 파도를 잠잠케 하신 사건이 기록되어 있습니다. 방금 전까지만 해도 배를 훌떡 뒤집을 것처럼 사납게 뛰놀던 파도가 예수님의 명령 한마디에 금새 잠잠해졌습니다. 아주 극적인 장면입니다. 또한 출애굽 당시에는 하나님께서 함께하시니 홍해 바다가 갈라지는 역사까지 일어났습니다. 모세가 바다를 향해 손을 들자 바람이 불어 밤새도록 바닷물이 물러가면서 바다 한가운데 마른 땅이 형성되었습니다. 그 길을 따라 이스라엘 백성들이 바다를 건넜습니다. 자연을 명하고 지배하시는 하나님의 능력은 애굽에 있었던 10가지 재앙을 통해서도 잘 드러납니다. 동풍을 불게 해서 메뚜기떼를 불러 오는가 하면 그 무수한 개구리떼를 애굽으로 불러 모으기도 하셨습니다.

여섯째 / 병을 고치시는 능력

사실 저는 하나님의 능력이 너무나도 놀랍기 때문에 병 고치는 능력 정도는 기적으로조차 여기지 않습니다. 그런데 소문이 나기를 김인자는 병 고치는 능력을 믿지 않는다고 이상하게 소문이 났습니다. 그러나 병 나음의 극치가 뭡니까? 부활 아닙니까? 저는 예수 그리스도의 부활을 확실히 믿습니다. 부활을 믿는 사람이 어떻게 육체의 이러저러한 병을 고치시는 하나님의 능력을 믿지 않을 수 있습니까? 부활은 치료의 최상급입니다. 하나님의 능력으로서는 병을 낫게 하는 것이 너무나도 당연한 일입니다.

하나님께서는 병 고치는 능력을 가지고 계실 뿐 아니라 우리 육체 안에도 병 낫는 능력을 부여하셨습니다. 의사를 조카로 둔 어떤 분이 이런 얘기를 한 적이 있습니다. 그 분 조카가 하는 말이 "의학 공부를 하면서 사람의 인체를 공부하다 보니 인간이 하나님 앞에서 완전히 무능력한 존재라는 것을 깨닫는다"고 했다고 합니다. 어떤 사람은 건방져서 자기가 사람을 죽이기도 하고 살리기도 한다고 떠벌린다지만, 하나님을 아는 의사는 그저 하나님의 뛰어나신 솜씨에 감탄사를 연발할 수밖에 없는 것입니다.

예를 들어 인체에 혈관이 얼마나 많이 있습니까? 신경은 또 얼마나 많습니까? 외과 수술을 마치면 의사들이 수술 부위를 실로 쭉 꿰매 놓습니다. 이렇게 이렇게 성기게 기워 놓습니다. 그러면 혈관끼리 알아서 제자리를 찾아가 붙습니다. 생각을 해보십시오. 그렇게 붙지 않으면 수술 부위가 어떻게 되겠습니까? 서로 다른 종류의 혈관끼리 붙는다면 인체에 큰 이상이 생길 것입니다. 그러나 신기하게도 의사들은 꿰매만 놨거늘 신경이 붙을 자리에 다 가서 붙고 혈관이 혈관끼리 연결되는 놀라운 일이 우리 인체에서 벌어집니다. 이 놀라운 자연 치유의 능력을 주신 하나님께서 병을 낫게 하실 수 있다는 것은 당연한 것 아닙니까?

하나님께서는 기적적으로 병을 고치기를 원하시면 어느 때고 고치실 수 있습니다. 저는 그것을 믿습니다. 그러나 원치 않으실 때는 안하실 수 있는 권리가 하나님께 있습니다. 그 권리를 인정하자는 것뿐입니다.

일곱째 / 죽음에서 건지시는 능력

사자굴에 들어간 다니엘이 멀쩡하게 살아 나온 것을 보고 혹시나 '그때 사자가 배가 불렀나 보지' 하고 생각하는 사람이 있을지 모르겠지만 다니엘을 꺼내고 나서 참소자들을 사자굴에 집어 넣었을 때는 그들이 굴 밑에 닿기도 전에 사자가 달려들어 잡아 먹었다고 했습니다. 그리고 다니엘의 세 친구들의 경우는 어떻습니까? 평소보다 일곱 배나 더 뜨겁게 달군 불에 던져졌지만 하나님께서 그들을 보호하사 머리털도 그슬리지 않은 채 살아 나올 수 있었습니다. 이 하나님이 바로 능력의 하나님, 엘샤다이이십니다.

여덟째 / 죽은 생명을 살리시는 능력

나사로가 죽음에서 일어났고, 나인 성 과부의 아들이 죽음에서 일어났으며, 예수님 자신이 죽음을 이기고 살아나신 사건을 통해 죽은 자를 살리시는 하나님의 능력을 확인할 수 있습니다. 우리가 이 세상에서 뭐가 무섭네, 뭐가 무섭네 해도 제일 무서운 것은 역시 죽음입니다. 그런데 하나님께는 그 죽음조차 이기실 수 있는 능력이 있습니다. 그래서 사도 바울은 감히 이렇게 말한 바 있습니다.

"…사망이 이김의 삼킨 바가 되리라고 기록된 말씀이 응하리라 사망아 너의 이기는 것이 어디 있느냐 사망아 너의 쏘는 것이 어디 있느냐"(고전 15:54, 55).

그리스도께서는 죽은 자를 살리시는 하나님의 능력을 믿었기에 "나를 믿는 자는 죽어도 살겠고 무릇 살아서 나를 믿는 자는 영원히 죽지 아니하리라"(요 11:25, 26)고 말씀하실 수 있었던 것입니다.

아홉째 / 섭리(攝理)하시는 능력

하나님께서는 또한 모든 환경을 이용하여 선한 결과를 빚어내실 수 있는 분입니다. 그 환경이 선하든지 악하든지 관계없이 말입니다. 선한 환경들만을 모아서 선한 결과를 내라고 한다면 우리도 한 번쯤 용기를 내어 시도해 볼 수 있을 것입니다. 그러나 하나님께서 이용하시는 환경에는, 정말 있어서는 안 될 끔찍한 일들이 포함되어 있기도 합니다. 그런데도 그분께서는 이 모든 일들을 통해 하나님의 모든 자녀가 선한 결과를 얻을 수 있도록 섭리하십니다. 한 사람에게만 그렇게 섭리하기도 어려울 텐데 하나님께서는 자신의 모든 자녀들을 대상으로 완벽하게 섭리하십니다.

에스더서에 보면 12번이나 우연히 일어나는 것 같은 일들이 일어납니다. 에스더가 주관하는 잔치가 열리기 전날 밤 잠을 못 이루고 있던 아하수에로 왕이 "우연히" 궁중의 역대 일기를 펼쳐 읽게 됩니다. 그러다 모르드개가 공을 세운 것에 대해 아무런 포상도 하지 않은 사실을 "우연히" 알게 되고 당장 신하를 부릅니다. 마침 모르드개를 처형할 것을 왕에게 건의하려고 궁중에 와 있다가 "우연히" 왕의 부름을 받은 하만은 어떨결에 모르드개를 존귀케 할 방법을 왕에게 고하게 됩니다. 이런 식으로 12번씩이나 우연이 계속되면서 하나님의 역사가 진행됩니다. 그런데 사실 그렇게 계속적으로 12번이나 우연이 맞아떨어질 수 있는 확률은 479백만분의 1밖에 안 된다고 합니다. 그렇게 불가능할 것 같은 일을 이루시는 하나님의 능력을 우리 머리로 이해할 수 있겠습니까? 하나님의 능력은 인간의 머리와 능력을 초월합니다.

요셉의 생애에서 일어난 사건만 봐도 하나님의 섭리하시는 능력이 얼마나 대단한지 알 수 있습니다. 형들에게 질투의 대상이 된 것, 꿈꾼 것, 흉년이 든 것, 형들의 손에 죽임을 당할 뻔한 순간에 애굽으로 가던 상인들이 있어 그들에게 팔린 것, 주인의 아내 때문에 옥에 갇힌 것, 옥에서 관원들의 꿈을 풀어 준 것 등 이 모든 일을 통해 하나님께서 요셉을 애굽의 총리로 만드셨습니다. 그러니 하나님의 능력이 얼마나 대단하십니까? 하나님께서는 모든 선하고 악한 일을 통하여 자신의 선하신 뜻을 이루시는 분입니다.

열째/기도에 응답하시는 능력

각 가정에서 각 지역 전화국으로 연결되어 있는 전화 줄만 해도 그 수효가 엄청날 것입니다. 거미줄 같은 전화 줄이 상상도 못할 정도로 얽히고 설켜 있을 것입니다. 일개 지역에서도 그 정도인데 하나님께로 뻗어 있는 전화 줄(기도의 줄)은 얼마나 더 복잡하게 얽혀 있겠습니까? 전세계 각 지역의 사람들이 각기 자기 나라의 말과 자기 나름의 기도 제목으로 기도를 하는데 하나님께서는 그 기도들을 다 들어주실 뿐 아니라 일일이 응답하기까지 하시니 얼마나 놀라운 능력입니까? 두 사람만 동시에 말해도 골치가 아파서 다 들을 수가 없는 게 인간인데 말입니다.

간단한 예를 한 가지만 들겠습니다. 제가 출석하는 교회에서 작년에 고등학생과 대학생 100명을 뉴욕에 전도대원으로 파송한 일이 있습니다[저자는 현재 미국어서 살고 있다 ─ 편집자 주]. 제 아들도 그 중에 포함되어 있었습니다. 저는 아들을 뉴욕으로 보내면서 하나님께 간절히 기도했습니다. 이 아이의 전도를 통해 한 영혼이 주님을 만나게 되는 기적을 베풀어 달라고 말입니다. 그런 역사를 통해 아들의 믿음이 자라기를 바랐고, 또 하나님의 능력과 복음의 능력을 체험하기를 바랐기 때문입니다. 그 시기에 저도 마침 집회 인도차 뉴욕에 가게 되었습니다. 뉴욕은 인구로 볼 때 세계어서 제일 크고 복잡한 도시입니다. 그런데 그 큰 도시에서 아들을 우연히 만나는 놀라운 일이 있었습니다. 마침 아들은 어떤 청년을 붙잡고 전도를 하고 있었습니다. 나중에 집에 돌아와서 들으니까 그 청년이 예수님을 영접했다고 합니다. 하나님께서는 제 기도에 응답하셨을 뿐 아니라 저로 하여금 기도 응답의 현장을 직접 목도하게 하셨습니다.

우리 하나님이 이런 하나님이십니다. 얼마나 멋있게 기도 응답을 하시는 분입니까? 그냥 제가 집에 온 다음에 우리 아들이 "엄마 내가 뉴욕에서 아무개를 전도했더니 그 아이가 주님을 영접했어"라고만 해도 하나님께서 내 기도에 응답해 주셨다는 사실에 감격해서 펄펄 뛰었을 텐데 말입니다. 아무튼 그 전능자 하나님을 우리가 믿고 있습니다. 그 전능자 하나님께서 우리 믿는 자들 한 사람 한 사람 안에 함께 계십니다.

열한째 / 작은 것을 이용하시는 능력

고린도전서 1장 21절에 보면 "하나님께서 전도의 미련한 것으로 믿는 자들을 구원하시기를 기뻐하셨도다"라는 말씀이 있습니다. 저는 이 말씀을 이런 것에 비교해서 설명해 보고 싶습니다. 예를 들어 제가 무슨 일을 성취하고자 할 때 그것을 제 힘으로 하는 편이 쉽겠습니까 아니면 그 일을 개미에게 부탁해서 하게 하는 편이 더 쉽겠습니까? 두말할 나위 없이, 제가 하는 편이 훨씬 더 쉽습니다. 생각을 해보십시오. 개미 보고 "얘 개미야, 내가 지금 팔이 아파서 그러니까 네가 가서 저기 있는 10kg짜리 쌀자루 좀 들어다가 부엌에 옮겨 주렴" 하고는 일이 처리되길 기다리느니 직접 하는 게 속 편하지 않느냐 이 말입니다.

그런데 하나님은 속 편한 쪽을 택하지 않으셨습니다. 그분께서는 세상에 미련하고 약하고 천한 것들을 통해서 구원의 역사를 이루십니다. 이 세상에 구원받는 일보다 더 중요한 일이 어디 있습니까? 하나님께서는 그 중대한 일을 그분의 기적 같은 능력이 아닌 이 세상의 미련한 것들을 선택해서 하게 하셨습니다. 전도라는 크나큰 사명을 제자들에게 맡긴 채 홀연히 하늘로 올라가셨습니다. 어찌 보면 하나님의 위대하심은 이러한 담대함에서 드러나는 듯도 합니다.

인간이라면 개미에게 10kg짜리 쌀자루 옮기는 일을 맡길 수 없을 것입니다. 능력 면에서 볼 때나 크기 면에서 볼 때 인간과 개미의 차이는 하나님과 인간의 차이에 비할 수 없을 만큼 하찮습니다. 인간이 보기에 개미란 존재가 그렇게 별 것 아니거늘 하나님께서 보실 때 제자들은 또 얼마나 시시했겠습니까? 그들은 고기 잡던 평범한 사람들이기도 했고, 3년 내내 강훈련을 받았건만 정작 예수님이 살아나셨을 때는 (두 눈으로 보기 전에는) 믿지 못하던 사람들이기도 했습니다. 그런 자들에게 이 세상 모든 영혼을 구원하는 구원의 역사를 맡기셨다는 것이 놀라운 능력 아닙니까? 제자들이 아무리 부족한 사람들이어도 하나님 자신이 능력 있으시므로 그렇게 일을 맡길 수 있으셨던 것입니다.

그러니 하나님이 나 없으면 구원 역사 못 이루신다고 생각하면 되겠습니까? 우리가 뭐 그리 잘난 존재라고 그런 생각을 하겠습니까. 내가 없으면 찬양대가 안 되고 내가 없으면 여전도회가 안 되고, 우리는 종종 그런 생각을 합니다. 그러나 우리가 품어야 할 생각은 그것이 아니라 '나같이 부족한 사람을 하나님께서 써 주시니 그저 부끄럽고 감사할 뿐이다' 라는 마음입니다.

인간의 생명은 정자와 난자가 만나면서 시작됩니다. 정자와 난자가 처음 만날 때는 세포 하나로 출발합니다. 그것을 일컬어 단세포라고 합니다. 그것이 자꾸 자꾸 분열하면서 점점 인간의 형상을 갖추게 됩니다. 그런데 하나님께서는 현미경으로 봐야만 보이는 그 조그만 세포 하나 속에 그 사람의 일생을 기록해 놓으셨습니다. 그 사람의 수명과 성격과 미래까지 다 기록해 놓으셨습니다.

씨의 능력을 한번 생각해 봅시다. 대관절 씨는 겉에서 보면 아무것도 아닙니다. 그런데 그것을 땅에 묻어 놓고 물을 주다 보면 거기서 뭔가 기어올라옵니다. 도대체 그 씨 속에 어떤 능력을 넣어 놓으셨길래 조그마한 씨에서 그런 생명이 움트는 것일까요? 그 연한 순(筍)으로 땅을 뚫고 올라오기도 보통 문제가 아닐 텐데 말입니다. 어떤 경우에는 시멘트 사이를 뚫고 올라오는 풀도 있습니다. 장애거리가 되는 것은 비단 단단한 땅만이 아닙니다. 우리가 발붙이고 사는 이 지구에는 인력(引力)이라는 것이 작용하고 있습니다. 사람이나 모든 사물이 공중에 둥둥 떠다니지 않고 땅에 붙어 있을 수 있는 것은 아래로 끌어당기는 힘, 즉 인력 때문입니다. 그런데 그 인력을 거슬러 땅을 뚫고 올라오는 연한 순의 능력이라니 참 놀랍지 않을 수 없습니다.

시편 기자는 다음과 같은 고백을 합니다.

"바닷물이 흉용하고 뛰놀든지 그것이 넘침으로 산이 요동할지라도 우리는 두려워 아니하리로다…주께서 물의 경계를 정하여 넘치지 못하게 하시며 다시 돌아와 땅을 덮지 못하게 하셨나이다"(시 46:3/104:9).

여기서 말하는 "물의 경계"란 모래를 가리킵니다. 비록 물에 쓸려 내려갔다 다시 물에 쓸려 올라오는 연약한 모래이지만 그 모래가 수억만 톤에 이르는 물의 위력을 막고 있다는 것입니다. 그래서 물이 땅으로 넘치지 않는다는 겁니다.

열두째 / 절제하시는 능력

예수께서는 30년 동안 침묵을 지키시는 놀라운 절제의 능력을 보이셨습니다. 절제란 말하는 것이나 행동하는 것이나 생각하는 것 등 그 모든 것을 통해 하나님께 영광과 기쁨을 돌려 드리기 위해 건전한 판단을 내리고 그것을 실천하는 내적(內的)인 능력을

말합니다. 예를 들어 아무리 화가 난다 해도 자녀에게 함부로 손찌검을 해서는 안 된다는 것을 안다면 그것 자체는 건전한 판단입니다. 그렇지만 절제가 같이 따라와 주지 않으면 아무리 건전한 판단을 했다 해도 손이 올라가기 마련입니다.

그렇다면 예수님에 대해 생각해 봅시다. 예수님은 누구신가 하면 거룩하신 하나님이십니다. 그래서 그분은 죄를 미워하십니다. 예수께서는 이 땅의 사람들이 하나님을 미워하고 하나님을 조롱하며 하나님이 기뻐하시지 않는 일들에 열중하는 모습을 보면서 분노하는 마음을 막을 수 없으셨습니다. 그런데도 그분은 30년 동안 침묵을 지키셨습니다. 이런 점에서 볼 때 우리는 어떻습니까? 조금만 잘못된 일이 있어도 "이건 말이지, 해도 해도 너무 했어. 정말 참을 수 없어"하며 성급한 반응을 보이기 일쑤입니다. 그런데 예수께서는 하나님의 때가 이를 때까지 30년 동안 침묵을 지키셨습니다. 그런 예수님 앞에서 우리가 무슨 할 말이 있겠습니까?

열셋째/우리로 예수님을 닮아 가게 하시는 능력

하나님께서는 참을성 없는 우리들을 하나님의 능력으로 참게 하시고, 사랑할 수 없는 우리들을 하나님의 능력으로 사랑하게 하시며, 기뻐할 수 없을 때 기뻐하게 해주시고, 화평이 없는 곳에 화평을, 소망이 없는 곳에 소망이 있게 해주십니다. 나 같은 사람이 어떻게 예수님을 닮아 갈 수 있단 말입니까?

무슨 능력이 그 일을 가능하게 한단 말입니까? 인간이 할 수 없는 그·일을 하나님께서 하십니다. 부부들(특히 결혼 초기의 부부들)은 흔히 서로 상대방을 자기 취향에 맞게 변화시키려고 무척 애를 씁니다. 그러나 그게 쉬운 일이 아닙니다. 사람은 그렇게 쉽게 변하는 존재가 아닙니다. 우리네 마음은 만물보다 부패하였기 때문에 사람의 힘으로는 그 심성을 고칠 수 없습니다. 그러나 전능자이신 하나님께서는 그 마음을 고치셔서 그리스도를 닮게 하실 수 있습니다.

열넷째 / 능력을 제한하시는 능력

예수 그리스도께서 십자가에서 돌아가셨을 때 하나님께서는 그분의 모든 능력을 제한해 두셨습니다. 그분께는 온 우주를 움직일 수 있는 놀라운 능력이 있으셨지만 그 능력으로 예수님을 십자가에서 내려오게 하시지는 않았습니다. 우리는 자녀가 밖에 나가 뺨만 한 대 맞고 와도 속이 상해 어쩔 줄 몰라 합니다. "넌 왜 병신같이 매일 맞고만 다니니? 다음에 또 때리면 너도 한 대 갈겨 줘" 하면서 당장 태권도장에 등록을 시키기도 합니다.

그렇지만 하나님께서는 죄 없는 아들이 뺨을 맞고 수염을 뽑히고 채찍질을 당하고 침 뱉음을 당하고 가시관에 머리가 상하는 광경을 보면서도 그 현장에 개입하지 않으셨습니다. 자신의 모든 능력을 억제하셨던 것입니다. 전능자가 아니시면 어떻게 자신의 능력을 제한할 수 있겠습니까? 하나님으로 하여금 그 모든 능력의 분출을 막게 한 힘은 다름 아닌 인간을 향한 사랑의 힘이었습니다.

열다섯째 / 능력을 감추시는 능력

하박국 3장 4절은 "그 광명이 햇빛 같고 광선이 그 손에서 나오니 그 권능이 그 속에 감취었도다"라고 말씀합니다. 하나님께서 만일 자신의 권능을 다 부리신다면 아마도 이 세상에 남아 있을 사람이 하나도 없을 것입니다. 하나님께서 능력을 감추고 계시기 때문에 우리가 잘난 줄 알고 떳떳하게 돌아다닐 수 있는 겁니다. 그런데 우리는 하나님의 능력이 감추인 바 된 것을 알지 못하고 이렇게 생각하기 쉽습니다.
'하나님께서 하늘을 지으시고 바다를 지으셨다지만 내가 당면한 이 문제야 해결할 수 있으실까? 나 혼자 힘으로 어떻게 해봐야지.'

하나님이 어찌나 크신 분인지 우주조차 그분을 품을 수 없다고 했습니다. 우주조차 품을 수 없으리만큼 크신 그 예수께서 인간의 몸을 입고 이 땅에 오신 것입니다. 스스로 제한된 인간의 육신을 입으시사 자신의 능력을 감추고 이 땅에 오신 것입니다. 그러면서도 예수께서는 단 한 번도 자신의 능력을 자랑 삼아 과시하신 일이 없습니다. 그저 우리의 필요를 채우고 우리들을 사랑하시는 데만 그 능력을 사용하셨습니다.

열여섯째 / 심판하시는 능력

하늘을 갈기갈기 찢어 놓기라도 할 듯 천둥 번개가 칠 때면 믿는 사람이나 믿지 않는 사람이나 두려운 마음에 사로잡히기는 매한가지일 것입니다. 이것은 아마도 우르르 쾅쾅 울려퍼지는 천둥소리와 심판자 하나님의 화난 음성을 동일시하는 데서 오는 현상일 것입니다.

　우주의 주인 되신 하나님 앞에 무릎 꿇지 않는 사람들에게는 무서운 심판의 날이 기다리고 있다고 성경이 분명히 말씀합니다. 하나님께서는 "노아와 홍수"나 "소돔과 고모라" 사건을 통해 장차 올 심판날이 어떠하리라는 것을 보여 주셨습니다. 예수님을 삶의 주인이요 구원자로 영접한 사람들에게는 심판날이 오히려 기쁨의 날이요 위로의 날이 되지만, 믿지 않는 사람들에게는 히브리서 10장 31절 말씀처럼 "살아 계신 하나님의 손에 빠져 들어가는" 무서운 날이 됩니다. 그런데 이 종말의 심판을 향해 치닫고 있는 사람들을 우리가 가만히 보고만 있을 수 있습니까? 나 하나 구원받았다고 안연히 앉아 있을 수 있겠습니까? 오늘도 얼마나 많은 사람들이 이 영원한 지옥을 향해서 발걸음을 옮기고 있는지 모릅니다. 우리는 이 현실을 외면할 수 없습니다.

　이제까지 우리는 전능자로서의 하나님에 대해 살펴보았습니다. 이 하나님 앞에서는 응답받지 못할 기도가 없습니다.

응답이 없다면 뭔가 잘못 구하고 있는 것이라 생각하고 회개해야 할 것입니다. 자꾸 하나님만 원망하지 말고 말입니다. 당신에게 어떤 필요가 있는데 못 채우고 있습니까? 사람들은 당신의 필요를 다 알 수 없습니다. 그러나 우리 전능하신 아버지께서는 그 필요를 일일이 다 아실 뿐 아니라 그것을 넉넉히 채우실 수 있는 분입니다. 그러나 여기서 한 가지 확실히 해두어야 할 것은 필요(need)와 단순히 원하는 것(want) 사이에는 차이가 있다는 것입니다. 하나님은 나의 필요를 채우시지 나의 원하는 것을 채우시지 않습니다.

전능하신 하나님을 믿는 우리는 이제 감히 이렇게 고백할 수 있습니다.

"여호와는 나의 빛이요 나의 구원이시니 내가 누구를 두려워하리요 여호와는 내 생명의 능력이시니 내가 누구를 무서워하리요"(시 27:1).
"하나님 당신은 「우리 가운데서 역사하시는 능력대로 우리의 온갖 구하는 것이나 생각하는 것에 더 넘치도록 능히 하실 이」이십니다"(엡 3:20).

우리가 미처 기도할 생각도 해보지 못한 문제까지 넘치게 해결해 주시는 그 하나님 안에서 우리는 무엇이나 할 수 있습니다. 우리 안에 계시는 이는 세상에 있는 이보다 크십니다(요일 4:4 참조). 우리 안에 이 전능자 하나님이 함께하신다면 어떠한

일이 일어난다 해도 두려워할 이유가 없습니다. 그 하나님을
진정 자신의 하나님이요 자신의 아버지라 고백하면서, 예수님
만나는 그 날까지 모든 문제를 전능하신 하나님 손에 맡기면
서 사는 성도 되시기를 바랍니다.

우리도 하나님의 능력을
행할 수 있을까
?

하나님의 능력을 나타내지 못하게 하는 것들

우리는 우리들의 제한된 머리와 시간과 이해력, 이런 것들 때문에 하나님이 얼마나 능력이 있으신지, 얼마나 강하신지 잘 모르고 있습니다. 그래서 가끔 하나님의 능력이 눈에 띄게 나타날 때면 (하나님이 전능하시다는 것을 이미 알고 있었으면서도) 다시금 놀라게 됩니다.

우리는 하나님 자신의 선포와 또 그분을 경험한 사람들의 증언을 통해 하나님이 얼마나 능력 있으신 분인지 익히 듣고 있습니다. 예를 들어, 하나님께서는 아브라함에게 나타나셔서 "나는 전능한 하나님이라"고 선포하심으써 자신에게 능치 못할 일이 없음을 스스로 증거하셨습니다(창 17:1). 또한 하나님을 가까이서 경험한 욥은 "주께서는 무소불능하시오며 무슨 경영이든지 못 이루실 것이 없는 줄 아오니"라고 고백할 수밖에 없었습니다(욥 42:2). 예레미야도 "주 여호와여 주께서 큰 능과 드신 팔로 천지를 지으셨사오니 주에게는 능치 못한 일이 없으시니이다"라고 고백했습니다(렘 32:17). 천지도 지으신 분인데 그런 하나님께 능치 못할 일이 어디 있겠느냐는 말입니다.

하나님께서 보내신 천사 가브리엘이 예수님의 어머니인

마리아에게 찾아와 장차 예수께서 마리아의 몸에 잉태되실 것을 예언하자 마리아는 내가 아직 처녀인데 어떻게 이런 일이 내게 있을 수 있느냐고 놀라며 묻습니다. 그러자 천사가 이렇게 대답합니다.

"지극히 높으신 이의 능력이 너를 덮으시리니…대저 하나님의 모든 말씀은 능치 못하심이 없느니라"(눅 1:35, 37).

그리고 예수님 자신도 "사람으로는 할 수 없으되 하나님으로서는 다 할 수 있느니라"고 말씀하신 바 있습니다(마 19:26).

또한 어느 시편 기자는 하나님에 대해 "여호와는 나의 빛이요 나의 구원이시니 내가 누구를 두려워하리요 여호와는 내 생명의 능력이시니 내가 누구를 무서워하리요"라고 감히 고백했습니다(시 27:1). 살면서 내내 하나님의 능력을 맛보아 온 사도 바울 역시 하나님에 대해 "우리 가운데서 역사하시는 능력대로 우리의 온갖 구하는 것이나 생각하는 것에 더 넘치도록 능히 하실 이"라고 고백했습니다(엡 3:20). 바울은 하나님이 얼마나 크신 분인지 알고 있었기 때문에 "내게 능력 주시는 자 안에서 내가 모든 것을 할 수 있느니라"고 감히 말할 수 있었습니다(빌 4:13).

하나님의 능력을 맛본 사람들이 이렇게 많은데 우리의 모습은 어떻습니까? 전능하신 하나님을 아버지로 모시고 살고 있으면서도 능력 없는 사람들처럼 축 처져 있지 않습니까? 그 이유가 과연 무엇입니까? 내 안에 계신 이가 정말 그렇게 힘 있는 분이라면, 정말 천지를 창조한 분이라면, 정말 무소불능해서 무슨 일이든 못 이룰 것이 없는 분이라면, 정말 능치 못할 것이 없는 분이라면, 그런 능력자 안에서 무엇이든 할 수 있어야 할 우리들은 왜 이렇듯 승리할 때보다는 넘어질 때가 더 많은지 그 이유가 궁금합니다.

이것은 비단 하나님의 전능하심에만 관계되는 것이 아니라 그분의 다른 성품과도 관계가 됩니다. 물론 하나님께만 속한 속성, 즉 하나님의 절대주권 같은 것은 우리가 감히 흉내조차 낼 수 없는 성품입니다. 그러나 그런 것 외에 "사랑이신 하나님", "오래 참으시는 하나님", "자비하신 하나님"과 같은 말에서 보이는 하나님의 성품은 우리도 닮을 수 있는 것들입니다. 그렇다면 하나님이 사랑이시라는데 우리는 왜 사랑하지 못하고 있습니까? 하나님께서 모든 지혜를 갖고 계시다는데 우리는 왜 지혜가 없습니까? 하나님은 자비하신데 우리는 왜 자비를 베풀 줄 모릅니까? 하나님은 오래 참으시는데 우리는 왜 잠시도 참지 못합니까?

하나님의 성품(그 중에서도 특히 하나님의 능력)이 우리 삶에 잘 나타나지 않는 이유들을 살피기 전에 먼저 생각해야 할 것이 있습니다. 우리 믿는 자들이 바라는 것은 물론 하나님의 능력이 우리 삶에 드러나는 것이지만, 그것이 곧 "하나님의 능력이 내 능력이 되기를" 바란다는 의미는 아닙니다. 그런데 사람들은 종종 "우리 누구누구가 더 능력 있는 목사, 더 능력 있는 전도사, 더 능력 있는 선생이 되게 해주세요"라고 기도합니다. 사실 이것은 잘못된 기도입니다. 그 사람 자체가 능력 있는 사람이 되기를 위해서가 아니라 그 안에 계신 이(하나님)의 능력이 그 사람을 통해 잘 드러나기를 위해 기도하는 것이 옳은 기도이기 때문입니다.

그래서 바울은 에베소서 6장 10절에서 "종말로 너희가 주 안에서와 그 힘의 능력으로 강건하여지고"라고 말했습니다. 우리가 능력을 받는 것은 "주 안"이라는 사실을 잊어서는 안 됩니다. **우리가 구하는 능력은 내게서가 아니라 하나님께로서 오게 되어 있습니다. 그 하나님이 바로 우리 안에 살고 계십니다.** 그러므로 "더 능력 있는 사람이 되게 해달라는" 기도는 타당하지 않습니다. (하나님께서 원하시는) 모든 것을 할 수 있는 능력이 이미 우리 안에 있는데 능력을 더 달라는 기도가 어떻게 합당할 수 있습니까? 문제는 이 능력을 제대로 사용하지 못한다는 데 있습니다.

그러면 어떻게 해야 이 능력을 잘 활용할 수 있겠습니까? 어떻게 해야 승리하는 그리스도인이 될 수 있겠습니까? 그렇다고 모든 믿는 사람들이 전부 사도 바울처럼 되려고 해서는 안 될 것입니다. 그가 "내게 능력 주시는 자 안에서 내가 모든 것을 할 수 있느니라"고 했다 해서 우리 모두 그와 똑같이 할 수 있는 것은 아닙니다. 하나님께서 우리를 다 다르게 지어 놓으셨기 때문입니다. 저마다 그릇이 다르다는 얘기입니다. 우리의 그릇 크기는 하나님의 주권적인 선택으로 결정되는 것이므로 우리가 상관할 영역이 아닙니다. 우리는 그저 능력 주시는 자 안에서 크기에 맞게 그릇의 역할을 감당할 뿐입니다. 먼저 이것을 이해하고 이야기를 시작해야 합니다.

그러면 우리로 하여금 하나님의 능력을 나타내지 못하게 하는 요소들이 무엇일까요? 다음 여섯 가지를 생각해 볼 수 있습니다.

첫째 / 교만

능력 있는 삶을 사는 데 교만이 방해거리라는 말은 다시 말하면, 겸손한 사람이 하나님의 능력을 드러낼 수 있다는 말입니다. 교만은 곧 우상숭배입니다. 사람들이 숭배하고 있는 가장 큰 우상은 다름 아닌 자아(自我)입니다. 모든 우상숭배는 자기 자신에 대한 자부심, 즉 교만을 우상으로 숭배하는 데서 시작됩니다. 사람들이 왜 그토록 돈을 숭배합니까? "나"라는 존재를 돋보이게 하는 데 재물이라는 것이 지대한 역할을 하기 때문입니다. 학식 우상은 또 왜 생깁니까? 남보다 많이 알아서 자기를 드러내고 싶어하기 때문입니다. 권력 우상도 마찬가지입니다. 사람들 마음에는 권력을 이용해 남을 자기 아래 두고 싶어하는 욕구가 있습니다. 이렇듯 모든 우상의 근거지는 자아입니다.

　　사람들은 저마다 하나 이상의 우상을 숭배하고 있다고 봐야 합니다. '나는 하나님을 믿기 때문에 우상 따위는 섬기지 않는다'고 쉽게 생각해 버리면 큰 착각입니다. 성령 충만하지 않을 때는 예수님이 계셔야 할 자리에 자기가 앉아 있는 경우가 많습니다. 그러면 그 순간 그는 자기를 섬기는 사람이지 하나님을 섬기는 사람이 아닙니다. **하나님께서 그분의 크신 능력을 우리에게 허락하시는 이유는 우리로 하여금 하나님께 영광을 돌리게 하기 위한 것인데 교만이 우리를 점령하고 있을 때는 하나님께 영광을 돌려 드리기보다 자신이 그 영광을 받으려고 하기 때문에 하나님께서 그 능력을 주실 수가 없습니다.**

　　그런데 사람들이 흔히 "능력"이라는 말을 오해합니다. "능력 있는 종"이라고 하면 흔히 제일 먼저 떠올리는 것이 무엇이냐면, 병 고치는 은사가 있는 사람을 가장 먼저 떠올립니다. 솔직히 그렇지 않습니까? 또 꿈을 잘 풀어 준다거나 환상 같은 것을 통해 장래 일을 예언해 주는 사람을 보고도 능력이 많다라고 합니다. 그러나 그것은 능력에 대해 잘못 생각하고 있는 것입니다. 진짜 능력은 그리스도의 인격입니다. 그런데도 사람들이 병 고치는 능력 등을 높이 사는 이유는 그런 능력들이 사람을 돋보이게 하기 때문입니다. 또한 그리스도의 인격을 닮기 위해서는 자아가 해(害)를 받아야 하기 때문입니다. 그리스도의 인격을 닮기 위해서는 자기라는 우상을 버려야 합니다. 자신의 교만한 부분이 깎여져 나가야 하고 낮아져야 합니다. 하고 싶은 말을 참아야 할 때도 있습니다. 자기(自己)가 죽지 않고는 그리스도의 인격을 닮을 수 없습니다. 그래서 진짜 능력인 "예수님 닮는 능력"을 사람들이 기피하는 것입니다.

갈라디아서 5장 22, 23절은 진짜 능력에 대해 말씀하고 있습니다. 우리가 너무 잘 알고 있는 말씀입니다.

"오직 성령의 열매는 사랑과 희락과 화평과 오래 참음과 자비와 양선과 충성과 온유와 절제니 이같은 것을 금지할 법이 없느니라."

이것이야말로 하나님의 다이너마이트 같은 능력입니다. 병 고치는 능력보다 더 놀라운 능력입니다. 이것이 바로 세상을 뒤집어 놓은 능력이라는 사실을 알아야 합니다. 예수 그리스도의 인격이 세상을 뒤집어 놓았습니다. **예수님의 병 고치는 능력이 세상을 뒤집지 않았습니다. 이 세상은 그분의 병 고치는 능력이 아닌 그분의 인격에 전복되었습니다.**

성령님은 내 안에 계셔서 죽은 생명을 살리시고 예수님을 부활하게 하신 분입니다. 그러한 위대한 성령께서 맺으시는 열매가 바로 갈라디아서 5장 22, 23절 말씀입니다. 성령의 열매라니까 과일을 연상하느라고 이것들이 가진 다이너마이트 같은 능력을 간과하기 쉽지만, 그러나 이것이야말로 세상을 뒤집는 능력인 것을 알아야 합니다. 성령님은 다름 아닌 전능하신 하나님이십니다. 이 전능자께서 맺으시는 열매가 바로 "사랑과 희락과 화평과 오래 참음과 자비와 양선과 충성과 온유와 절제"라는 말입니다. 이같은 것을 금지할 법이 없다는 말은 이것들보다 더 힘있는 것이 없다는 얘기입니다. 그 능력들을 하나하나 살펴봅시다.

사랑

사랑은 행동입니다. 이것은 감정도 느낌도 기분도 아닙니다. 사랑은 의지적으로 하는 행동입니다. 내 이웃 사람이 아무리 가치 없어 보여도 하나님께서 그 영혼을 가치 있게 생각하셔서 그를 위해 아들 예수 그리스도를 죽게 하셨으니, 그 사실을 인정하고 그를 가치 있게 여기는 것이 사랑입니다. 내 남편이 아무리 못나 보여도 내 자식들이 그리고 내 주위에 있는 사람들이 아무리 어쩌니 저쩌니 해도 예수님이 "한 영혼이 천하보다 귀하다"고 그 가치를 인정하셨기 때문에 우리도 동일하게 그 가치를 인정하기로 의지적으로 결단하는 것이 사랑입니다.

하나님께서는 한 영혼이 천하보다 귀하다고 말만 하시지 않았습니다. 행동으로 자신의 마음을 보여 주셨습니다. 하나님의 가장 귀한 아들, 예수 그리스도를 우리 인간들을 위해 이 땅에 보내시고 그분을 십자가에 달려 돌아가게 하심으로써 그 마음에 있던 사랑을 나타내 보이셨습니다. 그러니까, 그 가치를 인정하는 것에서 끝나는 것이 아니라 그 가치를 인정했기 때문에 그것을 위해서 어떤 것도 희생할 수 있는 사랑을 손수 보여 주신 것입니다. 이것이 사랑입니다. 감정하고는 상관이 없습니다. 만약 감정이 따라 줘야 사랑할 수 있다고 생각한다면 이 세상에 사랑할 만한 사람은 아무도 없을 것입니다.

성령의 열매가 아홉 가지라니까 우리는 흔히 아홉 개의 열매가 달린 나무를 떠올리기 쉽지만 정확히 말한다면 열매는 단 하나뿐입니다. 그 열매는 "사랑"이라는 이름의 열매입니다. 귤을 생각하면 이해하기 쉬울 것입니다. 귤은 겉에서 보기에는 한 열매 같지만 쪼개 보면 열 개 정도의 조각으로 나뉘어 있습니다. 성령의 열매가 이와 같습니다. 사랑이라는 한 열매 안에 희락·화평·오래 참음·자비·양선·충성·온유·절제 등의 조각들이 들어 있습니다.

희락

덱스터라는 사람은 희락(기쁨)을 "사랑의 힘"이라고 말한 바 있습니다. 이 기쁨은 환경이 좌우할 수 없는 기쁨입니다. 왜냐하면 하나님께서는 우리에게 항상 기뻐하라고 명령하셨기 때문입니다. 만일 하나님께서 우리에게 바라시는 기쁨이 환경에 근거한 기쁨이라면 "항상" 기뻐할 수는 없는 노릇입니다. 그

러나 하나님께서 "항상 기뻐하라"고 명령하셨다는 것은 결과
적으로 성도들이 추구해야 할 기쁨이 환경을 초월하는 기쁨이
라는 것을 의미합니다.

화평

이것은 모든 지각을 초월한 평강입니다. 이 평강은 온도계처
럼 주위 상황에 따라 올라갔다 내려갔다 하는 평강이 아닙니
다. 이것 역시 환경을 초월하는 평강입니다. 그래서 예수께서
는 "평안을 너희에게 끼치노니 곧 나의 평안을 너희에게 주노
라 내가 너희에게 주는 것은 세상이 주는 것 같지 아니하니
라"고 말씀하셨습니다(요 14:27). 주위 상황이 어떻든간에
항상 화평을 유지할 수 있는 능력, 이 능력보다 힘있는 것은
없습니다. 이런 능력을 보고 사람들이 변합니다. '어떻게 저런
환경에서도 마음의 화평을 유지할 수 있을까?' 하며 그 이유
에 대해 목말라하기 시작합니다. 그래서 덱스터라는 사람은
화평을 일컬어 "사랑이 주는 안정감"이라고 했습니다. 우리는
예수님의 사랑 때문에 안정감을 느낍니다.

오래 참음

오래 참음은 시간의 길이를 말하는 게 아닙니다. 만약 계속
기도하는데도 응답이 오지 않으면 하나님께서 오래 끄시는 만
큼 기다리는 수밖에 별도리 있습니까? 10년 동안 말씀 안하시

면 10년 동안 꼬박 기다려야지 어떻게 하겠습니까? 그러므로 얼마나 오랫동안 참았는가 하는 것이 중요한 게 아니라 그때의 마음의 태도가 중요합니다. 하나님의 때를 기다리면서 그동안 기쁨과 화평과 자비와 양선과 충성과 온유와 절제의 마음을 잃지 않는 것이 오래 참는 자의 참모습입니다.

자비

이것은 상대방의 필요에 민감하게 반응하는 것, 즉 그 필요를 채워 주는 것을 말합니다. 그래서 자비를 일컬어 사랑의 행위라고 하기도 합니다. 사랑의 행위는 친절한 행위입니다.

양선

양선은 선함을 말합니다. 이것은 상대방에게 절대로 유익하다고 생각되는 것을 상대방이 원하든 원하지 않든, 필요를 느끼든 느끼지 않든, 해주는 것을 말합니다. 하나님께서도 우리가 싫어하는 것을 많이 하십니다. 우리 생각에는 필요하지 않은 것도 하나님께서는 필요하다시며 해주십니다. 왜냐하면 하나님은 선하시기 때문입니다. 사람의 생각으로는 아무리 싫고 필요 없는 일도 하나님의 영원하신 안목에서 볼 때 필요하고 선하다고 생각되면 하나님께서는 끊임없이 그 일을 행하십니다. 양선은 부모들이 자식들에게 베풀어야 할 덕목 가운데 하나입니다. 부모들은 어떤 일이 아이들에게 유익하다는 것을 알면서도 아이들이 징징거리며 안하려고 하니까 포기할 때가 종종 있습니다. 그러나 그럴 때에라도 포기해서는 안 됩니다. 양선을 일컬어 사랑의 성품이라고 하기도 합니다.

충성

이것은 성실함을 말합니다. 쉽게 말하면 믿고 일을 맡길 수 있는 사람, 일을 맡겨 놓고도 마음이 놓이는 사람을 가리켜 충성된 사람이라고 합니다. 맡겨는 놨는데 그 일이 제대로 될까 안 될까 마음이 불안하다면 그 사람은 성실하다고 할 수 없습니다. 그래서 충성을 일컬어 "사랑의 확신"이라고 하기도 합니다. 또한 충성은 자신의 유익보다는 다른 사람의 유익에 최대의 관심을 갖고 그에 언제든지 반응하고자 하는 신실한 태도를 가리키기도 합니다.

온유

온유는 절제된 힘, 포용력, 무엇이든 끌어안을 수 있는 능력을 말합니다. 그래서 온유를 일컬어 "사랑의 겸손"이라고 합니다. 사랑하는 사람은 온유할 수 있습니다.

절제

절제는 "자기 조절"입니다. 정확한 판단 아래서 그것을 실천할 수 있는 내적인 힘입니다. 그래서 그것을 두고 "사랑의 승리"라고 합니다.

이러한 능력들을 우리가 왜 누릴 수 없느냐 하면 교만하기 때문입니다. 우리는 이런 능력들을 바라기보다는 자신이 돋보이기를 더 소원합니다. 앞의 아홉 가지 성품 가운데 "자아"가 살아서 될 일은 단 하나도 없습니다. 아무리 미운 사람이라도 그 사람을 위해서 내가 갖고 있는 가장 귀한 것을 줄 수 있는 것이 바로 사랑입니다. "나"가 살아 있는 사람은 남에게 아무것도 줄 수 없습니다.

시편 115편 1절에서 시인은 이렇게 말합니다.

"여호와여 영광을 우리에게 돌리지 마옵소서 우리에게 돌리지 마옵소서 오직 주의 인자하심과 진실하심을 인하여 주의 이름에 돌리소서."

이 기도는 자아가 깨진 사람만이 할 수 있는 기도입니다. 교만한 사람은 할 수 없는 기도입니다. 교만한 사람의 반대가 바로 자아가 깨진 사람입니다. 자아가 깨졌기 때문에 영광을 자신이 거두지 않고 하나님께 돌릴 수 있습니다.

그런데 우리는 여호와께 영광을 돌린다는 말로 스스로를 속일 때가 많습니다. 적어도 거듭난 사람들이라면 무슨 일을 하면서 나를 위해서 한다고 의식적으로 생각하고 하기는 어렵습니다. 그래서, 실제로는 자기를 위해서 하면서도 겉으로 내거는 명분은 "하나님의 영광을 위해서"라고 써 붙이기 쉽습니다. 그렇기 때문에 남이건 자신이건 "하나님의 영광을 위해서" 무슨 일을 한다고 할 때는 정말 조심해야 합니다.

정말 하나님의 영광을 위해서 이 일을 하고 있는가 아닌가 판단하려면 그 하던 일을 빼앗겼을 때의 반응을 생각해 보면 됩니다. 예를 들어 하나님의 거룩하신 이름을 위해서 하고 있는 일이 있는데 그 일을 나 아닌 다른 사람이 하게 되었다든지 하나님께서 이 일을 당장 중지하라고 하신다면 기꺼이 순종할 수 있는 사람이 정말 하나님의 영광을 위해서 일하는 사람입니다. 진정 하나님께 영광 돌려드리는 것이 목적이었다면 그 영광은 굳이 내가 돌리지 않아도 되고, 또 하나님께서 원하시지 않을 때는 일에서 곧장 손을 떼는 것이 바른 자세이기 때문입니다. **하나님께서는 영광 하나만은 아무하고도 나누지 않으시는 분입니다. 그렇기 때문에 하나님의 영광을 건드리는 사람은 능력 없는 사람입니다.**

다니엘서 4장 29~33절은 교만한 자의 결국이 어떠한지에 대해 잘 보여 주고 있습니다. 바벨론의 왕이었던 느부갓네살은 자신이 다스리는 나라가 강성해진 것을 보고 그 모든 영광을 자기에게 돌릴 정도로 교만한 사람이었습니다. 그 늘어진 자랑이 그의 입에 있을 그때에 여호와께서 이렇게 말씀하십니다.

"느부갓네살 왕아 네게 말하노니 나라의 위(位)가 네게서 떠났느니라"(31절).

결국 하나님께서는 느부갓네살 왕을 낮추셔서 들짐승과 같은 신세가 되게 하사 그로 하여금 풀을 먹고 이슬을 맞으며 살게 하십니다.

말할 수 없이 비참한 삶을 살고 난 후 느부갓네살은 이렇게 고백합니다.

"내가 지극히 높으신 자에게 감사하며 영생하시는 자를 찬양하고 존경하였노니 그 권세는 영원한 권세요 그 나라는 대대에 이르리로다"(단 4:34).
"그러므로 지금 나 느부갓네살이 하늘의 왕을 찬양하며 칭송하며 존경하노니 그의 일이 다 진실하고 그의 행하심이 의로우시므로 무릇 교만하게 행하는 자를 그가 능히 낮추심이니라"(4:37).

느부갓네살은 그제서야 인간 나라를 다스리는 자가 왕이 아닌 하나님이시라는 것을 깨달았으며 왕위(王位)는 하나님께서 원하시면 그 누구에게라도 주실 수 있는 것임을 깨닫게 된 것입니다. 느부갓네살의 이러한 고백이 우리 모든 성도들의 고백이 되어야 할 것입니다.

느부갓네살이 교만 때문에 크나큰 시련을 겪어야 했다면 엘리야는 하나님의 하나님 되심을 너무도 잘 알았기 때문에 큰 역사(役事)를 체험할 수 있었습니다. 선지자 엘리야는 바알을 숭배하며 온갖 악덕을 저지르는 불의한 왕 아합에게 정면 도전을 합니다(왕상 18장 참조). 그리하여 바알의 선지자들을 모두 갈멜 산에 집결하게 한 뒤 하나님과 바알 가운데 어느 쪽이 참신(神)인가를 시험하게 합니다. 송아지의 각을 떠 각각 제단을 만들어 놓기로 한 그들은, 그 제단에 불로 응답하시는 분이 참하나님이라는 데 동의합니다. 먼저 바알의 선지자들이 기도를 시작합니다. 정오가 지나도록 기도해도 바알의 제단에는 아무런 징조도 보이지 않습니다. 그랬을 때 엘리야가 다음과 같은 기도를 하나님께 드립니다.

"아브라함과 이삭과 이스라엘의 하나님 여호와여 주께서 이스라엘 중에서 하나님이 되심과 내가 주의 종이 됨과 내가 주의 말씀대로 이 모든 일을 행하는 것을 오늘날 알게 하옵소서 여호와여 내게 응답하옵소서 내게 응답하옵소서 이 백성으로 주 여호와는 하나님이신 것과 주는 저희의 마음으로 돌이키게 하시는 것을 알게 하옵소서"(왕상 18:36, 37).

그러자 즉시 여호와의 불이 내려서 번제물과 나무와 돌

과 흙을 태우고 또 도랑에 채워 둔 물을 다 핥는 역사가 일어
납니다. 이 놀라운 일을 목도한 백성들은 모두 엎드려 이렇게
고백합니다.

"여호와 그는 하나님이시로다 여호와 그는 하나님이시로다"
(39절).

이 갈멜 산 기적에서 알 수 있듯이 엘리야는 진정 능력
의 선지자였습니다. 그러나 그 능력의 근원은 어디 다른 데
있지 않았습니다. 그는 온전히 하나님의 하나님 되심이 세상
에 드러나기만을 소원한 사람이었습니다. 그렇듯 하나님의 영
광에 모든 생각을 집중시키는 겸손함이 엘리야로 하여금 능력
의 선지자가 되게 하였던 것입니다.

우리가 엘리야와 같이 하나님의 능력을 삶 가운데 드러
내지 못하는 이유는 교만하기 때문입니다. 자아가 깨어지지
않았기 때문입니다. 마리아가 깨서 드렸던 향유를 생각합시다.
향유가 비싼 만큼 향유병도 비쌌을 것입니다. 병이 아까워서
깨뜨리지 않았다면 그 속에 들어 있던 그 향기로운 기름 내음
을 방 안 가득히 내뿜을 수는 없었을 것입니다. 하나님의 능
력이 내 안에 아무리 넘친다 해도 내가 깨어지지 않을 때 그
능력이 도무지 드러날 수 없다는 사실을 기억하시기 바랍니
다.

둘째 / 불신앙

믿지 못하기 때문에 하나님의 능력을 나타내지 못합니다. 믿음은 반드시 실천으로 표현돼야만 합니다. 실천을 못하는 이유는 입으로는 믿는다고 하면서 마음으로는 믿지 못하기 때문입니다. 실천이 동반되지 않는 믿음은 믿음이 아닙니다.

마가복음 9장 14∼27절에는 예수께서 귀신들린 아이를 고치시는 장면이 나옵니다. 아이 아버지는 아들을 고쳐 보려고 예수님의 제자들에게 찾아갔으나 소용없었습니다. 그래서 예수께 데리고 와서는 "무엇을 하실 수 있거든 우리를 불쌍히 여기사 도와주옵소서"라며 간청합니다. 그 말에 예수께서 『할 수 있거든이 무슨 말이냐 믿는 자에게는 능치 못할 일이 없느니라』고 호통하시자 아이 아버지는 다시 "내가 믿나이다 나의 믿음 없는 것을 도와주소서"라며 큰 소리로 간구합니다.

믿음은 귀한 것이지만 그렇다고 아무것이나 믿어서는 안 될 것입니다. 무엇보다 믿음의 대상이 중요합니다. 내 힘이나 내 권력이나 내 돈을 믿는다면 그 믿음은 아무런 능력도 가져다 주지 못합니다. 우리가 믿어야 할 것은 하나님의 능력이요 하나님의 인격입니다. **그분의 능력이 믿을 만하기 때문에 그분의 약속의 말씀 또한 이루어질 것이라 믿는 것이 우리가 가져야 할 진정한 믿음입니다.** 우리는 다음 세 사람을 통해 우리가 가져야 할 믿음이 어떤 것인지 생각해 볼 수 있습니다.

아브라함

로마서 4장 20, 21절에서 바울은 아브라함의 믿음에 대해 이렇게 말합니다.

> "믿음이 없어 하나님의 약속을 의심치 않고 믿음에 견고하여 져서 하나님께 영광을 돌리며 약속하신 그것을 또한 능히 이루실 줄을 확신하였으니."

아브라함은 그의 나이 99세가 되어 자식을 낳을 수 있는 능력을 완전히 잃은 상태였지만, 자식을 주시겠다는 하나님의 약속을 굳게 믿었습니다. 하나님의 약속을 믿었을 뿐 아니라 하나님께서 그 약속하신 것을 능히 이루실 수 있는 분이라는 것에 대해서도 확신했습니다. 만일 하나님께서 약속도 안하셨는데 아브라함이 아들을 기대했다면 그것은 어리석은 짓이지만 그가 믿었던 것은 다름 아닌 약속의 말씀이었습니다.

엘리야

열왕기상 18장 1절은 "많은 날을 지내고 제 삼 년에 여호와의 말씀이 엘리야에게 임하여 가라사대 너는 가서 아합에게 보이라 내가 비를 지면에 내리리라"고 말씀합니다. 하나님께서는 비가 한 방울도 내리지 않은 지 3년 반이 되던 해에 엘리야에게 이 말씀을 주셨습니다. 마침 아합 왕은 엘리야를 죽이려고 온 사방을 찾아 헤매고 있었습니다. 도망을 다녀도 시원치 않을 상황에 아합 왕에게 가라니 말이나 되는 얘기입니까? 그러나 엘리야는 하나님이 가라고 하셨기 때문에 아합에게로 갑니다. 그릿 시냇가로 가라고 하셨을 때도 순종했고 사렙다 과부에게 가라고 했을 때도 마찬가지였습니다. 언제든지 그는 하나님의 말씀을 믿고 실천한 사람이었습니다.

이게 믿음입니다. 그가 믿음으로 나아갔을 때 하나님께서는 약속을 이루어 주셨습니다. 3년 반이나 비가 내리지 않던 땅에 굵은 빗줄기가 떨어지기 시작한 것입니다. 같은 장 41절에서 엘리야는 아합 왕에게 "올라가서 먹고 마시소서 큰 비의 소리가 있나이다"라고 말하지만 사실 엘리야가 빗소리를 들은 것은 1절에서부터였습니다. 믿음으로 빗소리를 들은 것입니다. 그렇기 때문에 하늘은 새파랗고 비 올 기미는 전혀 보이지 않는데도 올라가 먹고 마시라고 왕에게 감히 말할 수 있었습니다.

일단 왕의 일행을 올려 보낸 후 엘리야는 갈멜 산 꼭대기로 올라가 기도했습니다. 땅에 꿇어 엎드리고 얼굴을 무릎 사이에 묻은 채 기도한 후 사환더러 산 꼭대기에 올라가서 하늘의 기운을 살피라고 합니다. 그러나 기도를 여섯 차례나 반복해도 아무런 징조도 보이지 않습니다. 마침내 일곱 번째에 사환을 올려 보내자 "바다에서 사람의 손만한 작은 구름이 일어나나이다"라고 보고합니다. 그 말을 듣자마자 엘리야는 아합 왕에게 "비에 막히지 아니하도록 마차를 갖추고 내려가라"고 합니다. 아직 비 한방울도 땅에 듣지 않았는데 말입니다. 그는 하나님께서 약속의 말씀을 분명 이루실 것이라 믿었기 때문에 구름 한 조각만 보고도 그렇게 말할 수 있었습니다. 이런 믿음이 있을 때 하나님께서는 그 믿음대로 역사하십니다.

베드로

시몬 베드로가 하루 일을 마치고 그물을 씻고 있을 때 예수께서 다가와 깊은 데로 가서 그물을 내려 고기를 잡으라고 하셨습니다(눅 5:1~6 참조). 그 날은 수확이 좋지 않았을 뿐 아니라 예수께서 그물을 내리라 한 곳이 통상적으로 고기가 잡히지 않는 위치라는 것을 누구보다 잘 알고 있던 베드로에게 이 명령은 상당히 상식 밖의 얘기로 들렸을 것입니다. 그가 가지고 있던 지식, 경험, 재주 등 모든 것을 완전히 넘어서는 명령이었습니다. 그러나 더욱 놀라운 것은 베드로의 반응이었습니다. 그는 "밤이 맞도록 수고를 하였으되 얻은 것이 없지마는 말씀에 의지하여 내가 그물을 내리리이다" 하며 그물을 내렸고 그 결과 그물이 찢어지도록 많은 고기를 잡을 수 있었습니다.

일상 생활에서 하나님의 능력을 믿는 방법은 이와 같습

니다. 예수께서는 "먼저 그의 나라와 그의 의를 구하라"고 하시면서 그리하면 필요한 모든 것을 우리에게 주시마고 약속하셨습니다(마 6:33 참조). 믿음의 사람이라면 이 말씀에 따라 하나님의 나라와 하나님의 의를 먼저 구할 줄 알아야 합니다. 그렇지 않고 당장 필요한 것들에만 마음이 쏠려서 사는 것은 믿는 자의 모습이 아닙니다. 말씀을 믿는다면 그대로 행해야 합니다. 또한 "지혜가 부족하거든 모든 사람에게 후히 주시고 꾸짖지 아니하시는 하나님께 구하라"는 말씀을 믿는다면 지혜가 필요할 때마다 구할 수 있어야 하고 또 구한 것을 받은 줄로 믿어야 합니다. 그것이 바로 실천하는 믿음입니다.

하나님께서 주신 약속은 이외에도 셀 수 없이 많습니다. 과부의 남편이 돼 주겠다고 약속하셨으며 아버지가 없는 아이에게 아버지가 되어 주겠다고 약속하셨습니다. 이 약속의 말씀들을 있는 그대로 믿고 그 믿음에 따라 살면 됩니다. 우리가 하나님의 영광을 보지 못하는 것은 하나님께서 하신 약속 그 자체를 믿어 드리는 믿음이 없기 때문입니다. 또한 이런 믿음이 생기지 않는 이유는 눈에 보이지 않는 하나님의 능력보다 눈에 보이는 내 능력을 의지하기가 쉽기 때문입니다.

셋째 / 나누어진 마음

전심(全心)을 주님께 드리지 않을 때 우린 능력 없는 사람이 됩니다. 역대하 16장 9절은 다음과 같이 말씀합니다.

"여호와의 눈은 온 땅을 두루 감찰하사 전심으로 자기에게 향하는 자를 위하여 능력을 베푸시나니 이 일은 왕이 망령되이 행하였은즉 이 후부터는 왕에게 전쟁이 있으리이다."

마음이 갈라져 있을 때 우리는 하나님의 강력한 도움을 받을 수 없습니다.

하나님께 전심을 드림으로써 능력을 맛보았던 예를 다니엘서에서 찾아볼 수 있습니다. 다니엘의 세 친구들은 생명의 위협을 받는 상황에서도 하나님을 향한 그들의 마음을 굳게 지키며 이렇게 고백합니다.

"그리 아니하실지라도 왕이여 우리가 왕의 신들을 섬기지도 아니하고 왕의 세우신 금 신상에게 절하지도 아니할 줄을 아옵소서"(단 3:18).

그들이 그렇게 하나님께 전심을 드렸을 때 하나님께서는 그들을 극렬히 타는 풀무에서 건지시는 놀라운 일을 행하셨습니다.

이와 같이 하나님께 전심을 드리지 않는다면 우리는 능력의 사람이 될 수 없습니다. 거꾸로 말하면, 하나님 앞에 전심을 드릴 때 하나님의 능력이 내 안에서 밖으로 드러나게 됩니다. 혹시 자신이 하나님 못지않게 의지하는 것이 있지 않나 살펴보시기 바랍니다. 양손에 떡을 쥐고 있는 이상 우리는 결단코 하나님의 능력을 경험하지 못할 것입니다.

넷째/기다리지 못하는 마음

주님의 능력은 기다리는 자들에게 임하게 되어 있습니다. 다
시 말해, 하나님의 때를 기다리고 하나님의 방법을 기다리고
하나님의 인도하심을 조용히 기다리는 사람이 하나님의 능력
을 제한하지 않는 사람입니다.

이사야서 40장 30, 31절을 보면 "소년이라도 피곤하며
곤비하며 장정이라도 넘어지며 자빠지되 오직 여호와를 앙망
하는 자는 새 힘을 얻으리니 독수리의 날개 치며 올라감 같을
것이요 달음박질하여도 곤비치 아니하겠고 걸어가도 피곤치
아니하리로다"라는 말씀이 있습니다. 기운이 왕성한 소년이라
도 피곤해지고 장정이라도 넘어지지만, 그러나 오직 여호와를
앙망하는 자는 피곤하지 않을 것이라고 합니다. 여기서 "여호
와를 앙망한다"는 말을 달리 말하면 "여호와를 기다린다"는
뜻이 됩니다.

우리는 성경에서 하나님의 말씀을 기다리지 않은 사람
과 기다린 사람의 예를 찾아볼 수 있습니다. 이것을 달리 표
현하면 하나님의 능력을 제한한 사람과 제한하지 않은 사람이
라고 할 수 있습니다.

여리고 성이 무너지는 놀라운 기적을 체험한 이스라엘 백성들이 그 다음으로 직면한 장애물은 아이 성이었습니다. 여리고 성이 무너진 것은 하나님의 지시에 이스라엘 백성들이 순종한 결과였습니다. 여리고 성 함락을 체험하고 난 뒤 여호수아는 조금 자신감이 생겼던 모양입니다. 찬란한 승리 뒤에는 언제나 시험거리가 찾아오게 마련인데 자신감이 바로 대표적인 시험거리입니다. 여호수아의 마음에도 '나도 이만하면 어떤 시험이 와도 감당할 수 있을 것 같다'는 자신감이 있었습니다. 게다가 난공불락의 강적 같아 보였던 여리고에 비하면 아이는 아주 상대하기 쉬운 적수처럼 느껴졌기 때문에 자신감은 더욱 드높을 수밖에 없었을는지 모릅니다. 그러나 뜻밖에도 이스라엘은 아이 앞에서 크게 졌고 우리는 여호수아서 7장 2~4절에서 그 패배의 원인을 발견할 수 있습니다.

"여호수아가 여리고에서 사람을 벧엘 동편 벧아웬 곁에 있는 아이로 보내며 그들에게 일러 가로되 올라가서 그 땅을 정탐하라 하매 그 사람들이 올라가서 아이를 정탐하고 여호수아에게로 돌아와서 그에게 이르되 백성을 다 올라가게 말고 이삼천 명만 올라가서 아이를 치게 하소서 그들은 소수니 모든 백성을 그리로 보내어 수고롭게 마옵소서 하므로 백성 중 삼천 명쯤 그리로 올라갔다가 아이 사람 앞에서 도망하니."

우리도 하나님의 능력을 행할 수 있을까?

얼마 전까지만 해도 저는 아이 성과의 전투에서 이스라엘이 패배한 원인이 아간의 도둑질에 있는 줄 알았는데 알고 보니 이유는 다른 데 있었습니다. 정탐꾼을 보내어 적진을 미리 탐색하게 한 것까지는 잘못이 없습니다. 가나안에 처음 들어올 때도 정탐꾼 열두 명을 보내어 상황을 미리 읽게 한 일이 있습니다. 그런데 문제는 정탐 결과를 놓고 하나님께 한마디 여쭤 보지도 않고 그저 자기 판단에 옳은 대로 행동을 개시했다는 점입니다. "아이 성의 규모가 그 정도라면 삼천 명으로도 충분하겠습니다"라는 정탐꾼의 보고에 더 생각할 여지도 없이 군사 삼천을 파병한 것이 바로 패배의 원인이었습니다.

만약 여호수아가 정탐꾼들의 보고를 들은 후 "주님, 어떻게 하오리이까" 하고 여쭈어 보았다면 하나님께서는 『이 성에서는 내가 너와 함께하지 아니하겠다. 너희 회중에 죄지은 자가 있기 때문이다』라고 하셨을 것이고 아간의 죄를 처리하고 난 뒤 아이 성을 함락하게 하셨을 것입니다. 그렇게 생각하지 않습니까? 하나님께서는 결코 그분의 자녀들이 적 앞에서 도망하거나 실패하기를 원치 않으십니다. 그런데 여호수아는 하나님의 인도하심을 구해야 한다는 사실을 그만 깜빡 잊고 말았습니다. 여리고 성에서의 승리가 그의 판단력을 흐려 놓았던 것입니다.

이스라엘 백성들이 하나님의 지시를 기다리지 않고 소

견에 옳은 대로 행함으로써 어려움을 당한 것은 비단 아이 성 전투에서만이 아닙니다. 기브온 거민들이 먼데서 온 것처럼 꾸며서 화친을 청했을 때도 이스라엘은 쉽게 그들의 꾀에 넘어가 버립니다. 이유는 한 가지입니다. "무리가 그들의 양식을 취하고 어떻게 할 것을 여호와께 묻지 아니하였기"(수 9:14) 때문이었습니다. **이렇듯 우리가 하나님을 기다리지 않고 하나님의 때와 하나님의 방법과 하나님의 방향과 하나님의 지시를 기다리지 않는 만큼 하나님의 능력은 제한을 받게 됩니다.**

예수께서는 "나를 따라오라"고 하셨지 "나보다 앞장서서 가라"고 하지 않으셨습니다. 하나님께 묻지 않고 자기 판단에 옳은 대로 행하는 것이 곧 하나님보다 앞서서 나가는 행위입니다. 예수님보다 앞장 서서 될 일은 이 세상에 하나도 없습니다. 일시적으로는 잘되는 것 같지만 결과적으로는 실패할 수밖에 없다는 것을 알아야 합니다.

기다린 사람 : 다윗

다윗은 언제든지, 무슨 일을 하더라도 꼭 하나님께 먼저 여쭤보는 사람이었습니다. 그래서 하나님께서는 다윗에 대해 "내 마음에 합당한 종"이라며 칭찬하셨습니다. 사실, 다윗이 죄를 얼마나 많이 지었습니까? 충성된 신하의 아내와 동침했을 뿐 아니라 밧세바의 임신 사실을 숨기기 위해 그 남편 우리아를 전쟁터에 내보내 죽게 한 장본인이 바로 다윗이었습니다. 이런 크나큰 죄악을 저지른 사람이었는데도 불구하고 하나님께서 그를 합당하게 생각하신 것은 그가 하나님 앞에서 기다릴 줄 아는 자였기 때문입니다.

다윗이 매사에 얼마나 하나님을 의뢰하는 자였는지 잘 보여 주는 말씀을 사무엘하에서 두 군데 찾아보겠습니다. 사무엘하 2장 1절에 보면 "그 후에 다윗이 여호와께 물어 가로되 내가 유다 한 성으로 올라가리이까 여호와께서 가라사대 올라가라 다윗이 가로되 어디로 가리이까"라는 말씀이 있습니다. 저 같았으면 『올라가라』는 하나님의 말씀에 '야, 기도 응답받았다' 하고는 신나서 툭툭 털고 올라갔을 것입니다. 그런데 다윗은 "어디로 갈까요" 하고 한 번 더 자세히 묻습니다. 그러자 하나님께서 『헤브론으로 갈지니라』고 상세히 응답해 주십니다. 이렇듯 언제고 주님의 뜻을 낱낱이 알고자 하는 다윗이었기에 가는 곳마다 승리를 거둘 수 있었습니다.

또다른 구절은 사무엘하 5장 19절입니다.

"다윗이 여호와께 물어 가로되 내가 블레셋 사람에게로 올라가리이까 여호와께서 저희를 내 손에 붙이시겠나이까 여호와께서 다윗에게 말씀하시되 올라가라 내가 단정코 블레셋 사람을 네 손에 붙이리라 하신지라."

이 뒤에 이어지는 구절에서 하나님께서는 다윗에게 블레셋 사람을 어떻게 쳐야 할지 그 방법까지 자세히 가르쳐 주십니다.

　　하나님이 조금 불공평하신 것 같습니까? '다윗에게는 그렇게도 잘 일러주시면서 왜 우리에게는 도무지 하나님의 뜻을 가르쳐 주지 않는 겁니까?' 라는 불만을 품고 계십니까? 문제는 뭔가 하면 하나님께 묻지 않았다는 데 있습니다. 하나님의 뜻을 묻고 조용히 기다리는 데는 엄청난 인내가 필요합니다. 사랑은 오래 참는다고 했지만 사랑이 부족한 우리들은 오래 참는 방법을 모릅니다. 그래서 하나님의 뜻을 기다리기보다 자기 식대로 금새 해치워 버릴 때가 많습니다. 그러나 다윗처럼 하나님을 기다린 사람들은 하나님의 능력을 맘껏 누리는 신나는 인생을 살 수 있었습니다.

다섯째 / 불순종

하나님의 능력은 순종하는 자가 경험할 수 있습니다. 그러므로 만일 자신이 하나님의 능력을 별로 체험하지 못하고 산다면 그만큼 하나님께 순종하지 않고 있다고 생각하면 됩니다.

불순종한 사람

성경에는 불순종한 사람의 예가 너무 많아서 그 수를 일일이 다 헤아릴 수 없을 정도입니다. 불순종한 사람의 대표적인 예로 사울 왕을 들 수 있습니다. 그는 불순종 때문에 능력을 잃게 된 사람이었습니다. 인격적인 제어력을 잃어버려 충성된

장군 다윗을 죽이려고 했을 뿐 아니라 마지막에 가서는 왕의 자리까지도 뺏기는 신세가 됩니다. 상황을 돌려놓기 위해 인위적인 노력을 다해 보았지만 그의 인생은 결국 패배자로서 끝나고 맙니다. 그가 불순종하는 왕이었기 때문입니다.

우리가 잘 알고 있는 삼손이라는 인물 역시 불순종 때문에 실패한 인생을 산 사람이었습니다. 삼손은 힘을 상징하는 인물로 기억될 정도로 힘이 센 사람이었습니다. 아마 이 세상을 살다 간 사람 중에 삼손보다 힘이 센 사람은 없었을 것입니다. 그렇게 강한 힘을 자랑하는 삼손이라도 하나님의 뜻에 불순종하자 힘을 잃어버리고 적의 손에 눈을 뽑히고 그들 눈앞에서 조롱거리가 되는 등 패배자로서 인생을 끝마치게 됩니다.

하나님의 능력을 단절시키는 것은 죄밖에 없습니다. 이런 모양 저런 모양 여러 가지 모양으로 이유를 들긴 했지만 사실 하나님의 능력이 우리 삶에 드러나지 않는 것은 우리의 죄 때문입니다. 다른 이유는 없습니다. 하나님의 영광을 빼앗는 것도 죄이고, 불신앙도 죄이며, 전심을 드리지 않는 것도 죄이고, 하나님의 뜻을 기다리지 않는 것도 죄이고, 불순종도 물론 죄입니다. 그러나 "죄 때문에 우리가 하나님의 능력을 체험하지 못한다"고 광범위하게 얘기하면 스스로는 여기에 해당 사항이 없는 줄 생각하기 때문에 굳이 이렇게 구분지어 살피는 것입니다. 그러므로 성경 인물들을 예로 들 때면 그 사람의 모습에서 자신의 잘못된 모습을 발견할 수 있어야 합니다. 성경의 인물들은 우리와 동떨어진 사람들이 아닙니다. 그들은 우리와 성정(性情)이 같은 사람들입니다. 사울도 삼손도 우리와 크게 다르지 않은 사람들이었다는 사실을 기억하시기 바랍니다.

순종한 사람

모세는 사실 어느 모로 보나 출중한 사람은 아니었습니다. 말주변도 없었고, 어쩌다가 사람을 죽이고서 미디안으로 삼십육 계 줄행랑을 치는 그런 사람이었습니다. 그런 그였지만 하나님께서 명하신 대로 행했을 때 큰 능력을 경험할 수 있었습니다. 모세의 행적이 상세히 기록되어 있는 출애굽기를 읽어 보면 "명하신 대로 하였더라"는 말이 수도 없이 반복되는 것을 볼 수 있습니다. 물론 불순종한 적도 한 번 있었습니다. 반석을 명하여 물을 내라는 하나님의 말씀을 거슬러 지팡이로 반석을 두 번 쳤던 것이 바로 그 경우입니다(민 20:7~13 참조). 이 외에는 모두 하나님께서 명하시는 대로 행하였습니다.

출애굽기 후반부에 보면 하나님께서 모서에게 성막 짓는 규례를 상세히 말씀해 주시는 장면이 나옵니다. 하나님의 능력이 아니고는 기억조차 못할 정도로 그 규례가 까다로운데도 모세는 명령대로 행합니다. 하나님의 명령에 따라 성막을 짓고 헌납했을 때 하나님의 영광이 그 곳에 충만히 임하는 역사가 일어납니다. 그것은 다름 아닌 명령에 순종한 결과였습니다. 모세는 인간의 머리로는 이해가 안 되는 것이라고 할지라도 하나님의 말씀에 순종하기를 꺼려 하지 않았습니다. 그럴 때마다 하나님의 능력은 제한받지 않고 풍성히 역사했습니다.

여섯째 / 불성실한 경건의 시간

하나님과 단둘이 만나는 경건의 시간을 소홀히 하는 것도 하나님의 능력을 제한하는 요인이 됩니다. "오늘은 너무 할 일이 많아서 따로 시간을 내서 말씀을 묵상할 수가 없겠어" 하고 경건의 시간을 그냥 뛰어넘는 날이면 오히려 처리 안 된 채 남아 있는 일이 다른 날보다 더 많게 마련입니다. 경건의 시간을 빼먹었으니 그만큼 시간의 여유가 있어야 계산이 맞는데 실제 결과는 그 반대이니 참 이상합니다. 하나님께서는 하나님을 의지하지 않고 한 것은 말짱 헛것이라고 하셨습니다. 그러니 하나님을 의지하지 않은 채 하루 종일 열심히 뛰어다닌들 무슨 소용이 있습니까?

하나님과 단둘이 조용히 마주 앉아 있는 이 경건의 시간이 아니면 언제 우리가 하나님께 우리의 사정을 아뢰고 그분의 인도를 받을 수 있겠습니까? 하나님의 음성은 우리가 분주히 돌아다닐 때 들려 오는 것이 아닙니다. 엘리야의 기도를 기억해 보십시오. 하나님께서는 지진이 나고 천지가 소란할 때 계셨던 것이 아닙니다. 불이 나서 산을 태우고 난리가 날 때 계셨던 것도, 바람이 불어서 모든 것을 불어 버리고 아우성하는 그 속에서 계셨던 것도 아닙니다. 하나님께서는 조용한 가운데 세미한 음성으로 엘리야에게 나타나셨습니다. 그래서 조용한 시간이 필요합니다. 이 시간을 무시할 때 하나님의 능력은 얼마든지 제한될 수밖에 없습니다.

야곱을 봅시다. 야곱은 어떤 사람이었습니까? 그는 평생 자기 힘과 꾀를 믿고 살아온 사기꾼 같은 사람이었습니다. 적어도 얍복강 나루터에서 하나님의 사자와 씨름할 때까지는 그랬습니다. 라반에게 돌아갈 수도 없고 그렇다고 자기를 죽이려고 버티고 서 있는 형 앞으로 갈 수도 없는 진퇴양난의 상황에서 야곱은 완전히 고립되고 말았습니다. 이때까지 믿고 의지해 온 자기의 힘과 꾀와 수단과 방법을 써 볼 도리가 없게 되자 그는 홀로 주저앉았습니다. 가족과 소유를 앞서 보낸 후 야곱은 홀로 남게 되었습니다. 그리고 그 날 밤 어떤 사람과 밤새 씨름을 했습니다. 야곱이 홀로 남아 있는 그때에 하나님께서 야곱을 만나 주신 것입니다(창 32:22~32 참조).

그 동안 하나님께서 야곱을 만나실 수 없었던 이유는 야곱이 자기 꾀와 자기 지혜와 자기 능력을 의지하느라고 여호와 앞에 조용히 있는 시간이 없었기 때문입니다. 그래서 하나님께서 야곱을 지휘하실 수 없었습니다. 아무리 어려운 상황에서도 야곱이 나름대로 머리를 써 일을 처리하니 하나님께서 간여할 틈

이 없었습니다. 그래서 하나님께서는 야곱이 손쓸 수 없는 환경으로 그를 몰아넣으셨습니다. 그 환경 속에서 조용히 앉아 하나님을 바라보게 하시기 위해서였습니다.

이렇듯 하나님께서는 때때로 우리의 뒤를 막으시고 우리의 앞을 막으시는 분이라는 것을 알아야 합니다. 그런데 우리는 자꾸 이 환경만 해결하려고 합니다. 야곱도 마찬가지였습니다. 야곱은 에서 문제만 잘 해결하면 살 것 같았습니다. 그런데 문제는 그게 아니었습니다. 에서가 앞에서 기다리고 있고 라반이 뒤에서 버티고 서 있는 환경은 단지 여호와께서 조성하신 환경이었을 뿐입니다. 그런데도 야곱은 여전히 이 환경을 해결하고 싶어했습니다. 하나님께서는 "환경을 해결하기 원하거든 너 오늘 나하고 씨름을 한번 해보자" 하며 씨름을 걸어 오셨습니다. 그리하여 야곱이라는 사기꾼을 "이스라엘"로 변화시키는 놀라운 능력을 행하셨습니다.

또한 하나님께서는 야곱의 몸에 하나님과 씨름한 증거를 남겨 주셨습니다. 우리는 하나님께서 주신 그 증표에 감사해야 합니다. 하나님께서는 그 증표를 우리에게 주고 싶어하십니다. 인간의 죄를 기억나게 하시기 위해서 해산의 고통을 더하셨듯이, 우리가 원하든 원하지 않든 하나님께서 우리 마음과 몸과 영 속에 하나님과 씨름한 증거를 남겨 놓으신다는 것이 얼마나 감사한 일인지 모릅니다. 저는 하나님께서 제 교만을 다루셨던 그 지점에 자주 찾아갑니다. 조금이라도 교만

한 마음이 들려고 하면 하나님께서 나의 **환도뼈**를 꺾으신(물
론 진짜 환도뼈를 꺾으신 것은 아니지만) 그 순간으로 찾아갑
니다.

야곱은 실제로 환도뼈가 꺾이는 바람에 남은 생애 동안
지팡이를 짚지 않고는 설 수가 없었습니다. 그래서 나이가 많
이 들어 이 세상을 떠날 날이 가까이 왔을 때에 그가 지팡이
를 의지하고 섰더라는 말씀이 있습니다. 지팡이를 의지해서
일어서고 걸었다는 말은, 곧 다시는 자기 힘을 의지하지 아니
하고 여호와께 의지하는 삶을 살았다는 의미닙니다. 그래서
이렇게 홀로 있으면서 여호와 앞에서 씨름하는 이 시간을 반
드시 가져야 합니다.

열왕기상 17장에는 엘리야가 사르밧 과부의 죽은 아들
을 살리는 이야기가 기록되어 있습니다. 하나님께서는 엘리야
를 그릿 시냇가에서 먹이신 후 시돈 땅 사르밧 과부에게로 가
라고 명하셨습니다. 그 곳에서 며칠을 거하고 있을 때 마침
과부의 아들이 병이 나서 죽게 됩니다. 과부가 아들의 죽음
때문에 엘리야에게 불평을 하고 비탄에 빠지자 엘리야는 죽은
아이를 자신이 거처하던 다락으로 데리고 올라가 침상에 누입
니다. 하나님과 마주 앉아 씨름을 하기 위해서입니다.

죽은 아이와 함께 홀로 남게 된 엘리야는 여호와와 기
도의 씨름을 시작합니다.

"여호와께 부르짖어 가로되 나의 하나님 여호와여 주께서 또 내가 우거하는 집 과부에게 재앙을 내리사 그 아들로 죽게 하셨나이까 하고 그 아이 위에 몸을 세 번 펴서 엎드리고 여호와께 부르짖어 가로되 나의 하나님 여호와여 원컨대 이 아이의 혼으로 그 몸에 돌아오게 하옵소서 하니"(왕상 17:20, 21).

하나님과 단둘이 앉아서 문제를 부둥켜안고 씨름할 때 그는 과부의 아들이 살아나는 놀라운 역사를 체험하게 됩니다.

좋은 씨앗을 심기로 선택하라

시편 34편 8절에서 기자는 "너희는 여호와의 선하심을 맛보아 알지어다 그에게 피하는 자는 복이 있도다"라고 말씀합니다. 맛을 보아 안다는 게 무슨 말입니까? 하나님의 지혜며 하나님의 사랑을 어떻게 맛을 봅니까? 맛을 본다는 것은 곧 하나님의 선하심을 믿고 실천한다는 것이고 그것은 곧 하나님을 전적으로 믿고 의지한다는 뜻입니다. 하나님께서 주신 명령치고 우리 힘으로 할 수 있는 게 하나도 없기 때문입니다. "항상 기뻐하라"는 명령 하나만 생각해 보아도 그렇습니다. 이 얼마나 불가능한 얘기입니까? 우리 힘으로는 도저히 순종할 수 없는 명령입니다. 하나님께서는 우리 힘으로는 할 수 없을 뿐 아니라 우리 머리로는 이해조차 되지 않는 일을 자꾸 하라고 하십니다.

예를 들어, 우리가 이스라엘 백성이었다고 생각하고 지금 여리고 성을 함락시킬 궁리를 하고 있다고 해봅시다. 하나님께서는 여리고 성을 매일 한 바퀴씩 돌고 일곱째 날에는 일곱 바퀴 돌면 여리고 성이 무너질 것이라고 말씀하십니다. 당신이라면 이 말씀에 아무런 반발 없이 순종할 수 있겠습니까? 분명히 쉽지 않은 명령입니다. 당면한 문제는 너무 커 보이는데 해결책이랍시고 하나님께서 주신 방법은 너무나도 어리석어 보입니다. 그래서 순종하지 못합니다.

때로는, 그렇게 어리석어 보이는 것을 하라고 하시는 분이 하나님이십니다. 그러니까 하나님의 약속을 믿고 그분을 전적으로 의지하는 수밖에 달리 방법이 없습니다. 아무리 반발해도 소용이 없습니다. **하나님을 100% 의지하고 그분의 말씀을 그대로 수행하는 자만이 하나님을 맛보아 알 수 있습니다. 그렇게 하나님을 깊이 경험할 때 비로소 "내가 주께 대하여 귀로 듣기만 하였삽더니 이제는 눈으로 주를 뵈옵나이다"(욥 42:5) 하는 고백의 말을 할 수 있습니다.**

하나님의 약속을 믿고 그대로 실천하는 것 자체가 우리의 의지적인 선택입니다. 그러니까 '나는 안 돼. 저 아무개 집

사는 믿음이 좋아서 할 수 있지만 나는 못해'라고 생각하는 것은 핑계일 뿐입니다. 미안하지만 "못해"가 아니라 "안해"입니다. 그렇게 하지 않기로 의지적으로 선택한 것이지 못하는 것이 아닙니다. 우리가 의지적으로 선택하기만 하면 그 다음 결과는 주님께서 그분의 힘과 지혜로 책임 져 주신다고 하셨습니다. 그런데 왜 자꾸 못한다고 핑계를 댑니까? 안한다고 하면 자신이 책임을 져야 하지만, 못한다고 하면 내게 그런 능력을 안 준 그 누군가가 책임을 져야 하기 때문입니다.

물론 선택은 자유입니다. 아침 몇 시에 일어날지, 오늘은 무슨 옷을 입을지, 어디를 갈지 다 내가 선택할 수 있습니다. 그러나 그 선택의 결과는 더 이상 내 영역이 아닙니다. 그것은 하나님의 영역입니다. 왜냐하면 심은 대로 거두는 법칙이 여기서 적용되기 때문입니다. 우리는 선택으로 씨를 심는 사람입니다. 매일매일의 선택을 통해 씨를 뿌리는 사람입니다. 오늘 다른 사람을 흉보았다면 또 하나의 선택의 씨를 심은 셈입니다. 그 결과는 금새 나타나지 않을 수 있습니다. 씨가 땅에 뿌려지는 즉시 싹을 틔우는 것이 아니기 때문입니다. 그러니까 좋지 않은 행실을 심어 놓고도 별 일 없으려니 생각하기 쉽습니다. 그런데 그 선택의 씨에 누가 물을 주시는지 아십니까? 하나님이 물을 주시고 해가 뜨면 거기에서 싹이 나옵니다. 그런데 싹이 기어나오면 우리는 하나님을 원망하느라 바빠집니다.

또 우리는 이런 사람과 같습니다. 뒷마당에 밭을 갈고 거름을 잘 줘서 좋은 옥토를 준비해 놓고 콩을 심었습니다. 그렇게 하고는 물을 주고 기다렸습니다. 그런데 콩을 심었으니 당연히 콩나무가 올라오기를 기다려야 하는데 어리석게도 돈나무가 올라오기를 기다리고 있었다면 그는 얼마나 실없는 사람입니까? 그런데 우리는 이렇게 어리석은 짓을 자주 행합니다. 불순종의 씨를 심어 놓고는 축복의 나무가 자라나기를 바랍니다. 바라던 대로 축복의 나무가 자라지 않을 때는 또 하나님을 원망합니다. 왜 이렇게 했느냐고 하나님께 따집니다.

하나님의 영광을 도둑질하는 선택, 불신앙의 선택, 전심을 드리지 않는 선택, 주님을 기다리지 않는 선택, 불순종의 선택, 경건의 시간을 갖지 않는 선택을 있는 대로 다 해놓고는 밤새도록 부르짖기는 "하나님, 능력 있는 자가 되게 해주시옵소서"라고 합니다. 그렇게 백 번 천 번 부르짖어 봐야 능력 있는 자가 될 수 있겠습니까? 콩 심어 놓고 돈나무가 올라오기를 바라는 것은 분명히 어리석은 짓이라는 것을 알면서도 우리가 날마다 행하는 잘못된 선택에 대해서는 그다지 어리석다는 생각을 하지 못합니다. 모든 선택을 하나님께 맡기는 그런 성도가 돼야겠습니다.

전능하신 하나님을 만난 사람들

이제까지 하나님의 성품 중 전능하심에 대해 살펴보면서 그 전능하심이 우리 삶 가운데 드러나지 않는 이유들을 함께 생각해 보았는데, 그렇다면 과연 전능하신 하나님 앞에서 우리는 어떤 태도를 취해야 합니까? 성경에는 하나님을 만난 사람들이 많이 등장하는데 그들은 전능하신 하나님 앞에서 독특한 반응들을 보였습니다. 그들의 모습이 바로 우리들의 모습일 수 있습니다. 다음 다섯 인물의 경우를 각각 살펴보면서 하나님의 위대하신 능력 앞에서 우리 성도 된 자들이 가져야 할 태도가 어떤 것인지 생각해 보시기 바랍니다.

첫째 사람 / 아브라함

창세기 17장에는 아브라함이 그의 나이 99세 때 전능하신 하나님을 만나는 장면이 나옵니다. 그때 아브라함은 하나님 앞에서 엎드리는 반응을 보입니다. 하나님 앞에서 경배자의 자세를 취한 것입니다. 늙디 늙은 자신을 통해 자손을 번성케 하시겠다는 하나님의 약속에 아브라함은 웃지만 그래도 전능한 하나님이시기에 그분께서 명령하시는 대로 행합니다. 우리도 가끔은 하나님의 엄청난 약속에 피식 웃을 때가 있습니다.

어떻게 그런 기적 같은 일이 내 삶에 일어날 수 있겠는가 하는 마음 때문입니다. 그러나 이제는 우리의 마음이 이렇게 바뀌어야 할 것입니다.

"주여, 믿음의 길을 걷게 하옵소서. 「여호와께 능치 못할 일이 어디에 있겠느냐」 하시는 하나님의 음성을 듣게 하옵소서."

둘째 사람 / 욥

욥기 38장 1~3절은 "때에 여호와께서 폭풍 가운데로서 욥에게 말씀하여 가라사대 무지한 말로 이치를 어둡게 하는 자가 누구냐 너는 대장부처럼 허리를 묶고 내가 네게 묻는 것을 대답할지니라"고 말씀합니다. 욥이 자신에게 닥친 고난에 대해 이해하지 못하고 때로 입을 경솔하게 놀려 불만을 토로하자 하나님께서 드디어 욥을 향해 말씀하기 시작하셨습니다. 38장부터 39장에 이르기까지 창조주의 지혜와 놀라운 능력을 묘사하는 장면이 죽 이어집니다. 그러면서 하나님께서는 계속 욥에게 질문을 퍼부으십니다.

하나님의 놀라운 행적을 들으면서 자신의 왜소함을 확인한 욥은 40장 4절에서 "나는 미천하오니 무엇이라 주께 대답하리이까 손으로 내 입을 가릴 뿐이로소이다"라고 대답합니다. 전능하신 하나님을 우리가 참으로 뵈었다면 우리 입에서 할 말이 없어져야만 될 것입니다. 부끄러워서 입을 가릴 수밖에 없을 것입니다. 욥이 하나님께 보인 또 한 가지 반응은 회개였습니다. 여호와의 두 번째 말씀을 들은 욥은 "내가 주께 대하여 귀로 듣기만 하였삽더니 이제는 눈으로 주를 뵈옵나이다 그러므로 내가 스스로 한하고 티끌과 재 가운데서 회개하나이다"(욥 42:5, 6)라며 그 동안 하나님을 몰랐던 교만을 회개했습니다. 여기서 우리는 전능하신 하나님을 뵌 사람의 자세가 어때야 하는지 알 수 있습니다.

셋째 사람 / 예레미야

예레미야는 이스라엘이 바벨론에 함락되어 70년 동안 포로로 있게 될 것이라는 예언을 했다가 왕의 노여움을 사 궁중 시위대 뜰에 갇히게 됩니다(렘 32장 참조). 그런데 하나님께서 조금 이상한 말씀을 하십니다. 남의 나라에서 포로 생활을 하게 될 상황인데 예레미야더러 숙부의 아들 하나멜에게서 밭을 사라고 말씀하십니다. 우리가 예레미야와 같은 처지에 있다고 생각해 봅시다. 앞으로 70년 동안 타국에서 귀향살이를 해야 되는 판에 이스라엘에 있는 땅을 돈 주고 사서 무엇하겠습니까?

그러나 예레미야는 하나님의 말씀대로 하나멜에게서 밭을 삽니다. 그리고는 "슬프도소이다" 하며 하나님께 기도하기 시작합니다. 이스라엘이 70년 동안 추방을 당하게 될 것을 생각하니 슬프다는 말입니다.

"슬프도소이다 주 여호와여 주께서 큰 능과 드신 팔로 천지를 지으셨사오니 주에게는 능치 못한 일이 없으시니이다"(렘 32:17).

예레미야는 하나님의 말씀을 신뢰하고 그대로 행하였습니다. 이스라엘이 바벨론에 함락된다는 하나님의 예언은 너무도 받아들이기 싫은 사실이었지만 그는 그 예언을 백성들에게 그대로 전했습니다. 예레미야가 보기에 슬픈 일이든 기쁜 일이든 천지를 지으신 주님께는 못하실 일이 없다는 것을 알기 때문에 그는 하나님께 떼쓰기보다 기권하는 자세를 보였습니다. 한편, 하나님께서는 70년 후에는 반드시 고국으로 돌아온다는 것을 보장하시는 의미에서 밭을 사라고 하신 것이고 예레미야는 하나님께서 능히 그렇게 하실 수 있는 분이라고 믿고 순종한 것입니다.

넷째 사람 / 마리아

천사 가브리엘이 와서 마리아를 통해 메시아가 탄생할 것이라고 전하자 마리아가 의문을 제기합니다.

"나는 사내를 알지 못하니 어찌 이 일이 있으리이까"(눅 1:34).

그러자 가브리엘이 "대저 하나님의 모든 말씀은 능치 못하심이 없느니라"(37절)고 선포합니다. 비록 이해가 안 되는 일이긴 하지만 하나님께는 불가능이 없다는 천사의 선언에 마리아는 "주의 계집 종이오니 말씀대로 내게 이루어지이다"(38절)라고 반응합니다. 이것은 자기를 완전히 내어 놓는 모습입니다.

다섯째 사람 / 베드로

베드로를 봅시다. 예수님의 말씀을 의지하여 다시 그물을 내리자 놀랍게도 그물이 찢어질 정도로 많은 고기가 잡혔지만 그는 "자, 이제는 물질의 축복을 받았습니다. 기쁩니다" 하면서 팔짝팔짝 뛰거나 하지 않았습니다. 우리는 대개 물질의 축복을 받으면 아주 기뻐합니다. 그러나 그물에 잡힌 수많은 물고기를 보면서 베드로는 오히려 예수님을 생각했습니다. '이분이 누구시기에 이런 놀라운 일이 일어나는가?' 하는 마음이었을 것입니다. 자기 앞에 서 계신 분이 전능하신 하나님이라는 사실을 깨닫고 그는 예수님의 무릎 앞에 엎드려 이렇게 고백합니다.

"주여 나를 떠나소서 나는 죄인이로소이다"(눅 5:8).

이와 같이 전능하신 하나님을 정말로 본 사람은 자신이 갖고 있던 인간적 이해력, 경험, 지혜, 지식, 힘, 꾀, 심지어 자신의

존재 자체를 그분 앞에 완전히 굴복시켜 드린 것을 알 수 있습니다. 이것은 전능자를 바로 아는 사람의 자세일 뿐 아니라 진정한 예배자의 자세이기도 합니다. 자신을 완전히 기권하는 자세, 하나님의 약속을 완전히 믿고 받아들이는 자세, 믿음을 행동으로 실천해 드리는 자세, 하나님 앞에서 입을 다무는 자세, 회개하고 엎드리는 자세, 그리고 납짝 엎드려서 경배자가 되는 자세야말로 하나님께서 우리들에게 기대하시는 태도입니다.

6

하나님은 정말
모든 것을 다 아실까
?

여섯째 · 전지하신 하나님

하나님이 아시는 열세 가지

전지(全知)하신 하나님이시라는 말은 무슨 뜻인가 하면 하나님께서 모든 지혜와 모든 지식을 다 갖고 계시다는 말입니다. 하나님께서는 모르는 것이 아무것도 없으십니다. 과거 일도 현재 일도 미래 일도 모르는 것이 전혀 없으십니다. 이것은 우리가 익히 알고 있는 하나님의 성품입니다. 그러나 머리로 아는 만큼 경험적으로도 맛보아 알고 있는지는 의문입니다. 하나님이 전지하시다는 사실을 백 번 들으면 무엇합니까? 하나님의 전지하심을 맛보아 알지 않는 이상, 전지하신 하나님은 우리와 아무런 상관이 없습니다.

전지하신 하나님께서는 우주 안팎에서 일어나는 모든 일에 대해 꿰뚫어 아십니다. 과거 일이나 현재 일이나 장래 일이나 모르시는 것이 없습니다. 그분은 모든 지식과 모든 지혜를 갖고 계십니다. 지식은 단순히 "아는 것"인 반면 지혜는 다분히 도덕적인 면을 포함하고 있습니다. 인간은 아는 것을 잘못된 데 사용하는 경우가 많습니다. 우리는 그것을 지혜라고 말하지 않습니다. 그런 것은 지혜라고 할 수가 없습니다. 지혜는 최선의 목적을 이루는 최선의 방법입니다. 하나님께서는 최선이 뭔지 아실 뿐 아니라 그 최선을 이루는 최선의 방법이 뭔지도 아십니다.

　　　그래서 하나님은 선하신 분입니다. 그분은 지금도 우리에게 최선의 것을 주기 위해서 최선의 방법으로 역사하고 계시는 분입니다. 그런데 우리 눈에는 그러한 역사가 보이지 않습니다. 왜냐하면 우리는 당장 내일 어떤 일이 일어날지도 모르고 사는 존재이기 때문입니다. 내일 일은커녕 당장 코앞에 닥칠 일도 모르는 존재가 바로 우리입니다.

　　　얼마 전에 어느 책자에서 이런 얘기를 읽었습니다. 글의 제목은 "공연한 염려"입니다. 초기에 미국 인디언들은 젊은 용사들을 훈련시킬 때 사냥을 가르치고 정찰법(偵察法)을 가르치고 고기 낚는 법을 가르치는 등 모든 기술을 가르치고 난 다음에 12살이 되는 생일에는 아주 깊은 숲속에 소년을 놓아 두고서 그 곳에서 홀로 밤을 새우게 한다고 합니다. 밤새 마을을 찾아오는 일이 없게 하려고 눈까지 가리고서 숲에 데려다 놓는다고 합니다. 그러면 용사 후보생은 꼼짝없이 칠흑같이 깜깜한 숲에서 밤을 보내야 합니다. 바람에 바스락거리는 나뭇잎 소리에도 짐승이 와서 자기를 잡아 먹으려는 것은 아닌가 하는 두려움에 온 신경을 곤두세웁니다. 그러다가 동이 트기 시작하면 이제는 살았구나 하고 안도의 한숨을 내쉽니다. 그런데 시야가 점점 밝아지면서 제일 먼저 보이는 것은 놀랍게도 아버지의 모습입니다. 아버지는 행여 아들이 짐승의 공격을 받을까 봐 밤새 활과 화살을 들고서 아들을 지키고 있었던 것입니다.

　　육신의 아버지는 능력에 한계가 있습니다. 그러나 그 제한된 능력의 아버지라도 내 곁에 계시다면 이렇듯 아무것도 염려할 일이 없는데, 하물며 내 형편을 낱낱이 아시고 무슨 문제든 해결하실 수 있는 전지 전능하신 하나님께서 우리를 언제나 지켜 주시는데 염려할 일이 무엇이겠습니까? 우리가 종종 부르는 찬송대로 하나님은 언제나 그분의 자녀를 지켜 주시는 분입니다.
"너 근심 걱정 말아라 주 너를 지키리 주 날개 밑에 거하라 주 너를 지키리 주 너를 지키리 아무 때나 어디서나 주 너를 지키리 늘 지켜 주시리"(찬송가 432장).

　　하나님께서는 성도 된 자들의 삶에도 하늘나라에 가기 전까지는 공포가 있다는 것을 알고 계십니다. 그래서 성경 인물치고 하나님께로부터 "염려 말아라"든가 "근심 말아라"는 식의 당부의 말씀을 안 들은 사람이 없을 정도입니다. 심지어 하나님께서는 우리가 믿음의 최고 용장이라고 보는 바울에게도 무서워 말라고 하셨습니다. 다시 말해, 모든 이의 부러움을 사는 믿음의 사람 바울에게도 두려움의 순간이 있었다는 얘기입니다. 바울이 그랬을진대 우리 한 사람 한 사람에 대해서는 더 말할 것도 없을 것입니다.

　　골로새서 2장 3절은 "그[그리스도] 안에는 지혜와 지식의 모든 보화가 감취어 있느니라"고 말씀합니다. 또한 시편 기자는 하나님에 대해서 "우리 주는 광대하시며 능력이 많으시며 ,그 지혜가 무궁하시도다"라고 고백한 바 있습니다(시 147:5). 끝이 없으신 하나님, 하나님의 성품이 영원하시기 때문에 그분의 지혜도 끝이 없으십니다. 그래서 하나님께는 더 어려운 일도 없고 더 쉬운 일도 없습니다. 인간이 보기엔 해결하기 수월한 일이 있는가 하면 해결하기 어려운 일도 있지만 하나님께는 그런 차이가 없습니다.

시편 147편 4절은 또 "저[하나님]가 별의 수효를 계수하시고 저희를 다 이름대로 부르시는도다"라고 말씀합니다. 별을 셀 뿐만 아니라 이름도 부르신다고 합니다. 또 참새 한 마리가 떨어지는 것조차도 하나님은 아신다고 말씀하셨습니다. 그리고 산에 있는 새들, 들의 짐승들, 생축들에 대해서도 모르는 것 없이 다 알고 계신다고 하셨습니다. 또한 하나님께서는 우리들의 머리털까지도 세신 바 되었다고 하셨습니다. 창조 세계에 대해 그 정도로 상세하게 알고 계신 분이 바로 우리 하나님이십니다.

머리털 하나만 생각해도 하나님의 지식에 놀라지 않을 수 없습니다. 머리카락 수는 한시도 일정하지 않습니다. 하루에도 빠지고 새로 돋아나고 하는 머리카락이 얼마나 되는지 우리는 모릅니다. 그렇듯 순식간에 변화하는 이 머리카락 수까지도 세신다니, 하나님은 정말 놀라운 분 아니십니까? 그걸

세서 무엇에 쓸 일은 없겠지만 그만큼 하나님께서 모든 것에 대해 자세하게 알고 계시다는 것을 알 수 있습니다.

사실 우리는 전지하신 하나님을 알기가 너무나도 힘듭니다. 왜냐하면 우리가 전지한 사람들이 못 되기 때문입니다. 1초 후의 일도 예측하지 못하는 사람들의 머리로 전지하신 하나님을 이해한다는 것은 어쩌면 말이 안 되는 얘기일지도 모릅니다. 하나님이 아무리 전능하시다고 해도 우리는 그 말을 "우리보다 훨씬 더 능력이 많으신 분"이라는 말 정도로 이해하고 말 때가 많습니다. 그렇기 때문에 조금만 어려운 문제가 생겨도 하나님께서 해결해 주실 것을 믿지 못하고 마냥 떨기만 하는 것입니다. 전지하신 하나님에 대해서도 마찬가지입니다. 우리보다 더 지혜로우시다는 정도로만 이해할 뿐 하나님의 전지하심에 대해 온전히 이해하지 못합니다.

그런데 하나님께서 전지하기 위해서는 먼저 전능하셔야만 합니다. 전능하지 않다면 전지하신 게 무슨 소용이 있겠습니까? 지혜라는 것은 최선의 목적이 무엇인지를 알고 그 최선의 목적을 이룰 최선의 방법이 무엇인지 아는 것까지가 지혜입니다. 최선의 방법을 알지만 그것을 해결할 만한 능력이나 힘이 없다면 전지한 것도 아무 소용이 없습니다. 그래서 전지하기 위해서는 전능해야 합니다.

또 전지하기 위해서는 편재하셔야만 합니다. 하나님이

나의 필요를 다 아시고 나의 슬픔을 다 아시고 나의 외로움을 다 아시고 나의 아픔을 다 알고 계신다고 해도 정작 그분께서 나와 같이 계시지 않는다면 아는 것 자체는 별 위로가 되지 않습니다. 어머니가 어린 자녀를 집에 두고 잠깐 외출을 하면서 “애야, 이 엄마는 네가 혼자서 심심해 하고 쓸쓸해 할 것을 다 안단다. 그러니 엄마가 네 마음 잘 안다는 걸 알고 위로받으렴” 해도 막상 엄마가 눈에 안 보이면 그 자체로서 아이에게 충분한 불안 요소가 되는 것과 같은 이치입니다.

그렇기 때문에 전지 · 전능 · 편재 이 세 가지는 구별해서 생각할 수 없습니다. 하나님의 성품은 모두 하나로 연결되어 있기 때문에 어느 것 한 가지도 독자적으로 떼어 내서 생각할 수가 없습니다.

고린도전서 1장 25절은 “하나님의 미련한 것이 사람보다 지혜 있고 하나님의 약한 것이 사람보다 강하니라”고 말씀합니다. 하나님의 가장 약하다고 생각되는 능력조차도 인간의 가장 강한 능력보다는 강합니다. 또 때로는 하나님이 하시는 일이 우리 눈에 미련하게 보이는 때가 있습니다. 저 같은 경우에는 에베소서 5장에서 “남편들아 아내 사랑하기를 그리스도께서 교회를 사랑하시고 위하여 자신을 주심같이 하라”(25절)는 말씀이 “아내들이여 자기 남편에게 복종하기를 주께 하듯 하라”(22절)는 명령보다 뒤에 나온 사실이 약간 못마땅하게 느껴지기도 합니다. 그런데 그렇게 인간이 보기에 미련한 것에도 사실은 우리의 지혜를 훨씬 뛰어넘는 하나님의 지혜가 담겨 있다는 것입니다. 그러니 우리가 어떻게 하나님의 생각을 다 이해하겠습니까?

저는 언젠가 한번 하나님의 지혜에 대해 깊이 생각하게 된 적이 있습니다. 제 아들아이가 어렸을 때 애완용 쥐에 속하는 햄스터를 기르고 있었는데 어느 날 그것이 새끼 세 마리를 낳았습니다. 그런데 이상하게도 새끼 한 마리만 따로 한쪽 구석에 놓아두고 나머지 두 마리는 데리고 가서 뜯어먹는 것 아니겠습니까? 그 어미 하는 짓을 보고 있자니 너무 징그럽기도 하고 또 그때만 해도 아직 예수님을 몰랐던 때라 '어떻게 저렇게 미련맞을까? 자기 몸으로 수고해서 낳은 새끼를 잡아먹고 앉아 있다니. 아휴, 짐승이란 하여튼 미련하기 짝이 없구나'라고만 생각했습니다.

그런데 나중에 예수님을 영접하고 나서 알고 보니 햄스터의 그러한 습성은 다름 아닌 하나님의 지혜가 빚어 낸 놀라운 산물이었습니다. 햄스터에게는 본능적으로 자기 새끼에게 생존력이 있는지 없는지 구별할 수 있는 능력이 있습니다. 그래서 살아 남지 못할 새끼는 미리부터 자신의 양식으로 삼아 나머지 새끼를 위해서 충분한 젖을 공급하는 데 활용하는 것입니다. 이렇듯 자연의 세계를 유심히 관찰하다 보면 우리 눈에는 너무나도 미련하게 보이는 일에도 하나님의 놀라운 지혜가 숨어 있는 것을 발견할 수 있습니다.

햄스터의 경우는 제가 생활 주변에서 찾은 예이고 성경을 통해서도 우리는 자연 속에 계시된 하나님의 지혜를 볼 수 있습니다. 끊임없이 다가오는 환난 속에서 때로는 불평을 하며 때로는 차라리 죽는 것이 낫겠다고 절망스럽게 부르짖는 욥을 향해 하나님께서는 드디어 욥기 38장부터 말씀하시기 시작합니다. 하나님께서는 욥에게 계속해서 힐문조로 말씀하시면서 하나님의 지혜로움을 알리십니다.

"타조는 즐거이 그 날개를 친다마는 그 깃과 털이 인자(仁慈)를 베푸느냐 그것이 알을 땅에 버려 두어 모래에서 더워지게 하고 발에 깨어질 것이나 들짐승에게 밟힐 것을 생각지 아니하고 그 새끼에게 무정함이 제 새끼가 아닌 것처럼 하며 그 구로한 것이 헛되게 될지라도 괘념치 아니하나니 이는 하나님 내가 지혜를 품부하지 아니하고 총명을 주지 아니함이니라"
(욥 39:13~17).

타조는 여느 새들처럼 알을 까서 일정 기간 품에 품는 것이 아니라 알을 낳는 대로 모래 사장에 그냥 내버려 둔다고 합니다. 어미가 날개를 치고 다니다가 잘못해서 알을 밟아 깨뜨릴 수도 있고 다른 들짐승이 지나가다가 알을 밟아서 깨뜨릴 수도 있는데 그냥 그렇게 알을 방치해 두니 우리들이 볼 때는 얼마나 멍청한 짓처럼 보입니까? 그러나 거기에도 하나님의 완벽한 지혜가 숨어 있습니다. 사람들 눈에는 타조가 무정해 보이고 공들여 낳은 알을 헛되게 잃는 것같이 보이지만,

사실 타조들이 주로 분포해 있는 사막에서는 하루 만이면 알이 부화한다고 합니다. 그러니 그 동안 밟혀서 깨진 알들은 갓 부화한 새끼들의 첫 먹거리가 되는 셈입니다.

이렇듯 우리 눈에 미련하게 보이는 것에도 하나님의 뛰어난 지혜가 감춰져 있습니다. 욥이 받은 환난이 우리 머리로는 이해가 되지 않습니다. 너무 억울한 것 같습니다. 도저히 이해할 수 없으니 성경에서 욥기를 삭제해 버리자고 하는 사람들도 있습니다. 욥이 당한 어려움이 너무 얼토당토 않은 것 같기 때문입니다. 그래서 욥 자신도 환난을 당할 동안 하나님께 몇 차례 의문을 제기합니다. 그러나 지혜의 하나님이 드디어 그 거룩한 입을 여시자 욥은 할 말이 없어집니다. "나는 미천하오니 무엇이라 주께 대답하리이까 손으로 내 입을 가릴 뿐이로소이다"(욥 10:4)라고 말할 뿐이었습니다. 그리고는 회개하는 자세를 취합니다. 욥이 받은 그 환난이 사람들 눈에는 말도 안 되는 것같이 보였지만 결국 그것은 욥으로 하여금 그리스도의 형상을 닮게 하기 위한 하나님의 놀라운 계획이었고, 그런 하나님의 지혜 앞에서 욥은 할 말이 없어진 것입니다.

하나님께서는 우리로 예수 그리스도의 형상을 닮게 하기 위해 늘 우리 생활 속에서 최선의 방법을 쓰고 계십니다. 그 최선의 방법이 우리의 이성이나 경험이나 지식으로는 이해가 되지 않습니다. 그래서 우리가 이것을 원하지 않게 됩니다. 그러나 하나님께서는 예수님을 닮게 하려는 최선의 목적을 위한 최선의 방법이 무엇인지 아시기 때문에 우리가 이해할 수가 없다고 하더라도 묵묵히 그 방법대로 역사하십니다.

그런데 문제는 우리들이 그것을 최선의 목적으로 생각하느냐 하는 것입니다.
"나는 지금 예수님을 안 닮아도 상관없어. 그저 행복하기만 했으면 좋겠어. 예수님 닮는 게 뭐 그리 대단한 목표가 된다구 그래. 부자만 됐으면 좋겠어. 내가 지금 안고 있는 이 문제만 해결해 주셨으면 좋겠어."
돈 문제나 결혼 문제 자녀 문제 등이 해결되는 게 더 급한 일처럼 보이고 예수 그리스도를 닮는 과제는 차차 해결해도 될 것처럼 보이기 때문에, 하나님께서 허락하시는 환경이 모두 미련해 보이는 것입니다. 사실은 그것이 우리가 추구해야 할 가장 선한 목표인데도 말입니다.

예수님 닮는 것을 삶의 목표로 생각하지 못할 때는 하나님의 명령들이 하나같이 너무 벅차게 느껴지기 마련입니다. 어떻게 원수를 사랑합니까? 어떻게 항상 기뻐합니까? 도대체 너무 힘들게만 여겨지는 명령들입니다. 그런데 우리는 이런 명령들이 다 우리를 위한 것이라는 사실을 알지 못합니다. 우리가 아이들 보고 불 가까이 가지 말아라, 우물가에 가지 말아라, 도로 주변에서 놀지 말아라고 잔소리를 하지만 이것은 결코 자녀의 자유나 행복을 구속하기 위한 것이 아닙니다. 오히려 자녀의 행복을 바라는 부모의 마음이 이들 잔소리에 담겨 있습니다.

그러나 하나님 앞에서 우리나, 부모 앞에서 자녀들이 그 명령을 자신들의 자유나 행복을 박탈하는 것쯤으로 생각하는 이유는 우리에게 지혜가 없기 때문입니다. 하나님께서 무슨 의도로 무슨 일을 행하고 계신지 우리가 모르기 때문입니다. 그러나 우리의 사정을 다 알고 우리의 필요를 다 아시는 전지하신 하나님께서는 우리에게 가장 적절한 명령을 주십니다.

이사야서 55장 8, 9절은 "여호와의 말씀에 내 생각은 너희 생각과 다르며 내 길은 너희 길과 달라서 하늘이 땅보다 높음같이 내 길은 너희 길보다 높으며 내 생각은 너희 생각보다 높으니라"고 말씀합니다. 하나님의 생각과 우리 생각의 차이가 땅과 하늘의 차이만큼 크다는 것입니다. 그러니 그 하나님의 생각을 우리가 어찌 다 이해하며 그 하나님의 하시는 일에 우리가 어떻게 다 만족을 느낄 수 있겠습니까?

전능하신 하나님의 지식과 지혜가 포괄하는 범위를 구체적으로 보면 다음 열세 가지로 나누어 볼 수 있습니다.

첫째 / 허락하신 환경을 회피하려는 것을 아시는 하나님

우리는 아브라함의 여종이었던 하갈이라는 여성을 통해 하나님께서 우리 삶에 대해 얼마나 속속들이 알고 계시는지 볼 수 있습니다. 창세기 16장에 보면 우리가 다 아는 것처럼 아브라함은 사래의 간청에 못이겨 하나님의 약속을 기다리지 못하고 여종 하갈을 통해 아들을 낳습니다. 그런데 주인의 아들을 잉태하였다고 유세를 떠는 하갈을 사래가 학대하자 하갈이 아브라함의 집에서 광야로 도망을 합니다. 그는 여주인을 피해서, 자기의 문제를 피해서 그리고 자기가 지은 죄악을 피해서 아무도 없는 사막으로 도망합니다. 그런데 그 광야에서 하나님께서 하갈을 만나 주셨습니다. 하나님을 뵌 하갈은 나중에 이렇게 말합니다.

> "하갈이 자기에게 이르신 여호와의 이름을 감찰하시는 하나님이라 하였으니 이는 내가 어떻게 여기서 나를 감찰하시는 하나님을 뵈었는고 함이라"(창 16:13).

하갈은 그 곳 광야에서 하나님을 만날 줄 꿈에도 생각하지 못했습니다. "내가 어떻게 여기서 나를 감찰하시는 하나님을 뵈었는고"라는 말을 풀어서 얘기하면, "내가 어디를 가든지 나를 지켜 보시며 내 죄까지 꿰뚫어 보시는 하나님을 내가 이렇게 뵈었는데 어떻게 내가 아직까지 살아 남아 있는가" 하는 말입니다. 하갈은 광야에서 만난 하나님을 통해 자신의 죄악을 다시 바라보게 됩니다. 하나님께서는 도망 가는 하갈에게 오히려 여주인 사래에게로 돌아가라고 하십니다. 문제에서 도망하지 말고 문제로 다시 돌아가라는 말씀입니다. 돌아가서 여주인을 무시한 죄를 회개하라는 말씀입니다.

　　이것은 사실 하갈에게만 해당되는 얘기가 아닙니다. **우리 역시 하나님께서 허락하시는 환경을 회피하고 싶어할 때가 참 많습니다. 그리고 하나님께서 지적해 주시는 죄를 회개하고 처리하기보다는 무시하고 남을 원망하고 남 탓으로 돌리곤 합니다.** 그리고 잘못한 사람에게 가서 직접 미안하다는 소리를 하기보다는 자신의 죄책을 누그러뜨리기 위해 오히려 그 사람에게 평소보다 더 잘해 주는 것, 이것도 문제를 회피하는 모습입니다. 부부간에도 서로 분명히 잘못을 해놓고도 미안하다는 말을 선뜻 못하는 이유가 사과를 하려면 "나"라는 우상을 또 꺾어야 하기 때문입니다. 자신의 곧은 목을 또 구부리려니 이게 됩니까? 그러니까 미안하다고는 못하고 전보다 더 잘해 줌으로써 우회적인 사과를 하는 것입니다.

　　그게 바로 하갈이 광야로 도망가는 것과 같은 처신입니다. 그럴 때 하나님께서는 원점으로 돌아가라고 말씀하십니다. "내가 네 죄를 알고 있노라. 해결 안하고 자꾸 이라저리 피하는 것을 내가 알고 있노라. 원점으로 돌아가라. 돌아가라"고 하십니다. 남편이나 아내에게 혹은 친구에게 사과하는 대신 몇 번의 친절 행위로 분위기를 풀면 문제가 해결되는 것 같지만 하나님께서는 다 보고 계시다는 것을 알아야 합니다. 원점으로 돌아가라고 하시는 하나님의 음성을 우리가 들어야 합니다.

책임 회피라면 할 말이 또 있습니다. 요즘에는 뭐 딱히 형편이 어려운 것도 아닌데 집에서 애들 밥 먹이고 기저귀나 갈면서 소득 없이 시간을 보내기보다는 밖에 나가서 일하는 게 낫다고 생각해서 아이를 남에게 맡기고 일하는 어머니들도 일종의 하나님께서 주신 환경을 회피하는 셈입니다. 하나님께서는 그네들이 무슨 목적으로 일하는지 알고 계십니다. 우리가 무슨 이유를 붙였든지간에 하나님께서는 그 이유를 정확히 간파하고 계십니다.

둘째/우리의 고통을 아시는 하나님

이스라엘 백성들은 400년이라는 긴 세월 동안 애굽에서 노예 생활을 했습니다. 그래서 그들은 하나님이 그들을 잊어버리셨는가, 아니면 그들이 이렇게 고통을 당하고 있는 것을 모르시는가, 아니면 알면서도 상관하지 아니하시는가 하는 의문을 품게 되었을 것입니다. 그러나 출애굽기 3장 7, 8절에서 하나님께서는 모세에게 이렇게 말씀하십니다.

"내가 애굽에 있는 내 백성의 고통을 정녕히 보고 그들이 그 간역자로 인하여 부르짖음을 듣고 그 우고를 알고 내가 내려 와서 그들을 애굽인의 손에서 건져 내고 그들을 그 땅에서 인 도하여…."

이스라엘 백성들은 하나님께서 자기들을 잊었다고 생각

하고 상관 안한다고 생각하고 자기들의 고통을 모르고 있다고 생각했을지 몰라도 하나님께서는 그들의 고통을 분명히 알고 계시고 그들의 부르짖음을 듣고 계셔서 곧 그들을 그 고통의 땅에서 건져 내서 좋은 땅으로 인도할 계획을 세우고 계셨습니다. 당신이 지금 어떤 자리에 앉아 있는지 모르지만 한 가지 분명한 사실은 그 고통의 자리가 어딘지 하나님께서는 알고 계시다는 것입니다. 그 속에서 부르짖는 그 부르짖음을 듣고 계십니다.

그러면 이런 의문이 생길 것입니다.
"우리의 사정을 그렇게 잘 아시고 우리의 고통을 그렇게 분명히 아신다면 그리고 이 고통에서 우리를 구해 주실 것이라면 빨리 빨리 해주시지 왜 이토록 오래 지체하시는가?"
아마도 성도들이 제일 견디기 힘들어 하는 부분이 이것일 것입니다. 하나님의 때를 기다리자니 애가 타서 못 견디겠습니다. 그런데 하나님께서는 이 세상을 사랑하시는 분입니다. 우리는 남의 집은 모두 불에 탔어도 우리 집만 무사하면 "하나님은 선하시다"라고 고백할 수 있는 자기 중심적인 존재들이지만 하나님은 그러시지 못합니다.

하나님은 온 세상을 다 사랑하시기 때문입니다. 그렇기 때문에 나를 사랑하신다고 해도 내 기도에만 응답하실 수는 없습니다. **하나님은 한 사람의 기도에 응답하자고 그 주위에 있는 사람들에게 해를 끼칠 수 없으신 분입니다. 하나님께서 세상을 이**

처럼 사랑하시기 때문입니다. 세상에 있는 모든 인류를 사랑하시기 때문에 기도 응답을 받기까지는 기다려야 합니다. 내 기도에 응답해 주시기 위해서는 그 기도 제목에 관계된 모든 사람에게도 선을 이루셔야만 하기 때문입니다. 그래서 시간이 걸립니다.

하나님께서 이스라엘 백성들의 고통을 아시면서도 400년이나 참으셔야 했던 이유는 이스라엘 백성들을 통해 애굽 백성들도 하나님을 알게 되기를 바라셨기 때문입니다. 하나님께서는 애굽도 사랑하셨습니다. 또한 가나안을 생각해서도 하나님은 오래 참으셔야 했습니다. 이스라엘 백성들을 가나안 땅에 보내려면 가나안에 터잡고 있던 사람들을 이스라엘 손에 붙이셔야 하는데 그러려면 그들에게도 회개할 시간을 줘야 하기 때문입니다. 이렇듯 모든 백성들에 대하여 공평을 행하시기 위해서 400년을 참으시는 분이 바로 우리 하나님이십니다. 그러니까 우리가 어려운 자리에 있을 때 우리의 어려움을 하나님께서 알고 계신 것을 믿어야 합니다. 시편 기자도 "주께서 나의 훼방과 수치와 능욕을 아신다"(시 69:19)고 고백한 바 있습니다.

셋째/우리의 불평 불만을 아시는 하나님

가나안을 정복하기에 앞서 모세는 열두 사람을 대표로 뽑아 정탐꾼으로 파견합니다. 가나안 정탐을 마치고 돌아온 열두 사람 가운데 열 명이 "그들에 비하면 우리는 꼭 메뚜기 같더라" 하면서 부정적인 보고를 합니다. 그러나 갈렙과 여호수아 두 사람은 "그들은 우리의 밥이라"고 보고합니다. 이스라엘 백성들에게는 부정적인 보고가 더 잘 들렸습니다. 가나안에 가고 싶지가 않았기 때문입니다. 차라리 애굽으로 돌아가는 게 낫겠다고 그들은 생각했습니다. 또 열 사람 말이 옳겠지 아무렴 두 사람 말이 옳겠냐 하는 생각도 있었을 것입니다. 그러나 사실은 소수의 말이 옳았습니다.

하나님께서는 원망하는 이스라엘 백성들에 대하여 "나를 원망하는 이 악한 회중을 내가 어느 때까지 참으랴 이스라엘 자손이 나를 향하여 원망하는 바 그 원망하는 말을 내가 들었노라"(민 14:27)고 말씀하십니다. 그 동안 하나님께서 아무 말씀도 안하고 계시니까 이스라엘 백성들은 자신들의 원망하는 소리를 하나님께서 들으시는 줄도 모르고 입술로 죄를 지었던 것입니다. 그러고 있는 때에 하나님께서 갑자기 침묵을 깨뜨리셨던 것입니다.

그런데 사실 이스라엘 백성이 원망한 것은 하나님이 아니라 하나님께서 백성의 지도자로 세우신 아론과 모세였습니다. 그런데도 하나님께서 "이스라엘 자손이 나를 향하여 원망하는 말을 내가 들었노라"고 하신 것은 그들이 처한 상황을 허락하신 분이 바로 하나님이시기 때문입니다. 다시 말해 이스라엘 백성들에게 모세와 아론을 지도자로 주신 분이 바로 하나님이셨기 때문에, 하나님께서는 모세와 아론에 대한 원망을 하나님 자신에 대한 원망으로 들으셨던 것입니다. 우리는 대개 주어진 여건 속에서 많은 불평을 하고 살면서도 "나는 하나님 원망 안해"라고 생각합니다. 하나님 원망하는 것과 하나님께서 주신 환경을 원망하는 것을 구별해서 생각합니다. 그런데 하나님께서는 그 불평 불만을 하나님을 향한 불평 불만으로 생각하셨습니다. 당신에게 하나님께서 과연 어떤 형편을 허락하셨는지 모르지만 그 환경에 대한 불평 불만을 하나님께서 듣고 계시다는 사실을 잊지 마시기 바랍니다.

넷째/필요를 알고 채우시는 하나님

이스라엘 백성들은 불평 불만한 죄 때문에 40년간 광야에서 방황해야만 했습니다. 이 광야 생활은 분명 불순종의 결과였습니다. 그러나 그 방황하는 가운데도 하나님께서는 백성들의 필요를 아시고 부족함이 없게 채워 주셨습니다. 신명기 2장 7절은 이렇게 말씀합니다.

"네 하나님 여호와가 너의 하는 모든 일에 네게 복을 주고 네가 이 큰 광야에 두루 행함을 알고 네 하나님 여호와가 이 사십 년 동안을 너와 함께하였으므로 네게 부족함이 없었느니라 하셨다 하라 하시기로."

그들의 필요가 양식의 필요였든지 물의 필요였든지 영

적인 필요였든지 아니면 감정적·정신적 필요였든지 주님께서 그 모든 필요를 아시고 부족함이 없게 해주셨다고 합니다. 하나님께서는 우리가 구하기 전에 우리의 쓸 것을 미리 다 아신다고 하셨습니다. 어떤 모양의 필요이든지간에 말입니다. 그러니까 그 아시는 하나님께 우리는 그저 이런 필요가 있으니 이 필요를 채워 주시라고 기도만 하면 됩니다.

필요를 채우시는 하나님 아버지를 생각할 때 저는 너무나 큰 위로를 받습니다. 특별히 사람들을 모아 놓고 성경공부를 인도할 때면 이 하나님의 성품이 그렇게 위안이 될 수 없습니다. 사실 저는 제 성경공부 강좌에 참여하는 분들의 필요를 전혀 모릅니다. 그러나 하나님은 알고 계십니다. 그래서 저는 강단에 설 때마다 제 입에서 나가는 하나님의 말씀을 통해 하나님께서 모인 사람들의 필요를 채우신다는 것을 확신합니다. 모인 사람들의 모든 필요를 하나님께서 알고 계시다는 것을 제가 믿기 때문입니다.

성경공부를 인도할 때면 물론 강의 내용을 노트에 정리해서 옵니다. 그러나 참석한 사람들의 필요에 따라 하나님께서 제 강의의 내용을 바꾸실 때가 있습니다. 그래서 생각도 안했던 말이 막 나오는 경우가 있습니다. 그럴 때면 '아, 이 강좌에 와 있는 사람 가운데 이 얘기를 꼭 들어야 할 사람이 있는가 보구나' 하는 마음으로 이야기를 계속합니다. 어떤 말을 어떻게 쓰시든지간에 저는 하나님께서 우리의 육적인, 영

적인, 감정적인, 정신적인 필요를 채우신다는 것을 믿고 있습
니다.

다섯째 / 마음의 의도를 아시는 하나님

예레미야서 17장 9절은 "만물보다 거짓되고 심히 부패한 것
은 마음이라 누가 능히 이를 알리요마는"이라고 말씀합니다.
우리의 마음이 그 어떤 것보다도 부패했고 거짓되지만 사람들
은 그 사실을 잘 모릅니다. 열 길 물 속은 알아도 한 길 사람
속은 모른다는 속담처럼 말입니다. 우리는 서로의 속을 잘 모
릅니다. 우리는 또 감추는 데 선수들이라 남들이 내 더러운
마음을 모르는 건 어쩌면 당연합니다. 그런데 문제는 우리들
스스로도 자신에게 속고 있다는 것입니다. 자기 영광을 위해
하는 일이면서도 '나는 이 일을 하나님의 영광을 위해서 한
다'라고 스스로 속을 때가 많습니다. 자기도 자기 마음을 모
르는 셈입니다.

우리 자신도 모르는 이 마음을 하나님께서는 너무나도
자세히 들여다보고 계시며 알고 계십니다. 신명기 31장 21절
에 기록되어 있는 것처럼 심지어는 "나는 그들의 상상하는 바
를 아노라"고 하실 정도입니다. 이 "상상하는 바"라는 말은
곧 "의도하는 바"라는 뜻입니다. 이때는 이스라엘 백성들이
아직 가나안에 들어가기 전입니다. 그런데 하나님께서는 이스
라엘 백성들이 가나안에 들어간 후에 할 일을 미리 아시고 그

것에 대비해서 명령을 주고 계십니다.

여섯째 / 마음의 동기를 아시는 하나님

사무엘상 2장 3절은 "여호와는 지식의 하나님이시라 행동을 달아보시느니라"고 말씀합니다. 여기서 행동이란 동기(動機)를 뜻합니다. 인간의 눈은 속일 수가 있습니다. 앞에서도 말한 것처럼 자신을 위한 것이면서도 하나님의 영광을 위해서 한다고 속일 수 있습니다. 그래서 우리는 그 마음의 동기를 모를 수 있으나 하나님께서는 우리의 동기까지도 저울질해서 보십니다. 그 신랄하신 하나님의 눈 앞에서는 숨길 게 없습니다.

헌금을 바치는데 내가 왜 바쳤냐? 찬양을 드리는데 왜 불렀냐? 하는 그 동기까지도 하나님께서는 죄다 달아서 세밀하게 재십니다. 아주 정밀한 저울은 먼지 하나에도 눈금이 달라집니다. 우리의 저울은 너무 둔해서 한 톤쯤 되는 것을 툭 갖다 놓아야 어이쿠 하고 반응을 보이지만 하나님의 저울은 너무 예민해서 아주 미묘한 차이에도 눈금이 달라집니다. 그래서 하나님 앞에서는 감출 것이 없습니다. 하나님께서는 우리 마음의 됨됨이를 이미 아시기 때문에 하나님께 털어놓는 것은 그래도 쉽습니다. 그러나 사람들 앞에서는 자꾸 가리게 됩니다. 적어도 남들 앞에서는 돋보이고 싶기 대문입니다. 하나님께서 보시는 내 벌거벗은 모습으로 사람들 앞에 서기는 너무 부끄럽기 때문입니다.

　　그런데 우리가 한 가지 알아야 될 것은 하나님의 의(義)는 완전한 의라는 사실입니다. 우리 마음이 아무리 거지 같고 걸레 같아도 하나님께서 우리에게 주시는 의는 완전한 의입니다. 하나님께서 주시는 그 흰 옷만 입으면 아무리 더러운 사람이라도, 그 벌거벗은 모습이 아무리 추하다 해도 눈과 같이 희게 됩니다. 그렇게 완전한 의의 옷을 주셨는데도 불구하고 우리는 사람들 앞에서 자꾸만 스스로의 의로 서고 싶어합니다. 사람들이 나를 좀 인정해 줬으면, 나 좀 똑똑하다고 그랬으면, 나를 순진한 사람으로 알아줬으면, 나를 정말 겸손한 사람으로 알아줬으면 하고 바랍니다.

　　인간의 의는 하나님 보시기에는 걸레같이 추한 것인데도 우리는 예수께서 주신 아름다운 의의 옷을 벗어버리고 자꾸 이 걸레 같은 옷을 입고 사람들 앞에 서고 싶어합니다. 하나님의 의와 인간의 의의 차이는 주먹만한 다이아몬드와 주먹만한 흙덩이의 차이와는 비교도 안 될 만큼 큽니다. 갖고 있는 다이아몬드를 흙덩이와 바꾸려고 해도 우리가 그 사람을 미쳤다고 할 텐데 우리는 사실 이보다 더 심한 짓을 날마다 하고 있습니다. 이 둘은 도저히 맞바꿀 수 없는 것인데도 우리는 사람들 앞에 서면 느닷없이 이 둘을 바꾸곤 합니다. 자기를 돋보이게 하기 위해서입니다.

　　왜 하나님 앞에서는 솔직할 수 있으면서 사람 앞에서는 솔직할 수 없습니까? 왜 그 걸레 같은 의를 매일 입어야만 합니까? "나"라는 우상 때문입니다. 우리가 아무리 자신을 잘 위장하여 남들에게 "사랑 많은 사람"이라고 "겸손한 사람"이라고 칭찬받아도 하나님께서는 "니까짓 게 뭐가 겸손하냐?"고 하십니다. 그래도 우리는 사람들이 겸손하다고 해주면 아주 좋아합니다. 하나님께서 우리 마음의 동기까지 달아 보신다는 사실을 언제나 기억하시기 바랍니다.

일곱째 / 전심으로 하나님을 찾는 자를 아시는 하나님

역대상 28장 9절에서 다윗은 사랑하는 아들 솔로몬에게 왕위를 물려주면서 다음과 같은 당부의 말을 남깁니다.

> "내 아들 솔로몬아 너는 네 아비의 하나님을 알고 온전한 마음과 기쁜 뜻으로 섬길지어다 여호와께서는 뭇 마음을 감찰하사 모든 사상을 아시나니 네가 저를 찾으면 만날 것이요 버리면 저가 너를 영원히 버리시리라."

이 말씀이야말로 신실한 아버지가 사랑하는 자녀에게 물려줄 수 있는 최고의 유산입니다.

다윗은 솔로몬에게 아비의 하나님을 알고 그분을 온전한 마음과 기쁜 뜻으로 섬기라고 부탁합니다. 왜입니까? 모든 마음을 감찰하시고 모든 생각을 아시는 하나님께서는 우리가 그분을 진정 온전한 마음과 기쁜 뜻으로 섬기고 있는지 아닌지 다 아시기 때문입니다. 우리가 가장 쉽게 속아 넘어가는 부분이 어디인 줄 아십니까? 스스로 하나님을 섬긴다고 말할 때 가장 속기가 쉽습니다. "나는 하나님 위해서 찬양해", "하나님 위해서 십일조 바쳤어", "나는 하나님 위해서 전심(全心)을 바쳤어"라고 말할 때 스스로 조심해야 합니다. 우리 마음이 너무 부패해서 자기 자신조차 속일 때가 많기 때문입니다.

다윗이 계속 말하기를 "네가 저를 찾으면 만날 것이요 버리면 저가 너를 영원히 버리시리라"고 합니다. 그런데 많은 사람들이 이렇게 말합니다.
"내가 하나님을 암만 찾아도 하나님께서 날 안 만나 주시는걸."
전심으로 하나님을 찾지 않는다는 것을 하나님께서 아시기 때문입니다. 온전한 마음이 아니라는 것을 아시기 때문입니다. 하나님은 그분을 전심으로 찾는 자를 어떻게든 만나 주시는 분입니다. 비록 그가 복음을 한 번도 들어 본 적이 없는 사람이라 할지라도 말입니다. 그래서 하나님을 못 만났으면 자기 마음을 살펴야지 "나는 암만 해도 저 사람처럼 하나님을 만날 수는 없나 보다"라고 생각해서는 안 됩니다.

누구나 한 번쯤은, "복음을 전혀 들어 보지 못한 사람들"의 영생 문제에 대해 생각해 보았을 것입니다. 아직 선교사가 들어가지 않은 아프리카 오지의 사람들이나, 가까이는 우리 나라에 복음이 들어오기 전에 살았던 사람들의 구원 문제를 생각하자면 의문이 생기는 것이 사실입니다. '평생 복음을 전혀 들어 보지 못한 사람들을 구원의 대열에서 제외시킨다면 하나님은 불공평하신 분이 아닌가?' 하는 마음이 들기도 합니다. 그런데 중요한 것은 하나님께서 그 모든 형편을 알고 계실 뿐 아니라 그들을 어떻게 구원해야 할지 그 방법까지도 알고 계시다는 것입니다. 우리는 모르지만 말입니다. 그것은 엄연한 하나님의 영역이므로 그런 문제 때문에 시험에 드는 일은 없어야 할 것입니다.

"여호와의 눈은 온 땅을 두루 감찰하사 전심으로 자기에게 향하는 자를 위하여 능력을 베푸시나니"(대하 16:9)라고 하셨습니다. 못 보시는 것이 없는 그 눈으로 온 땅을(부분적으로만 보시는 것이 아니라) 두루 감찰하시면서 전심으로 그분을 향하는 자를 찾아 그를 위하여 능력을 베푸신다는 것입니다. 이 말씀을 통해 우리는 하나님께서 얼마나 샅샅이 그리고 얼마나 관심을 가지고, "전심으로 하나님을 향하는" 사람들을 찾고 계신지 짐작할 수 있습니다. 이것을 다시 말하면 전심으로 하나님을 찾는 자가 적다는 얘기가 됩니다. 굳이 온 땅을 두루 다닐 필요 없이 가만히 앉아만 계서도 세상을 꿰뚫듯 아시는 하나님께서 이처럼 그 불꽃 같은 눈으로 온 땅을 다니면서 찾으신다는 얘기는 전심으로 하나님을 찾는 자가 그만큼 희귀하다는 말씀입니다.

사람은 백만 명이라도 속일 수 있으나 불꽃 같은 눈으

로 보고 계시는 하나님은 속일 수가 없습니다. 아직까지 하나
님을 못 만났다면 전심을 드리지 않은 것을 회개하고 전심을
달라고 기도하시기 바랍니다.

여덟째 / 마음의 비밀을 아시는 하나님

시편 44편 21절은 "대저 주는 마음의 비밀을 아시나이다"라
고 말씀합니다. 그렇기 때문에 하나님께는 깜짝쇼 같은 것이
통하지 않습니다. 또한 비밀에 부쳐진 죄란 것도 있을 수 없
습니다. 예를 들어, 누구에게 무슨 말을 해놓고 돌아서니까 하
지 말 걸 하고 후회가 됩니다. 그래서 다시 전화를 걸어서 아
까 한 말 잘못한 말이니까 다른 사람한테는 말하지 말라고 당
부를 합니다. 그래 놓고는 스스로 가소로워서 웃습니다. '지금
하나님께서 내 행실을 다 알고 계신데 이렇게 입막음한다고
무엇이 달라지는가' 싶은 생각에 스스로 비웃는 것입니다.

사람은 어느 정도까지 속일 수 있을지 몰라도 하나님께
서 드러내기로 작정하신 것은 반드시 드러나게 되어 있습니
다. 내가 저 사람을 찰떡같이 믿고 얘기를 했는데 그 사람이
그 얘기를 누설해서가 아니라 하나님께서 조성하신 환경이나
다른 사람의 육감 등을 통해서라도 밝혀지게 되어 있다는 말
입니다. 하나님께서 드러내기로 작정하신다면 말입니다. 그렇
다고 '어차피 하나님이 다 아신다니까 그러면 남의 비밀 다
쏟아 내도 되겠네'라는 식으로 오용해서는 안 됩니다. 요점은,

하나님 앞에서는 어떤 비밀도 존재할 수 없다는 것입니다.

　　그러므로 우리는 이제 내 있는 모습 그대로를 알고 계시는 하나님 앞에 그리고 사람들 앞에 기꺼이 벌거벗을 용의가 있어야 합니다. 우리는 너무나 많은 가면을 쓰고 사는 사람들입니다. 겸손하지도 못하면서 겸손한 척, 사랑이 없으면서도 사랑하는 척, 남에게 관심이 없으면서도 관심이 있는 척, 이렇게 너무나 많은 가면을 덕지덕지 쓰고 사는 사람들이 바로 우리입니다. 하나님께서는 우리가 쓰고 있는 가면이 어떤 것인지 아시고 그 가면 속까지 들여다보시는 분이기 때문에 하나님 앞에 나올 때는 그리고 사람 앞에 나올 때는 기꺼이 벌거벗을 용의가 있어야 합니다.

아홉째 / 속마음을 아시는 하나님

예수께서는 종종 바리새인 같은 사람들이 속으로 웅얼거리거나 삼삼오오 모여 속닥거리거나 하면 그 즉시 그들의 생각을 알아차리고는 당사자가 보는 앞에서 그들의 속마음을 정확히 짚어 내 사람들을 꼼짝 못하게 하곤 하셨습니다. 그래서 요한일서 1장 5절은 "곧 하나님은 빛이시라 그에게는 어두움이 조금도 없으시니라"고 말씀합니다. 빛이 모든 숨겨진 것을 드러내듯이 하나님 앞에서는 우리의 모든 숨겨진 부분이 드러나게 되어 있습니다. 히브리서 4장 12, 13절도 "하나님의 말씀은 …마음의 생각과 뜻을 감찰하나니 지으신 것이 하나라도 그 앞에 나타나지 않음이 없고 오직 만물이 우리를 상관하시는 자의 눈앞에 벌거벗은 것같이 드러나느니라"고 증언합니다. 그러니까 이웃에게 속마음을 들키지 않는 게 문제가 아닙니다. 문제는 우리를 상관하시는 자 앞에서 우리가 낱낱이 노출된다는 것입니다.

시편 139편에는 하나님께서 우리를 얼마나 자세히 알고 계시는가 하는 것이 잘 적혀 있습니다.

"여호와여 주께서 나를 감찰하시고 아셨나이다 주께서 나의 앉고 일어섬을 아시며 멀리서도 나의 생각을 통촉하시오며 나의 길과 눕는 것을 감찰하시며 나의 모든 행위를 익히 아시오니 여호와여 내 혀의 말을 알지 못하시는 것이 하나도 없으시니이다 주께서 나의 전후를 두르시며 내게 안수하셨나이다 이 지식이 내게 너무 기이하니 높아서 내가 능히 미치지 못하나이다"(1~6절).

열째/나를 아시는 하나님

시편 103편 14절은 이렇게 말씀합니다.

"이는 저가 우리의 체질을 아시며 우리가 진토임을 기억하심이로다."

제가 오늘 그런 생각을 했습니다. 아침에 일어나서 오

늘 있을 성경공부를 위해 기도하다가 몇 주 전 목요일에 있었던 지진 생각을 했습니다. 우리는 지금 이 순간이라도 하나님께서 땅을 조금만 흔들면 혼비백산이 될 연약한 영혼들이구나 하는 생각이 들었습니다. 그런 생각을 하면서 나의 체질을 아시는 하나님께 감사했습니다. 우리는 정말 진토, 즉 흙에 지나지 않는 존재입니다. 인간을 지으신 하나님께서는 인간의 체질을 잘 아실 수밖에 없습니다. 이 흙이라는 것은 귀한 것도 아니요 힘이 있는 것도 아니요 아름다운 것도 아닙니다. 인간의 체질이 그렇다는 것을 하나님께서는 잘 아십니다.

하나님께서는 예레미야에게 "내가 「너」를 복중(腹中)에 짓기 전에 너를 알았다"(렘 1:5)고 말씀하신 바 있습니다. 그러나 이것은 비단 예레미야 선지자에게만 해당되는 이야기가 아닙니다. "너"라는 자리에 자신의 이름을 넣어 보십시오. 어머니의 복중에 있기 전부터 우리를 아신 하나님께서 우리에 대해 모르시는 것이 무엇이 있겠습니까? 하나님께서는 우리가 이 땅에 존재하기 전부터 우리가 어떤 사람이라는 걸 아시고, 우리가 어떤 죄를 지을 것도 아시고, 우리의 체질이 어떠할지도 아셨습니다. 체질은 성격과도 같습니다. 사람은 누구나 자신의 성격에 대해 못마땅하게 여기는 부분이 있습니다. 그러나 우리를 지으신 하나님께서는 우리에게 그러한 성격이 있으리라는 것을 미리 아시고 우리를 지으셨습니다. 이런 사실이 우리 마음에 위로가 될 뿐 아니라 하나님께서 주신 내 모습을 있는 그대로 인정해야겠다는 마음을 갖게 합니다.

열한째/내 지을 죄를 아시는 하나님

예수께서는 누가복음 22장 31, 32절에서 이렇게 말씀하셨습
니다.

> "시몬아, 시몬아, 보라 사단이 밀 까부르듯 하려고 너희를 청
> 구하였으나 그러나 내가 너를 위하여 네 믿음이 떨어지지 않
> 기를 기도하였노니 너는 돌이킨 후에 네 형제를 굳게 하라."

이것은 예수께서 제자들을 놓고 하신 말씀입니다. 우리
는 흔히 베드로만 "밀 까부르듯 하는" 시험을 받아 예수님을
세 번 부인한 것으로 생각하는데 이 말씀에는 분명히 「너희」
를 청구하였다"고 복수로 되어 있습니다. 전체 제자들을 놓고
말씀하시면서도 유독 베드로를 지명하신 이유는 열두 제자의
지도자가 베드로였기 때문입니다. 예수님을 부인한 것은 비단
베드로만이 아니었습니다. 제자들이 모두 예수님을 버리고 도
망 갔습니다.

사단이 이렇듯 우리를 밀 까부르듯이 청구하지만 우리가 믿
음을 잃지 않는 것은 이런 시험이 있을 것을 미리 아신 예수께서
우리를 위해 기도하시기 때문입니다. 우리는 때로 내 믿음이 강
하고 내가 잘나고 내가 뭐 어떻게 해서 내 믿음을 지키고 있
는 줄 착각하지만 사실은 그렇지 않습니다. 내가 내 믿음을
지키고 있는 게 아닙니다. 예수께서 벌써 사단의 유혹을 받을

것을 아시고 지금도 하나님 우편에서 우리를 위해서 기도하고 계시기 때문에 우리가 믿음을 지킬 수 있는 것입니다.

"너는 돌이킨 후에 네 형제를 굳게 하라"는 말씀이 저에게 얼마나 큰 위로가 되는지 모릅니다. 왜냐하면 제가 많은 시행착오와 잘못을 저지를 것을 아시면서도 저에게 사역을 맡기셨다는 것을 이 말씀에서 알 수 있기 때문입니다. 제 마음에는 예수님을 닮고 싶은 간절한 소망이 있습니다. 그러나 예수님을 닮는 것은 과정이지 하루아침에 되는 일이 아닙니다. 하루아침에 금방 변해서 예수님 같아진다면 얼마나 좋겠습니까? 예수님을 사랑하는 사람들의 가장 간절한 소원은 그분을 닮는 것입니다. 그래서 모두들 애씁니다. 그러나 마음의 소원만큼 쉽게 이루어지지 않습니다. 시간이 걸립니다. 예수님과 얼굴과 얼굴을 맞대고 볼 때까지 이 과정은 끝나지 않습니다. 이것은 우리의 남은 일생 동안 풀어야 할 과제입니다.

얼마 전에 『오늘의 양식』이라는 경건 책자에서 이런 글을 읽었습니다.
"당신은 호박 넝쿨이 되기를 원하는가 아니면 참나무가 되기를 원하는가?"
호박은 심은 지 6개월이면 완전히 다 자라서 먹을 수 있게 되지만, 참나무를 재목감으로 쓰기 위해서는 100년이 걸린다고 합니다. 온전한 참나무가 되기까지는 100년이라는 긴 세월을 기다려야 할 뿐 아니라 그 동안의 역경을 견뎌야 하지만 그 모든 것을 이기고 난 후의 대가는 호박 넝쿨과는 비교도 할 수 없습니다. 예수님을 닮는 과정도 마찬가지입니다.

　　　예수님을 닮기까지 이렇듯 오랜 시간이 걸리기 때문에 아직 무르익지 못한 저의 모습을 보고 사람들이 시험에 드는 경우가 생길 수 있습니다. 그럴 때면 마음이 얼마나 안타깝고 예수께 얼마나 죄송한지 모릅니다. 그러나 그럴 때면 "돌이킨 후에 네 형제를 굳게 하라"는 말씀이 큰 위로가 됩니다. 저는 잘못을 저지르고 나서야 '내가 이런 사람이구나' 하고 알지만 하나님께서는 아주 오래전부터 제가 어떤 사람이라는 것을 알고 계신 것입니다. 그렇다고, '하나님도 내가 어떤 사람이라는 걸 다 알고 계시는데 굳이 예수님 닮으려고 애쓸 필요가 있나? 내 마음대로 살면 되지'라는 식으로 잘못 생각한다는 애기는 아닙니다.

　　　앤드류 머리(Andrew Murray)라는 사람은 "원하신다면 하나님께서는 그분이 쓰시는 도구를 지금 당장이라도 완성시킬 수 있는 능력을 갖고 계시다"고 말한 바 있습니다. 주님은 전능하시기 때문에 그분의 도구인 우리 인간들을 6개월 만에 졸업시키려면 졸업시키실 수 있는 분입니다. 6개월은 그만두고 눈 깜짝할 사이에라도 우리를 완성시킬 수 있는 분이시란 말입니다. 그런데 그렇게 하시지 않는 이유에 대해 앤드류 머리는 이렇게 말합니다.

"만약, 살아 있는 도구인 우리 인간들이 예수님을 만나기도

전에 완성된다면 사람들이 구태여 눈에 보이지 않는 예수님을
뭐하러 섬기려 하겠는가?"

　예를 들어, 목사라고 하면 주의 종이라고 해서 예수님
과 방불한 것처럼 생각하고 섬기려는 순진한 성도들이 얼마나
많습니까? 그러다가 '이 사람도 우리와 똑같은 인간이구나'
하고 느껴지면 실망해서 교회를 떠나곤 합니다. 아직 완성되
지 않은 사람이라도 주의 종이라는 이유 하나만으로 그렇게
섬기고 싶은 마음이 드는데 만약에 하나님께서 쓰시는 도구인
인간이 완성품이라면 눈에 안 보이는 예수님을 경배할 이유가
어디 있겠느냐는 말입니다. 하나님께서는 우리에게 우상숭배
의 죄성이 있다는 것을 너무나도 잘 아십니다. 그래서 온전히
예수님께만 영광이 돌려지게 하기 위해서 우리를 미완성으로
남겨 둔다는 것입니다.

　그래서 고린도후서 4장 7절은 "우리가 이 보배를 질그
릇에 가졌으니 이는 능력의 심히 큰 것이 하나님께 있고 우리
에게 있지 아니함을 알게 하려 함이라"고 말씀합니다. 질그릇
은 깨어지기 쉽고 보기가 흉하고 아름답지가 못합니다. 흙으
로 지어진 인간이 꼭 이와 같습니다. 그런데도 하나님께서는
그런 인간들을 사용하셔서 그분의 영광과 능력을 드러내시니
그 역사하심이 얼마나 놀랍습니까? 부족한 인간을 통해 하나
님의 놀라운 능력이 나오니 사람들은 인간을 찬양하는 것이
아니라 그 안에 계신 하나님을 찬양하게 됩니다. 이것이 바로

하나님께서 의도하신 바입니다.

　　결국 하나님께서는 우리로 예수님을 닮게 하시기 위해 우리에게 사역을 감당하게 하십니다. 사역에 우리가 필요해서가 아니라 우리에게 사역이 필요해서 사역을 맡겨 주십니다. 하나님께 우리가 필요해서가 아니라 우리에게 하나님이 필요하기 때문에 하나님께서 우리를 도우시는 것입니다. 이러한 사실이 우리 믿는 자들에게 말할 수 없는 위로가 됩니다. 고린도전서 1, 2장을 통해 우리는 우리의 지을 죄와 실수를 미리 다 아시면서도 하나님께서 우리에게 일을 맡기시는 이유를 알 수 있습니다.

"하나님의 지혜에 있어서는 이 세상이 자기 지혜로 하나님을 알지 못하는고로 하나님께서 전도의 미련한 것으로 믿는 자들을 구원하시기를 기뻐하셨도다…그러나 하나님께서 세상의 미련한 것들을 택하사 지혜 있는 자들을 부끄럽게 하려 하시고 세상의 약한 것들을 택하사 강한 것들을 부끄럽게 하려 하시며 하나님께서 세상의 천한 것들과 멸시받는 것들과 없는 것들을 택하사 있는 것들을 폐하려 하시나니 이는 아무 육체라도 하나님 앞에서 자랑하지 못하게 하려 하심이라…형제들아 내가 너희에게 나아가 하나님의 증거를 전할 때에 말과 지혜의 아름다운 것으로 아니하였나니 내가 너희 중에서 예수 그리스도와 그의 십자가에 못박히신 것 외에는 아무것도 알지 아니하기로 작정하였음이라 내가 너희 가운데 거할 때에 약하며 두려워하며 심히 떨었노라 내 말과 내 전도함이 지혜의 권하는 말로 하지 아니하고 다만 성령의 나타남과 능력으로 하여 너희 믿음이 사람의 지혜에 있지 아니하고 다만 하나님의 능력에 있게 하려 하였노라"(1:21, 27~29/2:1~5).

열두째 / 우리의 가는 길을 아시는 하나님

욥기 23장 10절에서 욥은 "나의 가는 길을 오직 그가 아시나니 그가 나를 단련하신 후에는 내가 정금같이 나오리라"고 말합니다. 이때 사실 욥은 하나님께서 주시는 온갖 시험 때문에 앞길이 너무나 막막한 상황이었습니다. 자신의 인생이 어디로 가고 있는지 도무지 알 수가 없습니다. 자녀들이 다 죽고 재산도 다 잃은 데다 아내마저 자기를 버리고 떠났습니다. 게다가 고약한 병까지 들어 괴로워서 어찌할 바를 모르는 상황이었습니다. 위로를 해줘도 시원치 않을 판에 친구들은 오히려 욥을 정죄하기까지 합니다.

그렇게, 하나님께서 정말 자기를 버리신 것 같기도 하고 도무지 자기가 가는 길이 어딘지 알 수 없어 너무나 막막했을 때 욥이 한 말이 바로 이것입니다.

"나의 가는 길을 오직 그가 아시나니 그가 나를 단련하신 후에는 내가 정금같이 나오리라."

하나님께서 무슨 뜻으로 이런 고난을 내게 주시는지는 몰라도 어쨌든 이 고난의 세월을 통해 하나님께서 내 속에 있는 찌꺼기를 거르사 나로 하여금 정금같이 되게 하실 것만은 믿는다는 고백입니다. 욥은 어려움 속에서 자신이 어디로 가야 하는지 알지 못했으나 전지하신 하나님은 그 길을 알고 계셨습니다. 그리고 욥은 그러한 하나님을 의뢰하고 있었습니다.

우리 역시 우리의 미래를 알지 못합니다. 그러나 한 가지 확실한 것은 우리의 미래를 알고 계시는 하나님을 알고 있다면 불안할 것이 없다는 것입니다. 내 가는 길을 한걸음 한걸음 인도하시는 하나님을 의뢰하고 따를 때 나의 길을 알게 됩니다. 욥은 또한 "그가 내 길을 감찰하지 아니하시느냐 내 걸음을 다 세지 아니하시느냐"(욥 31:4)고 말한 바 있습니다. 우리는 한 발자국 앞을 모르고 사는 인생이지만 하나님께서는 내 가는 길을 아시고 감찰하시며 우리의 한걸음 한걸음을 세시는 분입니다. 그런 하나님이신 것을 믿으시기 바랍니다.

열셋째/우리 인생을 경험하여 아시는 하나님

하나님께서는 이렇듯 우리에 대해 낱낱이 아심에도 불구하고 이러한 인생을 직접 경험하기 위해서 인간의 몸을 입고 이 땅에 오신 분입니다. 하나님을 생각할 때면 우리는 저 하늘 어딘가에 계셔서 인간 세상을 내려다보고 계신 분, 그래서 육적인 것에 대해서는 제대로 이해 못하시는 분쯤으로 오해하기 쉽습니다. '하나님처럼 선하시고 거룩하신 분께서 우리 인생들이 겪는 아픔이나 슬픔이나 외로움이나 유혹에 대해 얼마나 아실까' 하는 생각을 은연중에 가질 수 있습니다. 그러나 인생의 희노애락을 경험으로까지 아시기 위해서 인간의 몸을 입고 예수님으로 오신 하나님이시기에 얼마나 감사한지 모릅니다.

고린도후서 1장 6절에서 바울은 하나님께서 자기에게 어려움을 주신 이유에 대해 이렇게 설명합니다.

"우리가 환난 받는 것도 너희의 위로와 구원을 위함이요 혹 위로받는 것도 너희의 위로를 위함이니 이 위로가 너희 속에 역사하여 우리가 받는 것 같은 고난을 너희도 견디게 하느니라."

저도 상담을 하느라 사람들을 만나다 보면 바울과 같은 고백을 할 수밖에 없게 됩니다. 저도 상당히 어렵게 결혼 생활을 했는데 사람들은 오히려 그 사실에 굉장한 위로를 받습니다. 왜냐하면 내가 그 분들께 드리는 권고의 말씀들이 비단 성경적 모범 답안일 뿐 아니라 나의 경험에서 우러나온 것임을 알기 때문입니다.

그러므로 그리스도인들이 비록 현재의 삶이 괴로워도 절망하지 않을 수 있는 것은 이 경험이 언젠가는 다른 사람들을 위로하는 데 놀랍게 쓰일 것이라는 걸 믿기 때문입니다.

히브리서 4장 15, 16절은 이렇게 말씀합니다.

"우리에게 있는 대제사장은 우리 연약함을 체휼(體恤)하지 아니하는 자가 아니요 모든 일에 우리와 한결같이 시험을 받은 자로되 죄는 없으시니라 그러므로 우리가 긍휼하심을 받고 때를 따라 돕는 은혜를 얻기 위하여 은혜의 보좌 앞에 담대히 나아갈 것이니라."

대제사장은 우리를 대신하여 하나님 앞에서 죄 용서를 구하는 역할을 하시는 분으로서 바로 예수 그리스도를 말합니다. "체휼"이라는 단어는 남의 경험에 동참하거나 남을 동정한다는 뜻을 지닌 말입니다. 우리의 대제사장 되신 예수 그리스도는 결코 우리의 연약함을 이해하지 못하거나 알지 못하시는 분이 아닙니다. 그분도 우리가 받는 모든 유혹을 받아 보셨기 때문입니다. 다만 우리와 예수님이 다른 점이 있다면 우리는 때로 유혹에 무릎을 꿇어 죄를 짓지만 예수님은 결코 유혹에 넘어가신 적이 없다는 것입니다. 그래서 예수님은 죄가 없으신 분입니다.

우리의 연약함은 조금도 하나님 앞에 감추인 바 되지 않습니다. 그분께서는 우리를 경험으로 알고 계십니다. 그렇기 때문에 우리는 은혜의 보좌 앞에 "주님, 저는 이런 약점을 갖고 있습니다. 또한 저에게는 이런 어려움이 있습니다. 지금 제가 이런 유혹에 빠지려고 하고 있습니다"라고 고백하며 담대히 나아갈 수 있습니다.

하나님이 모르시는 한 가지

그런데 이렇게 모든 것을 아시는 하나님께서도 모르시는 것이 하나 있습니다. 바로 "죄"입니다. 사실, 알고는 계시지만 모른 체하십니다. 우리 죄를 그만큼 철저하게 용서하신다는 말씀입니다. 너무나도 위로가 되는 말씀 아닙니까? 우리가 앞으로 지을 죄가 얼마나 남았는지는 모르겠지만 지금까지 지은 죄만 다 용서해 주셔도 "휴! 감사합니다"인데, 하나님께서는 우리가 앞으로 주님 만날 때까지 지을 죄에 대해서까지도 기억도 아니하겠다고 하시니 이 얼마나 기뻐하고 기뻐할 일입니까!

이사야서 43장 25절에서 하나님께서는 "나 곧 나는 나를 위하여 네 허물을 도말하는 자니 네 죄를 기억지 아니하리라"고 말씀하십니다. 하나님은 거룩하셔서 죄를 조금도 견디실 수 없는 분입니다. 그런데 그런 분께서 기억하지 않으실 만큼 우리 죄를 철저히 용서해 주겠다고 하십니다. 하나님의 용서와 인간의 용서는 그 차원이 다릅니다. 인간의 용서는 불완전하고 자기 중심적인 반면 거룩하신 하나님의 용서는 너무나도 철저합니다. 그래서 히브리서 10장 17절은 "또 저희 죄와 저희 불법을 내가 다시 기억지 아니하리라"고 말씀합니다. 물론 아직 하나님을 영접하지 않은 자들의 죄는 그들이 예수 그리스도의 십자가 앞에 나와 보혈의 피를 의지할 때까지 기억될 것입니다.

전지하신 하나님과 기도

"하나님께서 이렇게 모든 것을 다 알고 계시다면 굳이 기도할 필요가 어디에 있는가?" 하는 의문이 생길 수 있습니다. 우리는 마치 하나님께서 혹시 모르고 계시는 것이 있을까 봐 내 사정을 알려 드리는 차원에서 기도하는 사람처럼 기도할 때가 많습니다. 그래서 어느 교회에 갔더니 목사님이 헌금기도를 하는데 "아무개 집사가 주님 앞에 무엇을 바쳤습니다, 아무개 장로는 무슨 헌금을 바쳤습니다" 하고 일일이 헌금 종류와 헌금자의 이름을 아뢰는 모습이 참 가관이었습니다. 하나님께서 그 헌금 봉투에 무엇이 들었는지 모르신다고 그 분은 생각했나 봅니다. 하나님께서 이미 과거 일이나 현재 일이나 장래 일이나 다 알고 계시는데도 우리들이 기도해야 하는 이유는 다음 세 가지입니다.

첫째로, 기도는 우리의 믿음을 자라게 합니다.

하나님께서 우리 마음의 소원을 이루어 주셨을지라도 우리가 그것을 위해 기도하지 않았다면 우리는 그것을 하나님께서 주신 응답으로 인정하지 못할 것입니다. 그러나 기도하는 자는 기도 응답이 왔을 때 그것을 주님의 역사로 인정할 수 있고 그런 경험들을 통해 믿음이 자라게 됩니다. 기도는 우리로 하나님의 사역에 동참케 하는 도구입니다.

둘째로, 기도는 하나님의 뜻에 나의 뜻을 맞추게 합니다.

내 마음의 뜻이 하나님의 뜻과 맞지 않을 경우, 우리는 그것을 기도를 통해 발견할 수 있습니다. 하나님께서는 기도를 통해 우리의 뜻을 하나님의 뜻에 맞춰 주십니다. 그런데 우리는 반대로 나의 뜻에 하나님의 뜻을 맞추려고 합니다. 하지만 그것은 바른 의미에서의 기도가 아닙니다. 예수께서도 제자들에게 기도를 가르치시면서, "뜻이 하늘에서 이루어진 것같이 땅에서도 이루어지이다"(마 6:10)라고 기도하라고 하셨습니다.

셋째로, 기도는 우리 마음에 있는 생각을 분출하는 통로입니다.

예를 들어, 아궁이에 불을 지피면 굴뚝으로 연기가 나가 줘야 하듯이 우리 마음에 불길이 솟아 오를 때는 그것을 토해 낼 통로가 있어야 합니다. 이 마음의 연기를 기도라는 굴뚝을 통해서 토해 내지 아니하면 엉뚱한 데로 새서 난리가 나게 됩니다. 기도는 하나님과의 친밀한 사랑의 대화입니다. 내 마음을 주께 아룀으로써 우리는 주님을 더 깊이 이해하게 됩니다.

하나님의 전지하심이 주는 두려움과 위로

그러면 이런 전지하신 하나님이, 믿는 사람에게는 어떻게 적용이 되며 믿지 않는 사람에게는 어떻게 적용이 되는지 살펴보겠습니다.

믿지 않는 자

믿지 않는 사람들에게는 하나님이 전지하다는 것이 굉장히 무서운 사실입니다. 아주 사소하다고 생각되는 악행조차 전지하신 하나님 앞에서는 숨길 수가 없기 때문입니다. 모두가 잠든 캄캄한 밤중에 쥐도 새도 모르게 혼자 저지른 악행이라도 하나님께는 숨기지 못합니다. 숨을 곳이 없습니다. 악행을 숨길 만한 흑암은 이 세상 어디에도 없습니다. 지금은 비록 그 악행이 숨기워진 것 같지만 심판 날에는 그것들이 하나도 남김 없이 드러날 것입니다. 그런데 용서받은 죄인에게는 이 심판이 없습니다.

아무리 죄를 짓는 사람이라도 양심이라는 게 있습니다. 그런데 양심은 그 사람으로 하여금 '하나님께서 내 죄악을 모르실 거야'라고 믿고 싶어하게 만듭니다. 스스로를 속이는 셈입니다. 그래서 믿지 않는 사람들은 이렇게 말합니다.

"하나님이 어찌 알랴 지극히 높은 자에게 지식이 있으랴"(시 73:11).

'은하수 저 멀리 계신 것 같은 하나님께서 이 세상에서 벌어지고 있는 일을 어찌 아시겠어'라고 믿고 싶은 것입니다.

"어리석은 자는 그 마음에 이르기를 하나님이 없다 하도다"(시 14:1).

이제는 하나님이 어찌 알랴 하는 차원을 넘어서 하나님의 존재까지 부인합니다.

그러나 그렇게 아무리 하나님은 모르시고 하나님은 안 계신다고 스스로 믿고 싶어도 하나님의 공의롭고 정의로운 심판 앞에서는 어떤 죄도 숨길 수가 없습니다. 심판의 날에는 항의할 자가 없습니다. "주님, 저는 억울합니다. 그런 잘못을 저지른 적이 없는데 왜 이렇게 억울한 벌을 주십니까?"라고 항의할 자가 아무도 없다는 것을 우리가 알아야 되겠습니다.

믿는 자

그러면 믿는 자에게는 하나님의 전지하심이 어떤 의미가 있습니까? 하나님께서는 우리를 과거의 죄로부터뿐 아니라 현재와 장래에 지을 죄로부터도 구원해 주셨습니다. 우리가 죄를 짓기 전부터 하나님께서는 우리 죄를 아셨습니다. 그것이 믿는 자들에게 얼마나 큰 위로가 되는 사실입니까? 그렇다고 ‘장래의 죄까지도 용서해 주셨다고 하니 이제는 마음 놓고 막 살아도 되겠군’ 하고 생각하는 것은 용서받은 사람의 태도가 아닙니다. 정말로 구원을 받았다면 아무리 그 죄를 용서해 주셨다고 하더라도 예수님의 마음을 아프게 해드리지 않기 위해 다시는 죄를 짓지 않아야 합니다.

내 체질을 아시는 하나님, 나의 어려움과 억울함을 아시는 하나님이기에 우리는 숨이 막힐 것 같은 상황에서도 위로를 받을 수 있습니다. 하나님은 또한 공의의 하나님이시고 정의의 하나님이시기 때문에 언젠가는 진실이 밝혀질 것이라는 소망을 가질 수 있습니다. 또한 내 가는 길과 나의 영적·정신적·감정적·육체적 필요를 아실 뿐만 아니라, 그 필요들을 채우는 방법까지 아시는 하나님 그리고 그 필요들을 기꺼이 채우고자 하시는 하나님이시기에 믿는 자들에게는 전지하신 하나님이 큰 위로입니다.

이렇게 모든 것을 아시는 하나님 앞에서 우리가 토할 말은 다음 찬양밖에 없습니다.

“하나님이여 주의 생각이 내게 어찌 그리 보배로우신지요 그 수가 어찌 그리 많은지요 내가 세려고 할지라도 그 수가 모래보다 많도소이다 내가 깰 때에도 오히려 주와 함께 있나이다”

(시 139:17, 18).

나를 향하신 하나님의 생각이 얼마나 많은지 그 수를 세려고 하니 셀 수가 없다고 합니다. 불평 불만이 생길 때는 주신 복을 세어 보는 것이 좋습니다.

"깊도다 하나님의 지혜와 지식의 부요함이여, 그의 판단은 측량치 못할 것이며 그의 길은 찾지 못할 것이로다 누가 주의 마음을 알았느뇨 누가 그의 모사가 되었느뇨"(롬 11:33, 34).

하나님의 지혜와 인간의 지혜

그러면 이런 하나님의 전지하심이 어떻게 우리 것이 될 수 있겠습니까? 하나님의 전지하심이 우리 것이 된다는 말은 우리가 하나님처럼 모든 것을 다 아는 자가 된다는 말이 아닙니다. 신명기 29장 29절에서 "오묘한 일은 우리 하나님 여호와께 속하였거니와 나타난 일은 영구히 우리와 우리 자손에게 속하였나니 이는 우리로 이 율법의 모든 말씀을 행하게 하심이니라"고 말씀하신 것처럼 하나님께서 감춰 놓으신 것을 아는 것이 우리의 지혜가 아닙니다. 다만, 나타난 일만이 우리와 우리 자손에게 영구히 속해 있습니다.

하나님께서는 우리로 미래를 알지 못하게 해 놓으셨습니다. 우리 생각에는 미래를 좀 알면 좋을 것 같지만 모르는 게 오히려 다행한 일입니다. 사람들은 장래가 불안하고 궁금할 때면 종종 점을 보러 갑니다. 하나님께서 감춰 놓으신 미래를 알기 위해서입니다. 장래 일을 비밀에 부쳐 두신 그 자체가 바로 하나님의 지혜입니다. 그것을 캐내면 더 큰 지혜를 얻을 것 같지만 실제로는 도리어 화근이 된다는 것을 알아야 합니다. 하나님께서 장래 일을 감춰 놓으신 이유는 우리에게는 그 비밀들을 감당할 능력이 없기 때문입니다. 예를 들어, 자기 자신이나 가족이 몇 날 몇 시에 이 세상을 떠나는지 미리 안다면 무슨 기력으로 하루하루를 살 수 있겠습니까?

장래 일을 완전히 알고도 그것을 감당할 만한 실력을 가지셨던 분은 오직 한 분, 예수님뿐이셨습니다. 예수님은 자신이 어떻게 살다가 어떤 모양으로 세상을 떠나게 될지 미리 알고 계셨지만, 그것 때문에 좌절하거나 할 바를 못하시지는 않았습니다. 장래에 닥칠 위험을 훤히 알면서도 기꺼이 순종하는 삶을 사셨고 끝까지 하나님을 의뢰하셨습니다. 또한 예수께서는 의인이 아니라 비열한 죄인들을 위해 자기 목숨을 내주어야 한다는 것을 알면서도 조금도 망설이지 않으셨습니다. 우리 같으면 그런 상황에서 하나님을 부인할지도 모릅니다. 그리고 장차 닥칠 일이 두려워 인생의 기차에서 도중에 뛰어내렸을지도 모릅니다. 이렇듯 우리가 감당하지 못할 것을 아셨기 때문에 하나님께서 장래 일을 감춰 두신 것입니다.

　　그러므로 우리의 지혜는 하나님께서 감춰 놓으신 일을 아는 데 있는 것이 아니라, 우리와 우리 자손에게 나타난 율법의 모든 말씀을 행하는 데 있습니다. 모르는 것은 모르는 대로 인정한 채, 오직 하나님을 의지하고 그분께서 주신 계명에 순종하는 것이 우리의 지혜입니다. 다시 말해서 "의지하고 순종하는 것"이 우리의 지혜인 셈입니다. 모든 것을 다 알고 계신 하나님을 "의지하고", 그분께서 주신 명령에 믿음으로 "순종하는" 것이 우리의 지혜입니다.

　　하나님을 의지한다는 것은 곧 하나님을 경외한다는 말과도 통합니다. 잠언 1장 7절은 여호와를 경외할 때에 그것이 우리의 지식이 된다고 말씀합니다. 그래서 지식이 있는 사람이 되기를 원한다면 여호와를 경외하는 것에서부터 출발해야 합니다. 그러나 미련한 자는 지혜와 훈계를 멸시한다고 합니다. 잠언 9장 10절은 또한 "여호와를 경외하는 것이 지혜의 근본이요 거룩하신 자를 아는 것이 명철이니라"고 말씀합니다. 여호와를 알고 여호와를 경외하면 자연히 지혜 있는 사람이 된다는 말씀입니다.

　　하나님을 아는 자는 겸손할 수밖에 없으며, 자신을 아는 사람은 교만할 수가 없습니다. 그래서 잠언 22장 4절에서는 "겸손과 여호와를 경외함의 보응은 재물과 영광과 생명이니라"고 말씀합니다. 여호와를 경외하는 사람이 겸손한 사람이요, 겸손한 사람이 여호와를 경외하는 사람입니다. 그 두 가지는 같이 움직이게 되어 있습니다. 여호와를 경외하는 자는 겸손하며, 겸손한 자에게 하나님께서는 지혜를 가르쳐 주십니다. 그래서 잠언 11장 2절은 "교만이 오면 욕도 오거니와 겸손한 자에게는 지혜가 있느니라"고 말씀합니다. 또한 시편 25편 9절도 "온유한 자를 공의로 지도하심이여 온유한 자에게 그 도를 가르치시리로다"라고 말씀합니다.

모든 지식과 지혜를 하나님께서 갖고 계시다는 것을 알고, 그 하나님의 명령에 순종하는 것이 또한 우리의 지혜입니다. 이렇듯 여호와를 경외하고 그분의 명령을 믿고 순종하는 자가 바로 하나님의 지혜를 내 것으로 만드는 사람입니다. 믿는 자의 지혜는 여호와를 아는 데 있지, 장래 일을 아는 데 있지 않다는 것을 기억하시기 바랍니다.

7

하나님은 세상의 왕과 어떻게 다르실까?

일곱째 · 절대주권자이신 하나님

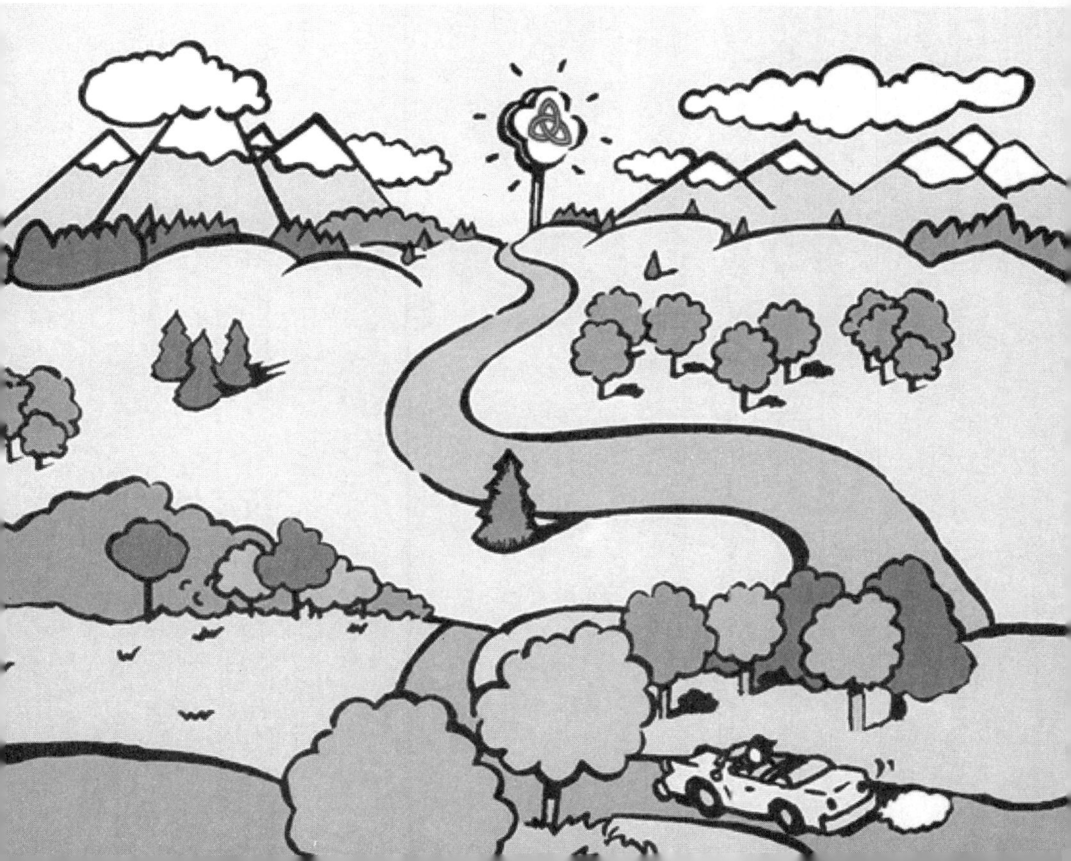

하나님의 절대주권과 세상의 왕권

하나님의 절대주권은 이 땅의 왕권(王權)과 비교해서 생각하면 제일 이해하기 쉽고 제일 빨리 와 닿습니다. 그러나 이것은 어디까지나 이해를 돕기 위해서 비교하는 것일 뿐 하나님은 이 세상의 왕과는 전혀 다른 분이라는 사실을 알아야 합니다. 이 세상의 왕은 제한이 있습니다. 영토의 제한이 있고 권한의 제한이 있고 지혜와 능력의 제한이 있습니다. 그래서 하나님과는 비교도 안 되지만 그러나 우리가 제일 이해하기 쉬운 것이 왕이기 때문에 왕을 생각하면서 하나님의 절대주권을 이해해 보고자 하는 것입니다. 그래서 하나님 나라는 민주주의가 아닙니다. 왕권 정치입니다. 왕이 직접 통치하는 나라가 하나님 나라입니다. 우리 생각에는 하늘나라에서도 민주주의가 통할 것 같지만 그렇지 않습니다.

절대주권자란 우주의 유일하신 지배자라는 뜻입니다. 하나님은 이 우주 안에서 일어나는 모든 일을 완전히 지배하는 지배자이고 이 우주 안에 있는 모든 것을 다 소유하고 계신 분입니다. 그래서 하나님은 하늘의 하늘과 땅의 땅과 그 안에 있는 모든 사물과 모든 사람을 소유하고 계실 뿐만 아니라, 무엇이나 원하는 것을 마음대로 하실 수 있는 분입니다.

하나님의 절대 권위는 아무도 건드릴 수가 없습니다. 또한 하나님은 아무것에나 아무에게도 제한을 받지 않으시는 분입니다. 그분은 모든 것을 주장하시며 그분의 뜻은 절대적입니다. 이런 모든 성질을 한데 묶는 말로 하나님의 이름을 절대주권자라고 합니다.

절대주권자이기 위해서 하나님은 전지하셔야만 합니다. 조금이라도 모르는 것이 있다면 절대주권이 깨어지기 때문입니다. 또한, 절대주권자이기 위해 하나님은 전능하셔야 합니다. 아무리 모든 세계가 그분께 속하였다 해도 그것을 주장할 수 있는 힘이 없다면 소용이 없습니다. 이렇게 전지하고 전능하셔야 할 뿐만 아니라 무엇에나 누구에게나 전혀 제한을 받지 않으셔야 합니다. 완전히 독립하셔야만 한다는 말입니다. 누구에게 조금이라도 제한을 받는다면 그것은 이미 주권이 아닙니다. 그래서 하나님은 당신 자신의 이름을 "스스로 있는 자"라고 하십니다.

우리는 다니엘서에서 하나님의 절대주권을 엿볼 수 있습니다. 이상하게도 "전능하신 하나님"을 공부할 때 살펴봤던 성경 구절들을 이 부분에서도 많이 다시 대하게 됩니다. 다니엘서 4장 끝부분은 우리가 다 아는 것처럼 느부갓네살 왕이 자신의 영토를 바라보며 스스로 너무 탄복해서 교만해 있을 때 일어난 일들을 기록한 내용입니다.

"열두 달이 지난 후에 내가 바벨론 궁 지붕에서 거닐새 나 왕이 말하며 가로되 이 큰 바벨론은 내가 능력과 권세로 건설하여 나의 도성을 삼고 이것으로 내 위엄의 영광을 나타낸 것이 아니냐 하였더니 이 말이 오히려 나 왕의 입에 있을 때에 하늘에서 소리가 내려 가로되 느부갓네살 왕아 네게 말하노니 나라의 위가 네게서 떠났느니라 네가 사람에게서 쫓겨나서 들짐승과 함께 거하며 소처럼 풀을 먹을 것이요 이와 같이 일곱 때를 지내서 지극히 높으신 자가 인간 나라를 다스리시며 자기의 뜻대로 그것을 누구에게든지 주시는 줄을 알기까지 이르리라 하더니…그 기한이 차매 나 느부갓네살이 하늘을 우러러 보았더니 내 총명이 다시 내게로 돌아온지라 이에 내가 지극히 높으신 자에게 감사하며 영생하시는 자를 찬양하고 존경하였노니 그 권세는 영원한 권세요 그 나라는 대대에 이르리로다 땅의 모든 거민을 없는 것같이 여기시며 하늘의 군사에게든지 땅의 거민에게든지 그는 자기 뜻대로 행하시나니 누가 그의 손을 금하든지 혹시 이르기를 네가 무엇을 하느냐 할 자가 없도다"(단 4:29~32, 34, 35).

느부갓네살 왕이 자기의 권세와 능력으로 바벨론이 세워진 줄 알고 스스로 교만하여 있을 때 그 왕을 지배하는 절대주권자 되시는 가장 높으신 하나님께서 입을 여셨습니다. 그리고는 자신의 권세가 하나님께로부터 부여된 것임을 몸소 깨달을 때까지 하나님께서 그를 낮추셨습니다. 그래서 방금 전까지만 해도 왕좌에서 거드름을 피우던 느부갓네살 왕이 어느새 들로 쫓겨나서 풀을 먹는 짐승 같은 신세가 되고, 그 경험을 통해 왕은 자신이 바벨론을 다스리는 것이 절대주권자이신 하나님의 역사하심에 따른 것임을 깨닫습니다. 여기서 우리는 모든 거민을 다스리고 계신 절대주권의 하나님을 볼 수 있습니다.

창세기 14장 19절에 보면 멜기세덱이 아브람을 축복하면서 이렇게 말합니다.

> "그가 아브람에게 축복하여 가로되 천지의 주재(主宰)시요 지극히 높으신 하나님이여 아브람에게 복을 주옵소서."

"천지의 주재"라는 말은 하늘과 땅을 완전히 소유하고 계신 분이라는 뜻입니다. "지극히 높다"는 말은 거리상으로 높은 곳에 계신다는 것을 의미하는 것이 아니라 지위상으로 최고의 위치에 계신다는 의미입니다. 그러므로 멜기세덱이 하나님을 향하여 외친 "천지의 주재시요 지극히 높으신"이라는 말 속에는 하나님의 절대주권성이 잘 나타나 있는 셈입니다.

우리는 성경에서 하나님께서 맹세하시는 장면을 종종 볼 수 있는데 그때마다 하나님께서는 자신의 이름을 두고 맹세를 하셨습니다. 하나님보다 더 크신 분이 없기 때문입니다. 그래서 히브리서 6장 13절은 "하나님이 아브라함에게 약속하실 때에 가리켜 맹세할 자가 자기보다 더 큰 이가 없으므로 자기를 가리켜 맹세하여"라고 전하고 있습니다. 그래서 이사야서 45장 23절에도 보면 하나님께서 "내가 나를 두고 맹세하기를 나의 입에서 의로운 말이 나갔은즉 돌아오지 아니하나니 내게 모든 무릎이 꿇겠고 모든 혀가 맹약하리라 하였노라"고 말씀하시는 구절이 있습니다.

또한 우리는 "모든 무릎을 예수의 이름에 꿇게 하시고 모든 입으로 예수 그리스도를 주(主)라 시인하여 하나님 아버지께 영광을 돌리게 하셨느니라"(빌 2:10, 11)는 말씀을 통해 만민에 대하여 절대주권을 소유하고 계신 하나님 아버지를 다시 확인할 수 있습니다.

사무엘상 2장 6~8절에는 절대주권자이신 하나님께서 인생에 대하여 얼마나 주권적인 역사를 펼치고 계신지 잘 그려져 있습니다. 하나님께서는 사람의 삶과 죽음과 고난과 즐거움을 주관하십니다.

"여호와는 죽이기도 하시고 살리기도 하시며 음부에 내리게도 하시고 올리기도 하시는도다 여호와는 가난하게도 하시고 부하게도 하시며 낮추기도 하시고 높이기도 하시는도다 가난한 자를 진토에서 일으키시며 빈핍한 자를 거름더미에서 드사 귀족들과 함께 앉게 하시며 영광의 위를 차지하게 하시는도다 땅의 기둥들은 여호와의 것이라 여호와께서 세계를 그 위에 세우셨도다."

또한 모든 권세가 주께 속해 있으며, 인생을 강하게 하시는 것도 약하게 하시는 것도 주님 홀로 하시는 일입니다.

"여호와여 광대하심과 권능과 영광과 이김과 위엄이 다 주께
속하였사오니 천지에 있는 것이 다 주의 것이로소이다 여호와
여 주권도 주께 속하였사오니 주는 높으사 만유의 머리심이니
이다 부(富)와 귀(貴)가 주께로 말미암고 또 주는 만유의 주
재가 되사 손에 권세와 능력이 있사오니 모든 자를 크게 하심
과 강하게 하심이 주의 손에 있나이다"(대상 29:11, 12).

하나님께서는 모든 것을 창조하신 분입니다. 하나님께
서는 자신의 기쁨을 위해 천지를 창조하셨을 뿐만 아니라 그
모든 것을 지금도 보존하고 계십니다. 즉, 천지를 마음대로 움
직이실 수 있는 권리가 하나님께 있습니다. 사람도 자신의 물
건을 자기 마음대로 할 수 있는 것처럼, 하나님께서는 자신이
만드시고 자신의 소유이며 자신이 보존하고 계신 우주 만물에
대해서 마음대로 하실 수 있는 권리를 가지고 계십니다. 느헤
미야서 9장 6절은 이렇게 말씀합니다.

"오직 주는 여호와시라 하늘과 하늘들의 하늘과 일월성신과
땅과 땅 위의 만물과 바다와 그 가운데 모든 것을 지으시고
다 보존하시오니 모든 천군이 주께 경배하나이다."

그렇게 지으시고 보존하고 계신 천지 만물이기에 "땅과
거기 충만한 것과 세계와 그 중에 거하는 자가 다 여호와의

것이로다"(시 24:1)라는 말씀처럼 그 소유주는 당연히 하나님이십니다. 그러기에 "오직 우리 하나님은 하늘에 계셔서 원하시는 모든 것을 행하셨나이다"(시 115:3)라는 말씀처럼 원하시는 모든 것을 하실 수 있는 권리가 하나님께 있습니다. 같은 맥락에서 시편 135편 6절 역시 이렇게 말씀합니다.

"여호와께서 무릇 기뻐하시는 일을 천지와 바다와 모든 깊은 데서 다 행하셨도다."

절대주권과 세상 역사

그런데 "모든 것을 주장하시는 절대주권자 하나님"을 생각할 때면 우리 마음속에 한 가지 의문이 생깁니다. '모든 것을 마음대로 하실 수 있고 거룩하신 하나님께서 왜 악을 그렇게 내버려 두시는가? 과연 하나님께서는 악까지도 주장하고 계신가?' 하는 의문입니다. 그런데 우리가 생각할 것은 하나님께서 절대주권적인 역사 안에서 인간을 지으실 때 하나님의 형상대로 지으셨다는 사실입니다. 그래서 인간이 지니게 된 하나님의 형상 가운데 하나가 자유 의지입니다. 하나님께서는 우리에게 자유롭게 선택할 수 있는 선택권을 주셨습니다. 그렇기 때문에 우리가 죄를 선택해서 죄를 지었다면 그 결과는 우리의 책임입니다. 물론 하나님께서는 그런 상황에서도 역사하셔서 주님의 뜻을 이루십니다.

그래서 우리는 절대주권자 되신 하나님의 역사를 두 가지 측면에서 살펴볼 수 있습니다. 모든 일은 하나님의 "직접적인 뜻" 혹은 그분의 "허락하신 뜻"(간접적인 뜻)에 따라 이루어집니다. 우리의 눈으로 보기에 선한 일이든 악한 일이든 모든 일에는 하나님의 직접적인 뜻 아니면 하나님께서 허락하신 뜻이 개입한다는 사실을 기억해야 합니다.

첫째/하나님의 직접적인 뜻에 따른 역사

하나님의 직접적인 뜻이 개입한 경우를 우리는 욥기에서 찾아볼 수 있습니다. 욥기는 하나님의 절대주권을 중심 주제로 담고 있습니다. **하나님께서 직접 역사하시는 데는 두 가지 이유가 있습니다. 첫째는 하나님께서 절대주권자라는 사실을 사람들로 하여금 깨닫게 하기 위함이고, 둘째는 그 깨달은 자들로 하여금 그리스도를 닮게 하기 위함입니다.** 욥은 엄청난 시련을 지나오면서 마침내 하나님의 절대주권을 인정하게 되고 그와 동시에 자신의 존재를 깨닫습니다.

"주께서는 무소불능하시오며 무슨 경영이든지 못 이루실 것이 없는 줄 아오니 무지한 말로 이치를 가리우는 자가 누구니이까 내가 스스로 깨달을 수 없는 일을 말하였고 스스로 알 수 없고 헤아리기 어려운 일을 말하였나이다"(욥 42:2, 3).

이제까지 욥은 자신에게 닥치는 숱한 고난 속에서 줄곧 하나님을 향하여 "왜 이런 시련이 제게 옵니까? 왜입니까 주님, 왜요"라고 외쳤습니다. 그러나 이제 하나님의 음성을 듣게 된 욥은 더 이상 그분 앞에서 할 말이 없어집니다. 지금도 역시 하나님의 뜻이 무엇인지는 모르지만, 그래도 그 모든 일을 자신의 뜻을 이루기 위해 진행하신다는 절대주권자 하나님을 만나게 되자 욥은 자신이 하나님 앞에서 입조차 열 수 없는 자라는 것을 깨닫게 된 것입니다.

그리고 이어지는 4절부터 보면 하나님의 절대주권을 깨달은 욥이 예수님을 점점 닮아 가는 모습을 볼 수 있습니다.

"내가 말하겠사오니 주여 들으시고 내가 주께 묻겠사오니 주여 내게 알게 하옵소서 내가 주께 대하여 귀로 듣기만 하였삽더니 이제는 눈으로 주를 뵈옵나이다 그러므로 내가 스스로 한하고 티끌과 재 가운데서 회개하나이다"(4~6절).

그전까지는 자신의 선함을 주장하던 욥이었지만 절대주권자 되신 하나님을 만나고부터는 자신이 의롭기는커녕 재를 무릅쓰고 회개해야 하는 사람이라고 말할 만큼 낮아진 모습입니다. 이렇게 하나님의 직접적인 역사하심을 통해 욥이 하나님의 절대주권을 인정하게 되었을 뿐 아니라 그리스도의 인격을 더욱 닮아 가는 것을 볼 수 있습니다.

둘째 / 하나님의 허락하신 뜻에 따른 역사

하나님의 허락하신 뜻은 요셉의 생애에서 볼 수 있습니다. 형제들이 요셉을 질투해서 죽이려고 한 것은 하나님의 뜻이 아니었습니다. 그것은 그들이 자유의지로 선택한 선택이었습니다. 그러나 그 선택을 하나님께서 허락하셨습니다. 그렇게 하도록 내버려 두셨다는 표현이 더 적절할 것입니다. 또한 그들이 애굽에 동생을 팔아먹은 것도, 보디발의 아내가 요셉을 참소해서 옥에 갇히게 한 것도 하나님의 뜻이 아니었습니다. 그것은 인간들이 스스로 택한 길일 뿐이었습니다. 그렇게 죄악된 선택을 했지만 하나님께서 그것을 허락하신 이유는 요셉이 고백하듯 "그것을 선으로 바꾸사 오늘과 같이 만민의 생명을 구원하게" 하기 위함이었습니다(창 50:20).

이렇듯 하나님께서는 자신의 직접적인 의도로써 일을 하기도 하시고 간접적인 허락 차원에서 일을 하기도 하십니다. 그러므로 우리는 무슨 일을 당하든지 이것은 하나님의 직접적인 뜻이거나, 아니면 이유가 있어서 허락하신 간접적인 뜻이라는 것을 먼저 알아야 합니다. 어떤 상황 속에서라도 사람을 먼저 보면 안 됩니다. 그런데 우리는 사람을 보기가 쉽습니다. 왜냐하면 우리 눈에 보이는 것은 먼저 사람이기 때문입니다. 하나님께서는 사람을 통해 환경을 움직이십니다. 철이 철을 연마하듯이 하나님께서도 우리를 단련하기 위해서 사람을 쓰십니다. 그런데 우리 눈에는 그것을 허락하신 하나님은 보이지 않고 도구로 쓰이는 사람만 보입니다. 그러므로 사람 때문에 넘어지기보다 그 뒤에 계시는 하나님을 **봐야** 합니다. 그럴 때 그 환경을 딛고 일어서 주님께서 품으신 목적을 이루어 드릴 수 있습니다. 그렇지 않으면 굳어진 진흙처럼 쓸모 없는 존재로 전락할지 모릅니다.

고난도 욥의 경우처럼 하나님께서 직접 주시는 고난이 있지만 대부분의 경우는 자신이 선택한 죄악 때문에 고난이 찾아옵니다. 예를 들어 보면 베드로의 경우가 그렇습니다. 지난 과에서도 살펴보았던 누가복음 22장 31, 32절을 다시 보면 이렇습니다.

> "시몬아, 시몬아, 보라 사단이 밀 까부르듯 하려고 너희를 청구하였으나 그러나 내가 너를 위하여 네 믿음이 떨어지지 않기를 기도하였노니 너는 돌이킨 후에 네 형제를 굳게 하라."

예수께서 베드로의 부인(否認)을 예고했을 때 베드로는 자신이 절대로 예수님을 부인하지 않을 것이라 장담했습니다. 그러나 우리가 알듯이 닭 울기 전에 세 번 부인할 것이라던 예수님의 예언은 정확히 성취됩니다. 물론 베드로가 예수님을 부인한 것은 베드로가 선택한 일이지 하나님의 직접적인 뜻은 아니었습니다. 예수께서 베드로에게 앞으로 되어질 일을 미리 말씀하신 이유는 두 가지입니다. 첫째는, 예수께서 그 모든 것을 주장하시는 주권자라는 사실을 베드로에게 알리기 위해서

이고 둘째는, "너는 돌이킨 후에 네 형제를 굳게 하라"는 말씀에서 엿볼 수 있듯이 이 고난(시험)을 통해 베드로가 예수님을 더 닮도록 하기 위해서입니다. 이렇듯 하나님께서는 선한 일뿐 아니라 악한 일을 동원해서도 합력하여 선을 이루게 하십니다.

잠언 16장은 절대주권자이신 하나님의 일하심에 대해 말씀합니다.

"마음의 경영은 사람에게 있어도 말의 응답은 여호와께로서 나느니라"(1절).

우리들이 마음에 여러 가지 계획을 세웁니다. 쉽게 예를 들어서 내가 지금 미국에 살고 있는데 한국에 있는 가족들이 보고 싶어서 한국에 좀 다녀오고 싶다고 남편에게 말했다고 합시다. 그런데 남편이 가지 말라고 합니다. 그럴 때 위의 잠언 말씀을 믿는 사람은 남편의 대답이 비록 내 마음에 안 들지라도 하나님의 뜻이 아닌가 보다 하고 단념할 수 있습니다. 왜냐하면 내가 한국을 가는 것이 하나님의 뜻이라면 전능하신 하나님께서 남편의 마음을 주장하셔서 긍정적인 대답을 하게 하셨을 것이라 믿기 때문입니다.

계속해서 잠언 16장 9, 33절은 이렇게 말씀합니다.

"사람이 마음으로 자기의 길을 계획할지라도 그 걸음을 인도하는 자는 여호와시니라…사람이 제비는 뽑으나 일을 작정하기는 여호와께 있느니라."

　　우리의 걸음을 인도하시는 분이 절대주권자 되신 주님이시기 때문에 마음으로 어떤 계획을 세울지라도 우리는 늘 주님이 인도해 주시는 길을 따라갈 준비가 되어 있어야 합니다. 하다 못 해 제비를 뽑는다고 할지라도 그 결과를 주장하시는 분은 여호와이십니다.

　　"이렇게 하나님께서 모든 일을 그분 마음대로 주장하신다면 우리가 무슨 근거로 하나님을 신뢰할 수 있습니까?"라고 의문을 제기하는 사람이 있을 수 있습니다. 폭군의 예를 한번 생각해 봅시다. 그는 자기 마음대로 통치를 하긴 하는데 주로 백성을 괴롭히는 일만 합니다. 이런 왕은 믿을 수가 없습니다. 그렇다면 여호와 하나님의 경우는 어떻습니까? 그분을 안심하고 신뢰할 수 있습니까? 욥과 마찬가지로 우리에게도 이해할 수 없는 고난들이 닥쳐올지 모르는데 말입니다. 그렇지만 우리가 아는 한 가지는 그 고난을 허락하신 분이 하나님이시기에 우리가 안심할 수 있다는 것입니다.

안심할 수 있는 이유

마태복음
11장 28~30절을 통해서 우리는 하나님이 어떤 통치자이신지 알 수 있습니다.

"수고하고 무거운 짐진 자들아 다 내게로 오라 내가 너희를 쉬게 하리라 나는 마음이 온유하고 겸손하니 나의 멍에를 메고 내게 배우라 그러면 너희 마음이 쉼을 얻으리니 이는 내 멍에는 쉽고 내 짐은 가벼움이라."

예수님은 우리를 죄에서 건지사 자신의 통치 아래 우리를 두십니다. 통치자에 따라서 통치의 내용이 달라지기 때문에 누구에게 통치를 받느냐가 중요합니다. 이스라엘 백성들이 바로의 통치 아래서 종살이 하던 때와 예수님 아래서 온유와 겸손으로 통치를 받던 때를 비교해 보면 알 수 있습니다. 예수님은 온유와 겸손으로 통치하시기 때문에 그분의 멍에는 가볍고 쉬울 수밖에 없습니다. 또 마태복음 20장 25~28절에도 잘 나타나 있듯이 예수님은 섬김을 받고 권세를 부리는 세상 주관자들과는 달리 남을 섬기고 자신을 대속물로 내어 주기 위해 오신 통치자이십니다.

그렇다면 절대주권자이신 하나님께서는 구체적으로 어떤 통치 방법을 펼쳐 나가십니까?

시편 66편 7절은 "저가 그 능으로 영원히 치리하시며 눈으로 열방을 감찰하시나니 거역하는 자는 자고(自高)하지 말지어다"라고 말씀합니다. 하나님께서는 모든 것을 통치하시되 무엇으로 치리하시는가 하면 그분의 전능하신 능력으로 치리하신다고 했습니다. 절대주권이란 여러 차례 언급한 것처럼 원하시는 대로 하실 수 있는 권리입니다. 그러나 전능은 뭔가 하면 그 무엇이든 하기 원하는 것을 하게 하는 능력입니다.

또 영원히 치리하신다고 했습니다. 이게 참 중요합니다. 하나님께서 아무리 절대주권자라고 하더라도 그 치리하시는 기간이 정해져 있다면 우리는 그분의 통치를 믿고 따를 수 없을 것입니다. 통치 기간이 끝나면 또 어떤 상황이 기다리고 있을지 모르기 때문입니다. 그런데 하나님께서는 영원까지 치리하신다고 하니 안심입니다. 하나님 나라에서는 정권이 바뀌지 않습니다. 그분의 나라는 그분의 권능으로 영원히 치리되기 때문에 우리가 안심할 수 있습니다. 또한 하나님께서는 눈으로 열방을 감찰하신다고 했습니다. 이것은 하나님의 전지하심을 드러내는 표현입니다. 모든 것을 아시고 또 어떻게 하는 것이 제일 좋은 방법인지 아시기 때문에 우리는 하나님이 하시는 일에 안심할 수가 있습니다.

시편 67편 4절에서 시인은 "열방은 기쁘고 즐겁게 노래할지니 주(主)는 민족들을 공평히 판단하시며 땅 위에 열방을 치리하실 것임이니이다"라고 말합니다. 하나님께서 땅을 치리하시는데 어떻게 치리하신다구요? 공평히 판단하신다고 했습니다. 하나님께서는 의롭고 공의로운 분이시기 때문에 절대로 불공평하게 통치하지 않는다는 말씀입니다. 그렇기 때문에 하나님께서 마음대로 주장하셔도 우리는 안심할 수 있습니다.

또한 시편 74편 12절은 "하나님은 예로부터 나의 왕이시라 인간에 구원을 베푸셨나이다"라고 말씀합니다. 즉, 하나님은 인간을 죽이거나 노예를 삼거나 하시는 분이 아니고 인간에게 구원을 베풀면서 통치하는 분이십니다.

"모든 신에 뛰어나신 하나님께 감사하라 그 인자하심이 영원함이로다"(시 136:2).

여기서 우리는 우리를 통치하시되 인자로 통치하시는 하나님인 것을 알 수 있습니다. 우리에게 잔인하게 행하지 아니하신다고 했습니다. 절대로 말입니다. 인자라는 한 단어 안에는 사랑과 자비와 성실함이라는 세 가지 성품이 포함되어 있습니다. 하나님은 우리를 사랑으로 다스리시고 자비로 다스리시고 성실하심으로 다스리시는 분이시기에 우리는 그분의 통치권 안에서 안심하고 쉴 수가 있습니다.

"너희의 하나님 여호와는 신(神)의 신이시며 주(主)의 주시요

크고 능하시며 두려우신 하나님이시라 사람을 외모로 보지 아
니하시며 뇌물을 받지 아니하시고"(신 10:17).

인간인 우리들은 사람의 겉모습만 보고 속거나 잘못 판
단할 수 있지만 하나님은 절대로 사람을 외모로 보지 않고 그
마음을 보고 치리하시기 때문에 우리가 안심할 수 있습니다.
또한 우리가 믿는 하나님은 뇌물에 혹해 불공평한 판단을 내
리시는 분도 아닙니다.

이사야서 43장 15절에서 하나님께서는 "나는 여호와
너희의 거룩한 자요 이스라엘의 창조자요 너희 왕이니라"고
말씀하셨습니다. 우리 왕은 여호와이십니다. 여호와는 스스로
존재하시는 분입니다. 또한 우리에게 무슨 필요가 있든지 채
워 주시는 분입니다. 또한 그분은 죄가 없고 거룩하시기 때문
에 잘못 다스리시는 일이 없는 분입니다. 그래서 우리는 그분
의 통치 아래서 기쁘고 즐겁게 찬양을 부를 수가 있습니다.

마태복음 20장에는 포도원 비유가 나옵니다. 포도원 주
인이 아침 일찍부터 포도원에 들어가서 일한 일꾼이나 저녁 5
시쯤에 들어가서 1시간 정도 일한 일꾼에게 똑같은 삯을 주자
아침부터 고생한 일꾼들이 불평했습니다. 그들 눈에는 포도원
주인이 불공평해 보였습니다. 그래서 물었습니다.
"아침 일찍부터 와서 고생한 사람들과 해질녘에 와서 1시간
겨우 일한 사람을 똑같이 대우하다니 이거 너무 불공평하지

않습니까?"
그러자 주인이 이렇게 말합니다.

"내 것을 가지고 내 뜻대로 할 것이 아니냐 내가 선하므로 네
가 악하게 보느냐"(15절).

포도원 주인은 하나님을 나타내고 있습니다. 이렇듯 하
나님의 선하심이 우리 눈에는 악하게 보이고 불공평하게 보일
수가 있습니다. 그러나 하나님은 선하신 분이기 때문에 그분
의 권리를 오직 선하게만 쓰십니다. 그러기에 그분의 통치 아
래 있는 우리가 만족할 수 있습니다.
하나님께서 우리를 어떻게 통치하시든 우리는 하나님
앞에 할 말이 없는 존재들입니다. 로마서 9장이 그 이유를 잘
설명해 주고 있습니다.

"혹 네가 내게 말하기를 그러면 하나님이 어찌하여 허물하시
느뇨 누가 그 뜻을 대적하느뇨 하리니 이 사람아 네가 뉘기에
감히 하나님을 힐문하느뇨 지음을 받은 물건이 지은 자에게
어찌 나를 이같이 만들었느냐 말하겠느뇨 토기장이가 진흙 한
덩이로 하나는 귀히 쓸 그릇을, 하나는 천히 쓸 그릇을 만드는
권이 없느냐 만일 하나님이 그 진노를 보이시고 그 능력을 알
게 하고자 하사 멸하기로 준비된 진노의 그릇을 오래 참으심
으로 관용하시고 또한 영광 받기로 예비하신 바 긍휼의 그릇
에 대하여 그 영광의 부요함을 알게 하고자 하셨을지라도 무

슨 말 하리요"(19~23절).

　　모든 일을 하나님 마음대로 하신다고 할지라도 우리들은 진흙이기 때문에 토기장이에게 왜 이렇게 하셨냐고 따질 권리가 없고 하나님은 그 불만을 들으실 아무런 책임이 없습니다.

　　아무튼 우리는 하나님이 우리의 모든 삶과 모든 우주 만물을 주장하시는 절대주권자 하나님이시라는 것을 알아야 합니다.

환난을 허락하시는 하나님

하나님께서 열방을 통치하신다는 것까지는 인정할 수 있습니다. 그런데 어디서부터 어려운가 하면 하나님께서 나를 통치하신다고 할 때부터 (내 피부를 건드릴 때부터) 문제가 시작됩니다. 그때부터 하나님이 절대주권자라는 사실을 인정하고 싶지가 않아집니다. 하나님께서 "나"를 통치하기를 원하실 때, 내 피부를 건드리기 시작하실 때, 그때부터 우리는 반항을 시작합니다.

　　그러나 하나님께서는 모든 나라를 통치하시기 이전에 "나"를 통치하셔야만 합니다. 나를 통치할 권리가 없으신 분이 어떻게 온 세계를 다스리시겠습니까? 그런데 우리는 "하나님께서 온 세계를 다스리시는 것은 좋으나 나는 빼 주십시오. 나는 내 마음대로 하겠습니다" 하는 식입니다. 하나님의 통치권 밑으로 들어가고 싶지 않기 때문입니다. 그러나 우리가 당하고 있는 현실은 하나님의 직접적인 뜻에 따른 것이거나, 아니면 허락하신 뜻에 따른 것임을 인정해야 합니다.

원두 커피를 끓이려면 여과기가 필요합니다. 여과기에 커피 원두를 갈아서 넣고 물을 부으면 원두 찌꺼기는 다 걸러지고 맛있는 커피만 아래로 떨어집니다. 하나님께서 허락하신 환경도 우리 생각에는 여과기에 걸러졌어야만 하는 찌꺼기같이 느껴집니다. 오지 말아야 할 것인데 뭔가 잘못돼서 내게 왔다고 생각합니다. 그러나 사실은 그렇지가 않습니다. 하나님께서 사용하시는 여과기는 전능한 여과기입니다. 하나님께서는 어떤 환경이 내게 어떤 영향을 미칠지도 아시고 또 원하신다면 그 환경을 피하게 할 수도 있으신 분입니다. 그런데 그 환경을 거르지 않고 내보내셨다면 거기에는 반드시 이유가 있습니다.

하나님께서 사용하시는 여과기는 사랑의 여과기입니다. 우리에게 절대로 불친절할 수 없는 여과기라는 말입니다. 그런데 그 여과기가 언뜻 보기에 불친절해 보이는 환경을 내보냈습니다. 특별한 뜻이 있기 때문입니다. 그 여과기는 사랑의 여과기일 뿐 아니라 공의와 정의와 거룩의 여과기이기도 합니다. 또한 그것은 성실의 여과기이기도 합니다. 커피 여과기가 모든 찌꺼기를 걸러 내고 우리가 원하는 커피만을 조르르 쏟아 내듯이, 하나님께서도 그분의 특별한 목적에 따라 걸러 내신 환경만을 내보내신다는 것을 믿어야 합니다. 그러므로 아무리 쓰라리고 아무리 고통스럽고 아무리 받고 싶지 않은 환경이라도 하나님의 여과기를 통과하고 나온 것이니 무슨 특별한 뜻이 있겠지 하고 안심할 수 있습니다.

이러한 사실이 제 마음에는 얼마나 큰 위로와 얼마나 큰 화평과 얼마나 큰 안정을 주는지 모릅니다. 저는 아무리 아픈 일이 제게 찾아오더라도 이 사실을 먼저 생각합니다. 그러면, '이런 일이 왜 내게 일어났습니까'라고 원망하려던 마음이 '무엇을 배우게 하시려고 이것을 허락하셨습니까'라는 마음으로 바뀝니다. '왜?'라는 질문을 던지는 사람은 아직도 하나님이 절대주권자라는 사실을 인정하지 않은 사람입니다. 하나님의 절대주권을 인정하는 사람이라면 '하나님께서 이러한 환경을 통해 제게 가르치고자 하시는 것이 있다면 저로 어서 배우게 하여 주옵소서'라고 기도해야 할 것입니다.

그렇게 해야 하는 이유가 무엇입니까? 우리는 그리스도를 닮으려면 아직도 먼 자들이기 때문입니다. 하나님께서는 그리스도를 더 닮게 하기 위해서 우리에게 이러저러한 환경을 주시는데, 우리가 만일 그 환경 속에서 그리스도를 닮아 갈 생각은 하지 않고 불평 불만만 한다면 언제 주님을 닮겠습니까? 그렇기 때문에 불만의 소리가 그칠 때까지 하나님은 이 환경을 지속시키십니다.

하나님께서 믿는 자들의 삶에 환난을 허락하시는 이유가 야고보서에 잘 적혀 있습니다.

"내 형제들아 너희가 여러 가지 시험을 만나거든 온전히 기쁘게 여기라"(1:2).

시험 자체를 기뻐하라는 얘기가 아닙니다. 예를 들어 건강이 안 좋아졌다면 그 안 좋아진 것 자체를 기뻐하라는 얘기가 아닙니다. 이 시험을 통해 하나님께서 이루실 결과를 생각하고 기뻐하라는 얘기입니다. 소망 가운데 말입니다.

"이는 너희 믿음의 시련이 인내를 만들어 내는 줄 너희가 앎이라"(3절).

인내를 만들어 내기 위해 믿음의 시련을 사용하신다는 얘기입니다. "사랑은 언제나 오래 참는다"는 말씀에서 알 수 있듯이 인내는 사랑을 대표합니다. 즉, 우리로 하여금 사랑하는 사람이 되게 하기 위해 시험을 허락하시는 것입니다.

"인내를 온전히 이루라 이는 너희로 온전하고 구비하여 조금도 부족함이 없게 하려 함이라"(4절).

우리 눈에는 지금 나에게 닥친 환경에 뭔가 문제가 있어 보입니다. 그러나 하나님께서는 우리가 온전하고 구비해서 조금도 부족함이 없는 사람이 되게 하시기 위해 환난을 허락하십니다. 이게 이유입니다. 이유는 여기에서 다 가르쳐 드렸으니까 이제 "왜요?"라고 하는 일은 없어야 할 것입니다.

환난 당하는 자의 자세

우리는 환난 가운데서 가져야 되는 마음의 자세를 고난의 사람 욥에게서 배울 수 있습니다.

"나의 가는 길을 오직 그가 아시나니 그가 나를 단련하신 후에는 내가 정금같이 나오리라 내 발이 그의 걸음을 바로 따랐으며 내가 그의 길을 지켜 치우치지 아니하였고 내가 그의 입술의 명령을 어기지 아니하고 일정한 음식보다 그 입의 말씀을 귀히 여겼구나 그는 뜻이 일정하시니 누가 능히 돌이킬까 그 마음에 하고자 하시는 것이면 그것을 행하시나니 그런즉 내게 작정하신 것을 이루실 것이라 이런 일이 그에게 많이 있느니라"(욥 23:10~14).

욥은 고난 받은 사람들을 대표할 만한 사람입니다. 인간으로서는 욥보다 더 큰 고난을 받은 사람이 없습니다. 욥

역시 자신에게 왜 이런 고난이 찾아드는지 알지 못했습니다. 그러나 그가 알고 있었던 확실한 사실 하나는 하나님께서 욥의 가는 길을 알고 계시고 이 고난을 통해 욥을 단련하신 후에는 그를 온전케 하시리라는 것이었습니다. **그래서 그 환난 가운데서도 욥은 하나님의 걸음을 바로 따랐고 하나님의 길을 지켜 다른 데로 치우치지 아니하였으며 하나님의 입술의 명령을 어기지 아니하였고 일정한 음식보다 하나님의 말씀을 더 귀히 여길 수 있었습니다.**

욥은 하나님이 어떤 분인지 알고 있었습니다. '절대주권자이신 하나님께서 하고자 하시는 일을 인간인 내가 무슨 재주로 돌이키겠느냐?' 하는 것이 욥의 생각이었습니다. 욥이 볼 때 하나님은 그 작정하신 일을 결단코 이뤄 내시고야 마는 분이었습니다. 인간이 보기에는 그 일이 불합리한 일처럼 보여도 말입니다. 그런데 더욱 주목해야 할 표현은 "이런 일이 그에게 많으니라"는 것입니다. 환난을 한 번만 주시고 말면 얼마나 좋겠습니까? 그런데 단 한 번으로는 그리스도를 닮을 수 없습니다. 그렇기 때문에 또 주시고 또 주시는 것입니다.

그리스도를 더 닮게 하기 위해 주신 환경이므로 그 환경에는 우리가 배워야 할 교훈이 있기 마련입니다. 그런데 우리는 환경 속에서 교훈을 찾기보다 사람을 보려고 합니다. 환경에는 반드시 사람들이 연루되기 마련입니다. 남편(아내)이나 자녀가 연루될 수도 있고 이웃이나 친구가 연루될 수도 있습니다. 예를 들어 교회 성도가 불친절한 언행으로 나를 괴롭게 한다고 하면 그것을 그 사람의 문제로만 생각하고 넘어가서는 안 됩니다. '하나님께서 저 사람의 모난 성품을 다루어 주시겠지' 하고 남 일처럼만 생각해서는 안 됩니다. 하나님께서는 그 사람을 통해 나도 다듬기를 원하십니다. 이웃 사람이나 나나 똑같이 예수님을 닮지 못한 사람들이기 때문에 하나님께서는 두 사람 모두에게 기회를 주기 원하십니다.

그러므로 가정이나 사회에서 사랑 없는 사람을 만났을 때는 그를 통해 사랑을 배울 줄 알아야 합니다. 인색한 사람을 만나면 너그러움을 배울 수 있어야 합니다. 남이 나에게 인색하게 굴었다고 펄펄 뛰기보다 그런 사람을 통해 넉넉함을 배우는 것이 하나님의 뜻입니다. 교만한 사람을 만나거든 교만하다고 야단만 하지 말고 겸손을 배워야 합니다. 강한 사람을 만나거든 온유를 배우고 미련한 사람을 만나거든 지혜를 배우십시오.

또 깊은 상처를 받거든 용서를 배워야 합니다. 예수께서는 우리를 용서하시기 위해서 얼마나 큰 아픔을 당하셨는지 모릅니다. 우리 죄가 씌워 드린 가시관에서 흘린 피, 우리가 박아 드린 못에서 흘린 피, 우리가 찌른 창에서 쏟으신 그 피와 물이 다시 우리의 죄를 씻는 액체가 됐습니다. 그런 것처럼 아픈 상처를 많이 받은 사람일수록 그 상처에서 나오는 아픔으로 내게 상처를 준 사람을 용서할 수 있어야 합니다. 그래서 용서는 상처를 받을 때 배울 수 있습니다.

배반을 당하거든 성실을 배우고, 충성을 배울 수 있어야 합니다. 경제적으로 어려움이 있을 때 남을 불쌍히 여기는 마음을 배워야 하고 성실한 청지기가 되는 법을 배워야 합니다. 실망스러운 일을 당할 때 인내를 배우고 예수님 안에서 소망을 가지는 법을 배워야 합니다. 유혹을 받을 때 하나님의 능력으로 이기는 비밀을 배우고 고난을 당하거든 주님 안에서 기뻐하는 법을 배워야 합니다. 사랑하는 사람을 잃거든 주님 한 분만으로 기뻐하고 만족하는 법을 배워야 합니다.

물론 역경 중에 그리스도의 성품을 배운다는 게 결코 쉽지 않습니다. 그러나 이 모든 것을 통해서 우리가 그리스도의 형상으로 빚어져 가고 있다는 사실을 기억해야 합니다. 예수님이 당하신 죽음의 고통을 통해 온 인류가 구원을 받은 것처럼, 또 초대교회 교인들이 핍박을 받아 점점 더 많은 곳으로 흩어진 결과 주님의 복음이 널리널리 퍼졌던 것처럼, 우리가 이런 아픔을 통해 점점 그리스도를 닮아 감으로써 한 영혼이 그리스도를 새롭게 알게 되는 역사가 일어날지 누가 알겠습니까?

얼마 전에 『오늘의 양식』이라는 책자에서 다음 글을 읽었습니다.

"인간은 터무니없이 비합리적이고 이기적이지만 그래도 사랑하십시오. 선한 일을 하고도 이기적인 목적 때문이라고 비난을 당해도 그래도 선한 일을 하십시오. 성공하면 거짓된 친구와 진정한 원수를 얻게 됩니다. 그래도 성공하십시오. 오늘 행한 선행이 내일이면 잊혀져도 그래도 선행하십시오. 정직하고 솔직하면 해를 당하기 쉽습니다. 그래도 정직하십시오. 수년 동안 공들여 쌓은 탑이 밤 사이에 무너져도 그래도 공들여 쌓으십시오. 죄인이 복음을 듣기 싫어해도 그래도 사랑으로 증거하십시오."

참 감사한 말씀입니다. 이것은 또한 제 삶의 신조이기도 합니다. 세상은 성공한 사람들에게 월계관을 씌워 줍니다. 그러나 하나님께서 월계관을 씌워 주시는 사람은 충성을 다한 사람입니다. 하나님은 결과를 보시는 분이 아닙니다. 충성한 과정을 보십니다. 그렇기 때문에 내가 설령 이기적인 사람을 사랑했다 해도 상관이 없는 것입니다. 그 사람이 변하지 않았다 해도 상관이 없습니다. 또 공들여 쌓은 탑이 무너져도 상관이 없습니다. 내가 한 행실이 사람들에게 오해를 받아도 상관이 없습니다. 하나님께서는 결과를 보고 내게 관을 씌워 주시는 것이 아니라 하나님의 뜻을 충성을 다해 받드는 모습을 보고 상급을 주시기 때문입니다. 그래서 우리에게는 눈에 보이는 성과가 중요한 것이 아니라 "잘하였도다 착하고 충성된 종아" 하시는 예수님의 말씀 한마디가 중요합니다.

　　요한계시록을 통해 우리는 절대주권자 앞에서 성도가 취해야 될 태도를 엿볼 수 있습니다.

　　"우리 주 하나님이여 영광과 존귀와 능력을 받으시는 것이 합당하오니 주께서 만물을 지으신지라 만물이 주의 뜻대로 있었고 또 지으심을 받았나이다 하더라"(4:11).

　　우선은 절대주권자 앞에 합당한 경배를 드려야 합니다.

　　"가로되 감사하옵나니 옛적에도 계셨고 시방도 계신 주 하나님 곧 전능하신 이여 친히 큰 권능을 잡으시고 왕 노릇 하시도다"(11:17).

　　또한 감사가 우리들의 반응이어야 합니다.

　　"할렐루야 주 우리 하나님 곧 전능하신 이가 통치하시도다"(19:6).

　　찬양이 또한 우리들의 당연한 반응이 되어야 합니다.

　　믿지 않는 사람들에게는 모든 것이 합력하여 하나님의 자녀가 되게 하시고, 믿는 사람들에게는 모든 것이 합력하여 주님을 더 닮아 가게 하시는 절대주권자 하나님께 우리가 마땅히 보여야 할 반응은 그분을 믿고 그분의 말씀에 순종하는

것입니다. 그것이 바로 예수 안에서 즐겁고 복된 삶을 누리는
길입니다.

8

예수님은 그저 온순하기만 한 분이셨을까 ?

여덟째 · 온유하신 하나님

하나님의 도덕적인 성품

이제까지는 도덕적인 면과 관계가 없는 하나님의 성품을 공부했습니다. 그것은 창조물들이 도저히 흉내 낼 수 없는 것이며 하나님만이 지니신 성품입니다. 예를 들면 스스로 존재하시는 하나님, 불변하시는 하나님, 완전하신 하나님, 영원하신 하나님, 전지하신 하나님, 전능하신 하나님, 절대주권자이신 하나님 등이 이 성품에 속합니다. 하나님께서 영원하신 분이기 때문에 하나님의 성품을 다 공부하기 위해서는 어쩌면 영원이라는 시간이 필요할지 모릅니다.

이제부터 살펴볼 것은 하나님의 도덕적인 성품입니다. 이것은 앞에서 살펴본 성품들과는 달리 피조물들이 어느 정도 닮아 갈 수 있는 하나님의 성품을 말합니다. 자비하신 하나님, 은혜로우신 하나님, 위로의 하나님, 용기를 주시는 하나님, 기쁨의 하나님, 화평의 하나님, 사랑의 하나님, 성실하신 하나님, 거짓이 없으신 하나님, 정의로우시고 공의로우신 하나님, 진노하시는 하나님 등이 이에 속합니다.

이렇듯 하나님의 도덕적인 성품은 끝없이 많지만 그 중에서도 살펴보고자 하는 것은 예수께서 친히 달씀하신 그분의 성품에 대해서입니다. 예수께서는 이 땅에 사시는 동안 참으로 많은 말씀들을 하셨습니다. 물론 예수님 자신에 대해서도 아주 많은 말씀을 하셨습니다. 자신이 어디서 왔으며, 누구이며, 무엇 때문에 이 땅에 왔고, 또 앞으로 어떤 일을 할 것인지에 대해 말씀을 많이 하셨습니다. 그러나 정작 예수님의 성품이 어떻다는 얘기는 꼭 한군데밖에는 적혀 있지 않습니다. 바로 마태복음 11장 29절 말씀입니다.

"나는 마음이 온유하고 겸손하니."

사람의 몸을 입고 우리에게 오셔서 하나님이 어떤 분인가 하는 것을 직접 보여 주신 분이 예수님이시기 때문에 예수님을 통해서 하나님의 도덕적인 면을 보는 것이 가장 분명하고 가장 실감이 날 것이라 생각됩니다. 그 많은 도덕적인 성품 가운데 예수께서 특별히 "온유와 겸손"을 지적하신 것은 이 성품이 지니는 중요성 때문이기도 하고 예수님이 갖고 계신 많은 성품 중에서 이 성품이 가장 두드러지는 도덕적인 성품이기 때문이기도 할 것입니다.

예수님은 누구신가?

"온유와 겸손"으로 특징 지워지는 예수님의 성품을 공부하기 전에 먼저 예수님과 하나님의 동등되심을 살펴보는 것이 순서일 것입니다. 예수님이 곧 하나님이시지만 이 땅에서 예수님이 보여 주신 모습은 한 인간의 모습이었기 때문에 사람들은 예수님을 좀처럼 하나님으로 받아들이기 어려워합니다. **그러나 그 온유하시고 겸손하신 예수님이 다름 아닌 우리들의 하나님이시고 우리들의 창조자이시며 만왕의 왕이시고 만주의 주이신 것을 우리가 알아야 합니다.**

우리는 성경 곳곳에서 예수님이 곧 육신을 입으신 하나님이신 것을 확인할 수 있습니다.

"태초에 말씀이 계시니라 이 말씀이 하나님과 함께 계셨으니 이 말씀은 곧 하나님이시니라 … 말씀이 육신이 되어 우리 가운데 거하시매"(요 1:1, 14).

하나님이시고 말씀이신 예수께서 육신을 입고 오셔서 우리들 가운데 하나처럼 되셨습니다.

"나를 보는 자는 나를 보내신 이를 보는 것이니라"(요 12:45).

예수님은 그저 온순하기만 한 분이셨을까?

예수님을 본 사람은 예수님을 보내신 하나님을 본 것이라고 선언하셨습니다.

"그는 보이지 아니하시는 하나님의 형상이요"(골 1:15).

하나님은 영이시기 때문에 우리 눈에 보이지는 않지만 하나님이 어떤 분이신 것을 알기를 원한다면 예수님의 형상을 보면 됩니다. 두 분은 동일한 분이시기 때문입니다.

"이는 하나님의 영광의 광채시요 그 본체의 형상이시라"(히 1:3).

하나님의 영광을 알기 원하고 그 본체의 형상을 보기 원한다면 예수님을 보면 됩니다.

그리스도인들이 성경을 공부하는 목적은 그리스도를 얻고 또 그 안에서 발견되기 위해서라고 할 수 있습니다. 그러기에 그리스도를 얻고 그분 안에서 발견되고 그리스도의 장성한 분량이 충만한 데까지 이르기 위해서는 예수님을 다시 한번 주목해서 바라보고 눈으로 보고 손으로 만져 보고 귀로 들어 보는 작업이 필요할 것입니다. 우리가 만일 예수님처럼 온유하고 겸손한 사람이 되기를 원한다면, 예수께서 "나의 멍에를 메고 내게 배우라"고 말씀하신 것처럼 예수님의 멍에를 같이 메고 그분에게서 배워야만 합니다.

쉼을 약속하신 예수님

마태복음 11장 28~30절에서 예수님은 다음과 같은 선언을 하십니다.

"수고하고 무거운 짐 진 자들아 다 내게로 오라 내가 너희를 쉬게 하리라 나는 마음이 온유하고 겸손하니 나의 멍에를 메고 내게 배우라 그러면 너희 마음이 쉼을 얻으리니 이는 내 멍에는 쉽고 내 짐은 가벼움이라."

이 말씀은 우선은 예수님을 아직 구세주와 주님으로 영접하지 않은 사람들을 구원으로 초청하시는 말씀입니다. 인간으로서는 도저히 감당할 수 없는 죄의 짐을 지고 수고하는 사람들을 부르시는 초청의 말씀입니다. 인간으로서는 도저히 지킬 수 없는 율법의 짐을 지고 수고하는 사람들에게 와서 쉼을 얻으라고 하는 초청의 말씀입니다.

그러나 이 말씀에는 또다른 측면이 있습니다. 그리스도인이 되고 난 다음에도 우리는 죄 때문에 숱한 씨름을 하게 됩니다. 하나님의 말씀에 순종하기 힘든 때가 종종 찾아옵니다. 내 힘으로 살다가 보면 지치는 때가 오기 마련입니다. 그렇기 때문에 이 말씀은 믿지 않는 자들에 대한 초청의 말씀일

뿐 아니라 구원의 반열에 들어서고도 여전히 (주님을 만날 때
까지 그리고 그리스도를 닮기까지) 수고하고 무거운 짐을 져
야 하는 사람들을 향한 초청의 말씀이기도 합니다.

멍에는 예수께서 비유적으로 하신 말씀입니다. 멍에는
말이나 소의 목덜미에 얹고 수레나 쟁기를 끌게 하는 나무로
만든 도구입니다. 여기서 "수고하고 무거운 짐"을 진 것은 그
들이 율법의 멍에를 지고 있기 때문입니다. 율법을 지키기는
해야 되는데 지킬 수 없어서 허덕이는 사람들, 죄의 짐을 지
고 죄를 용서받지 못해서 허덕이는 사람들, 그렇게 무거운 멍
에를 지고 있는 사람들을 향해서 예수께서 지금 "내 멍에는
쉽고 내 짐은 가벼우니 내 멍에를 메고 내게 배우라"고 말씀
하고 계십니다.

예수님의 멍에는 율법의 멍에가 아니라 은혜의 멍에입
니다. 죽어야 마땅한 죄인에게 율법이 아닌 은혜와 믿음으로
구원을 주신 것이 너무 감사하고 고마워서 그 은혜에 조금이
나마 반응하는 의미에서 메는 가벼운 멍에입니다. 율법을 지
키기 위해서 애쓰는 멍에가 아니라 예수님이 기뻐하시기 때문
에 메 드리고 싶은 가벼운 멍에, 쉬운 멍에입니다.

예수님을 만나고 나면 그 동안 애쓰고 수고하던 것에서
쉼을 얻게 됩니다. 진리를 추구하는 수고의 멍에에서도 쉼을
얻습니다. 진리 되신 예수님을 이미 만났기 때문입니다. 행복

을 추구하는 수고의 멍에에서도 쉼을 얻습니다. 여호와께서
나의 목자 되시니 내게 부족함이 없기 때문입니다. 예수 안에
서 완전한 행복을 찾았기 때문입니다. 허무하고 무의미한 인
생의 멍에를 메고 고민하는 것에서도 쉼을 얻습니다. 생의 목
적을 찾았기 때문입니다. 어디서 와서 어디로 가는지 알기 때
문입니다. 죽음에 대한 두려움에서도 쉼을 얻습니다. 부활이요
생명이신 예수님을 만나 영원한 삶을 보장받게 되었기 때문입
니다. 장래 일에 대한 염려에서도 쉼을 얻습니다. 내 장래를
주님께서 책임 져 주신다는 것을 알기 때문입니다.

그렇다면 예수께서는 과연 무슨 근거로 우리들에게 감
히 이런 쉼을 허락한다고 주장하시는 겁니까? 예수님의 마음
이 온유하고 겸손하시기 때문입니다. 그것이 이유입니다. 예수
님의 멍에가 쉽고 그분의 짐이 가벼운 것은 예수님의 마음이
온유하고 겸손하기 때문입니다. 그러므로 만일 예수께서 주신
짐이 무겁다든지 예수께서 주신 멍에가 쉽지 않고 어렵게 느
껴진다면 결과적으로 우리가 돌아봐야 할 것은 우리 자신의
마음입니다. 내 마음이 온유하고 내 마음이 겸손하다면 주님
께서 내게 맡기시는 짐이 결단코 무겁지 않고 결단코 어렵지
않다고 예수께서 지금 선언하고 계시기 때문입니다.

내 마음에 쉼이 없을 때, 즉 그리스도의 평강이 내 마
음을 다스리지 아니할 때에 우리는 '내 마음속에 벌써 온유와
겸손이 사라졌구나' 하고 생각해야 합니다. 내 마음이 온유하

고 겸손한 이상, 주님께서 우리에게 맡겨 주신 일과 맡겨 주
신 짐과 인생의 발걸음이 쉽고 가벼워야 하며 내 마음속을 그
리스도의 평강이 계속해서 다스려야만 하기 때문입니다. 온유
나 겸손은 무거운 짐과 병존할 수 없습니다. 주님께서는 우리
에게 영원한 쉼을 약속하셨습니다.

온유―영원한 쉼의 근거

우리는 흔히 온유라는 말을 "유순"(柔順)이라는 말
과 엇비슷한 뜻으로 이해하지만 사실상 성경
이 말씀하는 온유는 우리가 습관적으로 생각하는 온유와는 엄
청난 차이가 있습니다. 성경이 말씀하는 온유에는 다섯 가지 의
미가 담겨 있습니다.

첫째/자기 권리를 주장하지 않는 태도

나의 권리를 주장하기보다 내가 해야 되는 의무에 관심을 갖
는 것이 온유입니다. 에덴동산의 아담과 하와를 잠시 생각해
봅시다. 그들에게는 누릴 수 있는 권리가 엄청나게 많았습니
다. 그러나 그들은 그렇게 많은 권리들이 주어졌는데도 한 가
지밖에 안 되는 의무에 불충실했습니다. 선악을 알게 하는 과
실을 따먹지 않는 것이 그들에게 주어진 유일한 의무였습니

다. 그런데 그들은 불행하게도 그 한 가지 의무조차도 힘써 지키지 못했습니다. 그것이 그들을 타락의 길로 이끌었습니다. 아담과 하와 이후에 태어난 우리들도 의무에 관심을 갖기보다는 권리를 주장하는 데 빠릅니다. 의무는 대충 이행하려고 하면서도 권리는 빠짐 없이 챙깁니다. "나"를 섬기는 사람들로 변해 버린 것입니다.

예수님과 우리의 차이를 한번 생각해 봅시다. 예수님은 모든 것을 주장할 권리를 갖고 계신 만왕의 왕이요 만주의 주셨습니다. 그러나 그분은 평생 자신을 위해서 권리를 주장하신 적이 단 한 번도 없으셨습니다. 그 대신 우리를 섬길 의무, 하나님의 말씀에 순종할 의무, 그 모든 예언의 말씀을 이루어 드릴 의무, 죄인들을 위해서 죽으실 의무, 배고픈 사람들을 먹일 의무, 병 든 사람들을 치료할 의무, 낙담한 제자들을 위해서 용기를 줄 의무 등에만 골몰하다가 우리를 위해서 십자가에서 돌아가셨습니다.

우리는 한 가지 의무를 이행하지 않았기 때문에 그 많던 권리들도 모두 잃어버렸습니다. 예수님을 만나기 전에는 그래서 아무런 권리도 없는 그저 죄의 노예였을 뿐입니다. 사단이 하라는 대로 하며 죄에 이끌려서 살던 사람들입니다. 하나님께서 주셨던 권리를 죄에게 모두 양도하고 살던 사람들입니다. 그런데 죄의 노예 시장에서 영원히 죽어가고 있던 우리를 예수께서 자신의 피 값을 주고 사셨습니다. 예수님을 만나

드디어 자유함을 얻은 우리는 죄의 노예 상태에서 벗어나 사랑의 노예가 되었습니다.

우리가 무슨 자격이 있어서 하나님의 자녀가 되며, 무슨 자격이 있어서 천국을 가며, 무슨 자격이 있어서 내 안에 예수님을 모시고 살겠습니까? 우리에게는 그럴 만한 자격이 도무지 없습니다. 이렇게 아무 자격도 없고 아무 권리도 없고 그저 오직 의무만이 남은 사람들인데도 우리는 여전히 자신이 주장할 권리만 생각합니다. 권리밖에 없으셨던 예수님은 의무만을 생각하셨는데, 모든 권리를 다 잃어버리고 의무밖에 안 남은 우리는 반대로 권리만 생각하고 있으니 어찌 한심하지 않겠습니까.

우리에게는 내가 행복한 게 더 중요하고 내가 누려야 되는 부(富)가 더 중요하고 내가 누려야 되는 쾌락이 더 중요합니다. 그러한 것을 추구하다 보니 남이야 속이 상해서 가슴이 터지든지, 남이야 가난해서 먹을 게 없든지, 남이야 지금 자식 문제로 가슴에서 피가 나든지, 자기만 행복하고 자기만 배부르고 자기 문제만 해결되면 만사가 잘되는 것으로 생각합니다. 이러한 태도는 그리스도의 온유함과는 전혀 관계가 없습니다. 온유한 마음을 가진 자는 자기의 권리를 주장하지 않습니다.

둘째/율법의 항목보다는 정신을 주장하는 태도

온유한 자는 율법의 정신을 생각합니다. 한 가지만 예를 들면 예수님의 태도와 바리새인의 태도를 비교해 볼 수 있습니다. 여기서 말하는 바리새인에는 비단 예수님 당시 살았던 자들만이 아니라 오늘날 우리들 한 사람 한 사람 마음속에 자리 잡고 앉아 있는 바리새인도 포함됩니다.

요한복음 8장에는 간음하다 현장에서 잡힌 여자 이야기가 등장합니다. 바리새인들은 율법에 명시된 대로 그 여인을 돌로 쳐죽이기를 원했습니다. 간음한 여자가 있었으면 함께 간음한 남자도 있었을텐데 바리새인들은 여자만 끌고 예수께로 왔습니다. 남자인 자신들의 입장에 편리한 대로 상황을 이용한 것입니다. 그런데 우리들 마음속에도 바로 이런 바리새인들과 같은 존재들이 살아 숨쉬고 있습니다. 자신의 잘못에 대해서는 한도 없이 너그러우면서 남의 잘못에 대해서는 다시 생각할 여지도 주지 않습니다. 무조건 주님께 끌고 와서 이 죄인 좀 어떻게 해달라고 하는 태도가 바로 우리네 모습입니다.

예수님은 그런 죄를 마땅히 심판하셔야만 되는 심판자입니다. 그러나 주님께서는 그 여인에게 당장 심판의 칼을 들이대기보다는 "죄 없는 자가 먼저 돌로 치라"고 말씀하셨습니다. 그러므로 율법에 명시된 것은 어기지 않으신 셈입니다. 그러나 집행은 사람들에게 맡기셨습니다. 죄 없는 사람에게 그 여인을 처벌할 권한을 주셨습니다. 그러나 예수님의 말씀을 듣고는 어른들부터 시작해서 하나 둘씩 슬금슬금 도망갔습니다. 바리새인들은 결국 타인을 향한 심판의 잣대와 자신을 향한 심판의 잣대를 따로 가지고 있어서 타인에 대해서는 율법을 문자 그대로 적용하려고 한 반면, 예수님은 율법의 정신을 염두에 두고 계셨습니다.

셋째 / 하나님의 일하심이 선하다고 믿는 태도

온유는 외형적으로 나타나는 어떤 행동이라든지, 아니면 사람들 사이에서 일어나는 어떠한 태도에만 국한된 것이 아닙니다. 이것은 일종의 영혼의 자세이기도 합니다. 우리는 먼저 하나님께 온유한 사람이 되어야 합니다. 하나님 앞에 온유하지 않은 사람은 사람들 앞에 온유할 수 없습니다. 우리는 흔히 온유라고 하면 인간 관계에서 드러나는 온화한 성품을 생각하기가 쉽지만 하나님께서는 무엇보다 그분을 향한 자세가 온유한 사람을 찾으십니다. 그 영혼이 온유로 아로새겨진 사람을 하나님은 기뻐하십니다. 하나님 앞에 온유할 때 그 열매로서 사람들 앞에서 온유할 수 있게 되는 것입니다.

그렇다면 하나님 앞에서 온유하다는 것이 무엇입니까? 그것은 곧 하나님께서 우리에게 하시는 모든 일을 선한 것으로 받아들이는 태도입니다. 지금 당장은 아무리 억울해 보이고, 아무리 속상해 보이고, 아무리 불공평해 보여도 말입니다. 지금 하나님께서 당신을 선하게 다루고 계십니까? 만일 그렇게 생각되지 않는다면 당신은 하나님 앞에서 온유하고 겸손한 마음을 소유하고 있지 못한 셈입니다. 그러나 나를 향한 하나님의 일하심이 선하다고 믿어지는 사람은 하나님께서 하시는 일에 반항하지 아니하고 온유하고 겸손하게 따를 수 있습니다. 그것이 바로 하나님께 대한 온유의 태도입니다.

예수님은 전혀 죄가 없으셨고 모든 권리를 갖고 계셨지만 하나님 앞에서는 죽기까지 겸손하셨습니다. 예수님이 무엇 때문에 돌아가셔야 했으며, 예수님이 무엇 때문에 우리 죄인들의 발을 씻겨 주셔야만 했습니까? 하나님께서 그것을 원하셨고, 예수께서는 하나님의 일하심이 완전히 선하다고 믿으셨기 때문에 반항하지 않고 순종하셨습니다. 예수께서 하나님의 하시는 일에 저항감을 나타내셨다는 말은 성경 어디에도 없습니다. 예수님은 하나님의 뜻을 이루어 드리는 것밖에는 모르시는 분이었습니다. 그런 분이셨기에 감히 제자들의 발을 씻기실 수 있었습니다. 우리의 죄를 위해서 돌아가실 수 있었던 것도 그분의 겸손한 마음 자세 때문이었습니다.

온유와 겸손은 언제든지 짝을 맞춰서 다닙니다. 온유가 나오면 금방 겸손이 따라 나옵니다. 겸손을 떠나서는 온유를 생각할 수가 없습니다. 온유한 사람이 아니면 겸손할 수가 없고 겸손한 사람이 아니면 온유할 수가 없습니다. 이 둘은 따로 떼어서 생각할 수가 없습니다.

　　온유하고 겸손한 마음 자세를 갖고 있지 않은 사람은 하나님의 일하심에 대해 반항을 하게 되어 있습니다. 자기 권리를 주장하기 때문입니다. 온유하지 못한 사람은 "하나님께서는 내가 오늘 무엇을 하기를 원하시는가?", "하나님께서는 오늘 내가 어디로 가기를 원하시는가?", "하나님께서는 또 내가 돈을 어디에 쓰기를 원하시는가?" 등에 관심이 있는 게 아니라 "내가 원하는 것을 어떻게 하면 하나님으로 하여금 하시도록 만드는가?" 하는 것에 마음이 쏠려 있습니다. 기도도 마찬가지입니다. 우리는 기도를 통해 하나님의 마음을 알려고 하기보다 자신의 권리만을 정신 없이 주장할 때가 많습니다.

　　하나님 앞에 온유한 마음을 가진 사람은 사람 앞에서도 그 마음이 나타나게 마련입니다. 비록 상대방이 자기에게 유익을 끼쳤거나 도움을 주었거나 사랑을 베푼 사람이 아니라고 할지라도, 아니 그와 반대로 오히려 자기를 해치고 욕하고 모욕한 사람이라 할지라도 그에게 온유할 수 있는 것은 이런 상황을 허락하신 데는 분명히 하나님의 뜻이 있다고 믿기 때문입니다. 즉, 하나님께서 내게 남아 있는 어떤 인격적 찌꺼기를 걸러 내어 나로 주님을 더욱 닮게 하시기 위해 이런 환경을 허락하신 거라 믿기 때문에 어떤 상황에서도 온유를 실천할 수 있는 것입니다. 불순물이 제거된 순수한 금을 얻기 위해 금을 뜨거운 불에 달구는 것처럼 하나님께서 이러저러한 사람들을 통해 나를 단련하고 계시다고 생각한다면, 우리는 우리에게 악하게 처신하는 사람 앞에서도 자기의 권리를 주장하기보다 어떻게 하면 이 상황에서 주님을 닮아 갈 수 있으며, 주님이라면 어떻게 저 사람을 섬기셨을까에 더 골몰할 것입니다.

넷째 / 자기를 의식하지 않는 태도

온유란 자기 권리를 주장하지 않는 것일 뿐 아니라 "나"라는 존재에 대해 전혀 관심이 없는 것입니다. 그래서 나를 높일 필요도 없고 낮출 필요도 없는 평정한 마음의 상태가 온유입니다. '나를 낮췄으니까 이만 하면 괜찮겠지' 하는 것도 자신을 의식하고 있는 상태입니다. 우리는 자신을 높이는 사람만 "나"를 의식하고 있다고 생각하지만 사실은 부끄러움 잘 타는 사람 역시 자기를 의식하는 것입니다. 나서기 잘하는 사람보다 뒤에 조용히 있는 사람이 근사한 것 같지만 나를 의식하고 있기는 둘 다 똑같습니다. "나"를 전혀 의식하지 않는 것, 그래서 자신을 높일 필요도 없고 낮출 필요도 없는 것, 그것이 온유입니다.

다섯째 / 연약함과는 구분되는 태도

온유는 연약함과는 엄연히 구분됩니다. 그런데 많은 사람들이 온유한 사람을 연약하다고 생각합니다. 이 온유라는 말은 힘과 능력을 표현하는 말입니다. 즉, 온유란 무한한 힘이 절제되었다가 상대방의 유익이나 선을 위해 쓰여지는 것을 말합니다.

곡예단의 사자는 자기 입에 조련사가 목을 들이밀어도 무는 법이 없습니다. 사람에게 치명상을 입힐 만한 힘이 자기에게 있지만 훈련받은 사자이기에 물지 않습니다. 이와 같이 절제된 힘, 이것이 온유입니다.

예수님도 마찬가지이십니다. 예수님은 자기를 죽이려는 사람들을 그 자리에서 티끌로 만드실 수가 있었습니다. 훅 하고 불면 어디로 갔는지 흔적도 찾아볼 수 없을 정도로 완벽히 없애 버리실 수 있는 능력을 갖고 계신 분입니다. 그러나 예수께서는 그 능력을 그렇게 쓰지 아니하시고 그 능력을 절제해서 그들을 용서하고 그들을 위해 자기 목숨을 내놓는 데 쓰셨습니다. 그렇기 때문에 예수님이 우리의 구세주가 되실 수 있었습니다.

그런데 사람들이 때때로 이런 예수님의 모습을 무기력하거나 약하게 보는 이유가 무엇인지 아십니까? 그들 자신이 무기력하기 때문입니다. 자신들이 약해서 그런 것을 절제하지 못하고 참지 못하니까 참는 사람을 도리어 무기력하게 보는 것입니다. 그러나 온유는 힘있는 사람만이 나타낼 수 있는 성품입니다. 쓸데없이 힘 자랑하는 사람들은 사실은 능력 없고 힘 없는 사람들입니다. 정말 실력 있는 남자는 온유합니다. 화날 때 화내지 않을 수 있는 힘, 복수하고 싶을 때 선으로 갚는 힘, 욕하고 싶을 때 위해서 기도하는 힘, 저주하고 싶을 때 축복하는 힘, 원수를 사랑하는 힘, 이것이 바로 진정한 능력이요 온유입니다.

그러면 예수께서 특별히 온유와 겸손을 배우라고 제자들에게 말씀하신 이유가 무엇인지 생각해 봅시다. 예수님은 대관절 어떤 분이십니까? 제자들의 발을 씻어 주시고 우리의 기도에 응답하시는 심부름꾼 같은 그분이 대관절 어떤 분이십니까? 만왕의 왕이요 만주의 주요 전능하고 전지하고 영원하고 불변하며 만물을 소유하시고 절대주권으로 온 우주를 주장하시는 하나님이십니다. 이런 분이 무엇 때문에 발을 씻는 자리까지 온유하게 내려앉으셔야만 했을까요? 그분이 택하신 그 낮은 자리가 바로 그분의 위대하심을 드러내 주기 때문입니다.

하다 못 해 원래 낮은 인간이라도 어쩌다가 겸손한 모습을 보이면 그것도 근사해 보이는데 예수님이야 오죽하겠습니까? 인간의 모습 중에서 가장 아름다운 모습이 무엇이냐 하면 낮아지는 모습, 깨어지는 모습, 회개하는 모습입니다. 그것보다 더 아름다운 모습은 없습니다. 눈물에 마스카라가 번져 지저분해져도 눈물을 흘리면서 회개하는 모습보다 더 아름다운 모습은 없습니다. 이렇듯 워낙 낮은 자리에 있는 사람이 우쭐대다가 내려와도 그렇게 아름답거늘, 높이높이 앉으셔서 모든 권리를 주장하셔야 되는 예수께서 그것들을 다 버리고 온유하고 겸손하게 낮아지셨으니 그 모습이 얼마나 더 위대해 보이겠습니까?

요한복음 13장 14, 15절에서 예수님은 이렇게 말씀하셨습니다.

"내가 주(主)와 또는 선생이 되어 너희 발을 씻겼으니 너희도 서로 발을 씻기는 것이 옳으니라 내가 너희에게 행한 것같이 너희도 행하게 하려 하여 본을 보였노라."

결과적으로 주인 되시고 선생 되신 예수께서 죄인들의 냄새 나는 발을 씻으신 까닭은 제자들에게 온유와 겸손의 본을 보여 주시기 위해서였습니다.

빌립보서 2장 5~8절은 이렇게 말씀합니다.

"너희 안에 이 마음을 품으라 곧 그리스도 예수의 마음이니 그는 근본 하나님의 본체시나 하나님과 동등됨을 취할 것으로 여기지 아니하시고 오히려 자기를 비어 종의 형체를 가져 사람들과 같이 되었고 사람의 모양으로 나타나셨으매 자기를 낮추시고 죽기까지 복종하셨으니 곧 십자가에 죽으심이라."

그리스도의 마음은 어떤 마음이었습니까? 자신의 권리를 주장하지 않고 사람의 모양과 같이 되어 자기를 낮추시고 죽기까지 복종하신 것이 그리스도의 마음이었습니다. 이 모범을 지적하면서 바울이 우리에게 말합니다.

"너희 안에 이 마음을 품으라 곧 그리스도 예수의 마음이니."

이 마음이 곧 온유와 겸손의 마음입니다. 권리를 주장하지 않는 온유 그리고 죽기까지 순종하는 겸손, 이 두 가지를 우리에게 배우라고 합니다.

베드로전서 2장 21절에도 "이를 위하여 너희가 부르심을 입었으니 그리스도도 너희를 위하여 고난을 받으사 너희에게 본을 끼쳐 그 자취를 따라오게 하려 하셨느니라"고 말씀합니다. 이 말씀 뒤에 이어지는 구절이 이와 같습니다.

"욕을 받으시되 대신 욕하지 아니하시고 고난을 받으시되 위협하지 아니하시고…친히 나무에 달려 그 몸으로 우리 죄를 담당하셨으니"(23, 24절).

예수께서 이렇게 온갖 수치와 핍박을 당하면서도 참고 인내하신 것은 우리에게 본을 보여 우리로 그 길을 따라가게 하시기 위함입니다.

온유와 더불어 사신 예수님

우리는 성경 곳곳에서 예수님의 온유하신 성품을 찾아볼 수 있습니다. 먼저 이사야서 50장에 보면 예수께서 나시기 700년 전에 이사야가 우리 예수님의 온유하고 겸손하신 성품에 대해 예언하는 말씀이 나옵니다.

> "주 여호와께서 나의 귀를 열으셨으므로 내가 거역지도 아니하며 뒤로 물러가지도 아니하며 나를 때리는 자들에게 내 등을 맡기며 나의 수염을 뽑는 자들에게 나의 뺨을 맡기며 수욕과 침 뱉음을 피하려고 내 얼굴을 가리우지 아니하였느니라. 주 여호와께서 나를 도우시므로 내가 부끄러워 아니하고 내 얼굴을 부싯돌같이 굳게 하였은즉 내가 수치를 당치 아니할 줄 아노라"(5~7절).

예수께서는 하나님의 명령을 하나도 거역하지 않으셨고, 그것을 피해 뒤로 물러나지도 않으셨으며, 사람들의 매를 피하기는커녕 등을 들이대셨고, 수염을 뽑고 침을 뱉고 저주를 하는데도 그것을 피하기 위해 얼굴을 돌리지 않으셨다고 했습니다. 그런 상황에서도 예수님은 "주 여호와께서 나를 도우신다"는 소망을 잃지 않으셨습니다. 천하없는 수욕을 당하고 수모를 당해도 십자가에 죽기까지 그것을 선한 것으로 받아들이실 수 있으셨던 온유함이 예수께 있었습니다. 그래서 히브리서 기자는 예수님에 대하여 "그 앞에 있는 즐거움을 위하여 십자가를 참으사 부끄러움을 개의치 아니하시더니"(12: 2)라고 전합니다.

앞에서 본 이사야 선지자의 예언이 바로 베드로전서 2장에서 과거 시제로 기록된 것을 알 수 있습니다. 예수님의 온유하고 겸손한 성품에 대한 예언이 그대로 성취된 것입니다.

"이를 위하여 너희가 부르심을 입었으니 그리스도도 너희를 위하여 고난을 받으사 너희에게 본을 끼쳐 그 자취를 따라오게 하려 하셨느니라 저는 죄를 범치 아니하시고 그 입에 궤사도 없으시며 욕을 받으시되 대신 욕하지 아니하시고 고난을 받으시되 위협하지 아니하시고 오직 공의로 심판하시는 자에게 부탁하시며 친히 나무에 달려 그 몸으로 우리 죄를 담당하셨으니 이는 우리로 죄에 대하여 죽고 의에 대하여 살게 하려 하심이라 저가 채찍에 맞음으로 너희는 나음을 얻었나니"(21~24절).

사람들이 욕을 해도 욕하지 아니하시고 고난을 받아도 위협치 아니하실 만큼 예수께서 온유하고 겸손하실 수 있었던 것은 공의로 심판하실 하나님을 믿으셨기 때문입니다. 모든 일을 공의로 판단하시는 분께서 예수님의 당한 일에 대해서도 공의롭게 해결하실 것을 믿으셨기 때문입니다. 즉, 예수님은 하나님께서 하시는 일에 대해 반항하고 저항하신 것이 아니라 온유함으로 그분의 행사를 따르고 계셨던 것입니다. 하나님께서 하시는 일이 모두 선하시다는 것을 믿고 말입니다. 우리는 여기서 자신의 유익에는 전혀 관심이 없고 오직 하나님만을 의지하고 순종하시는 예수님의 모습을 볼 수 있습니다.

우리는 마태복음 21장에서 다시 예수님의 온유하신 모습을 발견할 수 있습니다.

"시온 딸에게 이르기를 네 왕이 네게 임하나니 그는 겸손하여 나귀, 곧 멍에 메는 짐승의 새끼를 탔도다 하였느니라 제자들이 가서 예수의 명하신 대로 하여 나귀와 나귀 새끼를 끌고 와서 자기들의 겉옷을 그 위에 얹으매 예수께서 그 위에 타시니 무리의 대부분은 그 겉옷을 길에 펴며 다른 이는 나무 가지를 베어 길에 펴고 앞에서 가고 뒤에 따르는 무리가 소리 질러 가로되 호산나 다윗의 자손이여 찬송하리로다 주의 이름으로 오시는 이여 가장 높은 곳에서 호산나 하더라 예수께서 예루살렘에 들어가시니 온 성이 소동하여 가로되 이는 누구뇨 하거늘 무리가 가로되 갈릴리 나사렛에서 나온 선지자 예수라 하니라 예수께서 성전에 들어가서 성전 안에서 매매하는 모든 자를 내어쫓으시며 돈 바꾸는 자들의 상과 비둘기 파는 자들의 의자를 둘러 엎으시고 저희에게 이르시되 기록된 바 내 집은 기도하는 집이라 일컬음을 받으리라 하였거늘 너희는 강도의 굴혈을 만드는도다 하시니라 소경과 저는 자들이 성전에서 예수께 나아오매 고쳐 주시니"(5∼14절).

　　"시온 딸에게 이르기를 네 왕이 네게 임하나니"라는 말씀은 "여호와께서 땅 끝까지 반포하시되 너희는 딸 시온에게 이르라 보라 네 구원이 임하느니라"는 이사야서 62장 11절 말씀을 인용한 것입니다. 이 이사야서의 말씀 역시 예수님 오시기 700년 전에 예언된 말씀입니다. 나귀는 평화시에 짐을 나르는 짐승입니다. 마태복음은 주로 만왕의 왕으로 오신 예수 그리스도에게 초점을 맞추어 쓴 복음서입니다. 그런데 이 만왕의 왕께서 말을 타고 오신 것도 아니요, 금수레를 타고 오신 것도 아니요, 고작 짐 싣는 나귀 새끼를 타고 오셨습니다. 우리는 여기서도 예수님의 겸손과 온유한 면모를 볼 수 있습니다. 말을 타고 승리의 개선장군으로서 위엄을 과시해야 마땅하신 예수께서는 나귀를 타고 오심으로써 그분이 이 땅에 오신 목적이 하나님과 우리 사이에 평화의 다리를 놓기 위해서임을 보여 주셨습니다.

　　예수께서 드러내고자 하셨던 것은 자신의 영광이 아니라 하나님 아버지의 영광이었습니다. 그래서 그분은 나귀를 타고 예루살렘에 입성하신 후 제일 먼저 성전을 청결케 하셨습니다. 기도하는 집이라 일컬음을 받아야 할 성전이 강도의 본거지가 되자 참을 수가 없으셨던 것입니다. 그래서 성전 안에서 매매하는 모든 자를 내어쫓으시고 돈 바꾸는 자들의 상과 비둘기 파는 자들의 의자를 둘러 엎으셨습니다. 그렇듯 하나님의 영광을 위한 일이라면 힘을 아끼지 않으셨지만 자기 자신을 위해서는 그 힘을 한 번도 쓰신 적이 없습니다.

예수님은 그저 온순하기만 한 분이셨을까?

그런데 예수께서 그렇게 성전에서 한바탕 분을 내고 나신 후에 무슨 일을 하셨는지 아십니까? 우리는 보통 극도로 화를 내고 나면 그 여파가 몇 시간은 지속됩니다. 그래서 다른 일은 할 수가 없을 뿐더러 하고 싶은 마음도 사라집니다. 그러나 예수께서 내신 분노는 완전히 절제된 분노였기 때문에 그 다음 일에 전혀 영향을 미치지 않았습니다. 그래서 14절은 이렇게 전합니다.

"소경과 저는 자들이 성전에서 예수께 나아오매 고쳐 주시니."

그렇게 온 성전을 태울 것 같은 의분을 내고 난 다음에도 예수께서는 사람들의 필요를 보고 그냥 지나치지 않고 그들을 치료하셨습니다. 거기에서 예수님의 온유하심을 다시 발견합니다.

이사야 선지자는 예수님에 대해 또 이렇게 예언했습니다.

"그가 곤욕을 당하여 괴로울 때에도 그 입을 열지 아니하였음이여 마치 도수장으로 끌려가는 어린 양과 털 깎는 자 앞에 잠잠한 양같이 그 입을 열지 아니하였도다"(53:7).

이 예언이 마태복음 27장 12~14절에서 그대로 성취되었습니다.

"대제사장들과 장로들에게 고소를 당하되 아무 대답도 아니하
시는지라 이에 빌라도가 이르되 저희가 너를 쳐서 얼마나 많
은 것으로 증거하는지 듣지 못하느냐 하되 한 마디도 대답지
아니하시니 총독이 심히 기이히 여기더라."

총독에게는 예수님의 태도가 심히 기이하게 생각될 수
밖에 없었습니다. 우리들은 당연히 욕을 먹어야 하고 당연히
비난을 받아야 하고 당연히 공격을 받아야 하는 상황에서도
억울한 마음을 가질 때가 많습니다. 그러니, 하실 말씀이 너무
나 많을 것 같은데도 한마디도 안하시는 예수님의 모습이 당
연히 기이하게 보이지 않았겠습니까? 적반하장이라는 말처럼,
할 말이 많은 사람은 가만히 있고 도리어 아무 말 않고 있어
야 할 사람이 떠들고 나서는 경우를 우리는 늘 봅니다. 예수
께 쏟아졌던 곤욕과 공격과 비난들은 사실 예수님의 몫이 전
혀 아니었습니다. 그렇지만 예수님은 자신을 전혀 변호하지
않으셨습니다. 그러한 예수님의 온유하심 속에서 우리는 우리
자신의 모습을 다시 한번 돌아보게 됩니다.

누가복음 9장에서는 예수님이 지니신 또다른 측면의 온
유함을 볼 수 있습니다. 여기서 예수님은 복수할 수 있는 능
력을 오히려 복수를 당해야 마땅한 사람들의 유익을 위해서
사용하십니다.

"예수께서 승천하실 기약이 차가매 예루살렘을 향하여 올라가

기로 굳게 결심하시고 사자들을 앞서 보내시매 저희가 가서 예수를 위하여 예비하려고 사마리아인의 한 촌에 들어갔더니 예수께서 예루살렘을 향하여 가시는고로 저희가 받아들이지 아니하는지라 제자 야고보와 요한이 이를 보고 가로되 주여 우리가 불을 명하여 하늘로 좇아 내려 저희를 멸하라 하기를 원하시나이까 예수께서 돌아보시며 꾸짖으시고 함께 다른 촌으로 가시니라"(51~56절).

성경에 따라서는 이 구절에 대해 다음과 같은 각주를 달아 놓은 것이 있습니다.
"어떤 사본에는 55절 끝에 다음과 같은 말이 있음.「가라사대 너희는 무슨 정신으로 말하는지 모르는구나 인자는 사람의 생명을 멸하려고 온 것이 아니요 구원하러 왔노라」."
본문은 예수께서 예루살렘으로 가기로 작정을 하시고 길을 떠나시는 장면을 그리고 있습니다. 예수께서 예루살렘으로 가기로 하신 데는 특별한 목적이 있었습니다. 세상 짐을 지고 가는 하나님의 어린양으로서의 역할을 담당하기 위해 예수님은 예루살렘행을 결심하셔야만 했습니다.

예루살렘으로 가기 위해서는 도중에 사마리아를 거쳐 가야 하는데 사마리아 사람들이 그것을 용납하지 않았습니다. 역사적인 맥락에서 본다면 그것은 당연한 반응이었습니다. 사마리아인들은 이방인의 피가 섞인 혼혈족이었고 종교적으로도 정통에서 벗어나 있어 유대인들은 그들을 더러운 짐승 보듯

했습니다. 그래서 사마리아 땅에는 발도 들여놓기 꺼렸습니다.
그러나, 예수께서는 그렇게 천대받는 사마리아 땅인데도 불구
하고 거기에 발을 들여놓으셨을 뿐 아니라 그 곳에 머물면서
사마리아 사람들에게 복음을 전하시기까지 했습니다. 그런데
지금 사마리아 땅을 지나려 하니 그 곳에 사는 사람들이 반대
를 합니다. 그것을 보고 야고보와 요한이 분개했습니다. 그래
서 그들에게 뜨거운 맛을 보여 주면 어떻겠느냐고 묻자 주님
께서 제자들을 꾸짖습니다.

사실, 불을 명하셔야 될 분은 요한과 야고보가 아니라
예수님이셨습니다. 야고보와 요한의 마음에는 어쩌면 그 동안
사마리아인에 대한 감정이 좋지 않았는데 이번 기회에 복수를
해보고자 하는 욕구가 있었는지도 모릅니다. 그러니까 예수께
서 책망하시기를 "네가 어떤 마음의 태도로 그런 말을 하는지
네가 모르는구나. 내가 사람의 생명을 멸하려고 왔느냐? 아니
다. 나는 생명을 구원하러 왔느니라"고 하신 것입니다.

우리는 불을 명해서 누구를 태워 죽일 정도의 심한 복
수는 안할는지 모릅니다. 그러나 미운 사람에게 냉정하게 대
하고 못 본 척할 때가 얼마나 많습니까? 이것도 일종의 복수
입니다. 그리고 자기가 좋아하지 않는 사람에게 나쁜 일이 일
어나면 은근히 좋아하는 것도 복수하는 마음 중 하나입니다.
그 사람에 대해 나쁜 평을 하고 싶은 것, 베풀어야 할 것을
주고 싶지 않은 것, 남편이 미울 때 밥 차려 주고 싶지 않은

것들도 다 복수하는 마음에서 나온 것들입니다. 차마 "불을 내려 우리 남편(혹은 아내)을 폭 태워 주십시오"라고는 못하지만 우리 마음에도 온유하지 못한 복수의 마음이 자리 잡고 있는 것이 사실입니다.

로마서 12장 19절에는 "내 사랑하는 자들아 너희가 친히 원수를 갚지 말고 진노하심에 맡기라 기록되었으되 원수 갚는 것이 내게 있으니 내가 갚으리라고 주께서 말씀하시니라"고 기록되어 있습니다. 만일 하나님께서 우리에게 복수의 권한을 주셨다면 이 세상에 남아 날 사람이 하나도 없을 것입니다. **그런데 하나님의 복수는 아주 독특합니다. 하나님께서는 자기를 죽이려고 하는 사람에게 생명을 주시는 것으로 복수를 하십니다. 하나님께서는 자기를 미워하는 사람의 마음을 그분의 사랑으로 녹임으로써 복수를 하십니다.** "아무에게도 악으로 악을 갚지 말고 모든 사람 앞에서 선한 일을 도모하라"고 하신 것처럼 하나님은 온유하신 분이기 때문입니다.

로마서 12장 19절 말씀은 "아무에게도 악으로 악을 갚지 말고 모든 사람 앞에서 선한 일을 도모하라 할 수 있거든 너희로서는 모든 사람으로 더불어 평화하라"는 17, 18절 말씀 뒤에 이어지는 구절입니다. 그러므로 우선은 사랑으로 원수의 마음을 녹이고 화평을 유지하되 그래도 그 사랑을 받아들이지 않을 때는 그 원수를 하나님께서 갚으실 테니 그냥 두라는 말씀입니다.

또한 이어지는 20, 21절은 이렇게 말씀합니다.

"네 원수가 주리거든 먹이고 목마르거든 마시우라 그리하므로
네가 숯불을 그 머리에 쌓아 놓으리라 악에게 지지 말고 선으
로 악을 이기라."

복수라는 것은 다른 말로 바꾸어 말하면 악을 악으로
갚아서 지는 것을 뜻합니다. 그러나 악을 선으로 갚으면 이기
는 자가 된다고 말씀합니다. 그게 하나님의 복수 방법입니다.
우리가 생각하는 복수 방법과는 너무 다릅니다. 우리는 여기
서도 예수님의 온유하심을 볼 수 있습니다.
앞에서도 잠깐 언급했지만 요한복음 8장에서는 엄연한
심판자인데도 불구하고 심판하지 않으시고 용서하시는 예수님
의 온유를 볼 수 있습니다.

"서기관들과 바리새인들이 간음 중에 잡힌 여자를 끌고 와서
가운데 세우고 예수께 말하되 선생이여 이 여자가 간음하다가
현장에서 잡혔나이다 모세는 율법에 이러한 여자를 돌로 치라
명하였거니와 선생은 어떻게 말하겠나이까 저희가 이렇게 말
함은 고소할 조건을 얻고자 하여 예수를 시험함이러라 예수께
서 몸을 굽히사 손가락으로 땅에 쓰시니 저희가 묻기를 마지
아니하는지라 이에 일어나 가라사대 너희 중에 죄 없는 자가
먼저 돌로 치라 하시고 다시 몸을 굽히사 손가락으로 땅에 쓰
시니 저희가 이 말씀을 듣고 양심의 가책을 받아 어른으로 시

작하여 젊은이까지 하나씩 하나씩 나가고 오직 예수와 그 가운데 섰는 여자만 남았더라 예수께서 일어나사 여자 외에 아무도 없는 것을 보시고 이르시되 여자여 너를 고소하던 그들이 어디 있느냐 너를 정죄한 자가 없느냐 대답하되 주여 없나이다 예수께서 가라사대 나도 너를 정죄하지 아니하노니 가서 다시는 죄를 범치 말라 하시니라"(3~11절).

바리새인과 서기관들이 간음하다 잡힌 여인을 끌고 와서 모세의 율법에 의거해 고발했습니다. 모세의 율법에 따르면 이런 여자들은 돌로 쳐죽여야 한다는데 선생님 생각은 어떻냐고 예수께 물었습니다. 그런데 죄를 심판할 사람은 죄를 한 번도 짓지 않은 사람이어야 합니다. 자신이 법을 어겨 놓고 어떻게 다른 사람을 심판할 수 있겠습니까? 얼마 전에 미국에서 있었던 일인데 판사를 선출하는 과정에서 겐스버그라는 사람이 실격이 되었습니다. 이유인즉슨 과거 몇 차례에 거쳐 마리화나를 피운 사실이 발각되었기 때문입니다. 범법자가 심판자가 될 수 없는 것은 당연합니다. 결국 우리 죄를 심판하실 자격을 갖고 계신 분은 예수님 한 분밖에 안 계십니다.

바리새인과 서기관들 역시 죄를 고발할 자격이 없는 사람들이기는 마찬가지였습니다. 그런 그들이 지금 한 여인을 고발하고 있는데 정작 죄를 심판할 자격이 있으신 예수님은 뭐라고 말씀하십니까? "너희 중에 죄 없는 자가 먼저 돌로 치라"고 하십니다. 간음한 사람을 돌로 치려면 먼저 그 자신이 죄가 없어야만 하기 때문입니다. 율법의 글자를 그대로 지키시면서도 율법의 정신까지도 놓치지 않으시는 예수님의 온유하심을 볼 수 있는 장면입니다. 그러나 바리새인들은 고발하는 것밖에는 몰랐습니다.

여인을 에워쌌던 사람들이 하나 둘씩 다 사라지자 예수께서는 "나도 너를 정죄하지 아니하노니"라고 말씀하면서 그 여인을 용서해 주셨습니다. 예수님은 거룩한 하나님이십니다. 죄를 심판해야만 하는 하나님이십니다. 그러한 예수께서 지금 이 여인에게 죄를 지어도 괜찮다고 말씀하고 계신 것입니까? 그렇지는 않습니다. **예수께서 이 여인의 죄를 용서하신 것은 그 죄의 결과를 예수께서 손수 담당하실 준비가 되어 있으셨기 때문이었습니다. 상대방이 나에게 끼친 해가 무엇이든지간에 그 해를 내가 감수할 수 있어야 용서라는 것을 할 수 있습니다. 예수께서는 이 여자를 용서하시는 그때에 바로 십자가의 아픔을 경험하신 것입니다.**

누가복음 23장 34절은 "이에 예수께서 가라사대 아버지여 저희를 사하여 주옵소서 자기의 하는 것을 알지 못함이니이다"라고 기록되어 있습니다. 예수께서는 하늘에서 불이라도 내리게 해서 로마 병정들이나 자기를 고소하는 유대인들을 재로 만드실 수 있는 능력을 갖고 계신데도 그렇게 하지 않고, 그 능력과 그 힘을 다 절제하여 그들의 죄를 용서하는 기도에 사용하셨습니다. 예수님의 온유를 예로 들자면 너무 많아서 끝이 없습니다.

이제까지는

예수님의 삶에 드러난 온유의 모습을 살펴보았고 이제는 성경에 기록되어 있는 온유하라는 명령을 다섯 가지로 간단하게 보기로 하겠습니다.

첫째/ "나는 마음이 온유하고 겸손하니 나의 멍에를 메고 내게 배우라"(마 11:29).

예수께서는 그분의 온유를 배우라고 우리에게 말씀하십니다.

둘째/ "부르심을 입은 부름에 합당하게 행하여 모든 겸손과 온유로 하고"(엡 4:1, 2).

다시 말하면 우리를 부르신 하나님의 부름에 합당한 행위가 바로 겸손과 온유라는 말씀입니다.

셋째/ "너희는 하나님의 택하신 거룩하고 사랑하신 자처럼 긍휼과 자비와 겸손과 온유와 오래 참음을 옷 입고"(골 3:12).

우리는 하나님께서 택하신 사람들입니다. 또한 예수 그리스도의 의(義) 때문에 하나님 앞에서 거룩해진 사람들입니다. 그리고 하나님의 사랑을 받되 하나님께서 우리를 위해 독생자 예수님의 생명을 주실 정도로 더할 수 없는 사랑을 받은 사람들입니다. 그런 우리들에게 하나님께서는 무엇으로 옷을 입으라고 하십니까? 겸손과 온유와 오래 참음으로 옷을 입으라고 하셨습니다. 예수 그리스도의 의로 옷을 입으면 하나님이 보시기에 우리의 더러운 것은 다 감추어지고 온전히 그리스도의 의만 보이는 것처럼, 여기서도 옷을 입으라는 얘기는 우리의 인격을 겸손과 온유와 오래 참음으로 완전히 덮으라는 말씀입니다.

넷째/"오직 너 하나님의 사람아 이것들[돈을 사랑하는 것]을 피하고 의와 경건과 믿음과 사랑과 인내와 온유를 좇으며"(딤전 6:11).

"좇는다"는 것은 추구한다는 뜻입니다. 성경은 온유를 힘써서 따라가라고 말씀합니다.

다섯째/"범사에 온유함을 모든 사람에게 나타낼 것을 기억하게 하라"(딛 3:2).

범사에 온유하라고 합니다. 한 가지 일에만 온유한 것이 아니라 무엇을 하든지 항상 온유하라고 합니다. 또한 내가 좋아하는 사람 앞에서만 온유하게 행하는 것이 아니라 모든 사람 앞에서 그 온유함을 나타내라고 합니다.

온유한 사람들

예수님의 생애 전반에 나타난 온유의 모습을 보면서 어쩌면 마음속에 '예수님은 하나님이시니까 그렇게 살 수 있으셨지만 우리 평범한 사람들이야 어떻게 원수를 위하여 선을 베풀고 나를 핍박하는 자를 용서할 수가 있겠어?' 하는 마음이 들었을지도 모릅니다. 그래서 이제는 평범한 사람들 속에 나타난 그리스도의 온유하심을 살펴보려고 합니다.

> **억울한 환경 속에서 하나님만 바라다보는**
> **온유를 닮은 사람 다윗**

사무엘하 16장은 다윗이 자기의 아들 압살롬의 공격을 피해 부하들과 함께 도망가는 장면을 기록한 장입니다. 아들이 아버지를 죽이려고 덤벼드니 아버지로서 이보다 더 억울한 상황은 아마도 없을 것입니다. 낳아 주고 길러 준 부모의 은공을 알아주기는커녕 지금 자기 아버지를 죽이겠다고 칼을 갈고 달려드니 어찌 보면 참혹하기까지 한 상황입니다.

　　그런데 설상가상으로 사울 왕의 종 시므이라는 남자기
따라오면서 계속해서 다윗에게 저주와 욕설을 퍼붓습니다. 다
윗의 신복들에게 돌까지 던지면서 말입니다. 전왕(前王)이 죽
으면 그 왕권에 속해 있던 직속 부하들과 가족들은 현왕(現
王)의 손에 몰살당하는 것이 그때의 관습이었습니다. 누구든
지 현재 왕권에 반항하는 자가 나올 염려가 있었기 때문입니
다. 그렇게 볼 때 시므이는 이미 죽어야 했던 사람입니다. 그
런 그가 오히려 다윗에게 저주를 하고 돌을 던지고 있으니 이
얼마나 기가 막힌 상황입니까? 이 상황을 보고 있던 스루야의
아들 아비새가 지금 자기가 시므이의 목을 베겠으니 허락해
달라고 다윗에게 요청합니다. 그러자 다윗이 이렇게 대답합니
다.

　　"왕이 가로되 스루야의 아들들아 내가 너희와 무슨 상관이 있
느냐 저가 저주하는 것은 여호와께서 저에게 다윗을 저주하라
하심이니 네가 어찌 그리하였느냐 할 자가 누구겠느냐 하고
또 아비새와 모든 신복에게 이르되 내 몸에서 난 아들도 내
생명을 해하려 하거든 하물며 이 베냐민 사람이랴 여호와께서
저에게 명하신 것이니 저를 저주하게 버려두라 혹시 하나님께
서 나의 원통함을 감찰하시리니 오늘날 그 저주 까닭에 선으
로 내게 갚아주시리라 하고 다윗과 그 종자들이 길을 갈 때에
시므이는 산비탈로 따라가면서 저주하고 저를 향하여 돌을 던
지며 비탈길로 티끌을 날리더라"(10～13절).

　　아들에게 쫓기고 사울의 종에게 욕을 듣는 억울한 환경
에서도 다윗은 하나님만을 바라봤기 때문에 그 환경을 허락하
신 하나님을 의뢰할 수 있었습니다. 다윗은 이 억울한 환경조
차도 절대주권자이신 하나님께서 허락하신 것이라고 받아들였
는데 당신은 어떻습니까? 자신이 당하고 있는 억울한 환경을
한 번 생각해 보시기 바랍니다. 무슨 까닭에서인지는 모르지
만 그 억울한 환경 역시 절대주권자이신 하나님께서 허락하신
것입니다. 다윗을 생각하면서 자신의 태도를 점검해 보시기
바랍니다. 당신은 온유한 사람입니까?

자신을 변호하지 않는 온유를 닮은 사람 모세

민수기 12장에는 미리암과 아론이 모세를 비방하는 이야기가
등장합니다.

> "모세가 구스 여자를 취하였더니 그 구스 여자를 취하였으므
> 로 미리암과 아론이 모세를 비방하니라 그들이 이르되 여호와
> 께서 모세와만 말씀하셨느냐 우리와도 말씀하지 아니하셨느냐
> 하매 여호와께서 이 말을 들으셨더라 이 사람 모세는 온유함
> 이 지면의 모든 사람보다 승하더라 여호와께서 갑자기 모세와
> 아론과 미리암에게 이르시되 너희 삼 인(三人)은 회막으로 나
> 아오라 하시니 그 삼 인이 나아가매"(1~4절).

　　구스인을 얻었다는 얘기는 흑인을 얻었다는 얘기입니

다. 모세가 구스 여자를 아내로 취한 것을 놓고 미리암과 아론이 모세를 향해 "여호와께서 모세와만 말씀하셨느냐?" 하고 비방합니다. 그들이 모세를 질투하고 있었던 것입니다. 그렇지 않다면 그들은 마땅히 "우리 유대인들은 이방인들과 결혼하지 못하게 되어 있지 않느냐? 그런데 모세가 어째서 이방 여인을 아내로 삼았는가?" 하는 식으로 불만을 토로했을 것입니다. "여호와께서 모세와만 말씀하셨느냐?" 하는 말은 "모세만 선지자냐?" 하는 말과도 같습니다. 즉, 그들은 하나님께서 모세를 특별히 구별해서 쓰고 계신 것에 질투와 시기를 느끼고 있었던 것입니다.

그들의 비방에 모세는 아무 말도 하지 않았습니다. 모세는 하나님께 부름을 받은 종이었으므로 충분히 자기를 변호할 만했습니다. 그런데 그는 한마디 말도 하지 않았습니다. 그래서 3절은 "모세는 온유함이 지면의 모든 사람보다 승하더라"고 말씀하고 있습니다. 그는 자기를 변호하기 위해 입을 여는 사람이 아니었습니다. 그런 면에서 그는 예수 그리스도의 온유를 닮은 사람이었습니다. 모세가 아무 말도 하지 않으니까 여호와께서 직접 모세를 변호하기 위해 말씀을 시작하셨습니다.

결국 그 일 때문에 하나님의 진노를 받아 미리암은 문둥병에 걸리게 됩니다. 일을 저지른 사람은 미리암과 아론 두 사람인데 미리암만 문둥병에 걸린 것이 이상합니다. 이것은 하나님께서 여자와 남자를 차별하셔서가 아닙니다. 1절에 "비방하니라"는 동사는 원어로 보면 여성동사로 되어 있는 것을 알 수 있습니다. 그러니까 불평을 해도 주동자는 미리암이었다는 말입니다. 우리도 이런 짓을 종종 잘합니다. 누군가 공격을 하고 싶은데 자기 입은 더럽히고 싶지 않을 때, 전화를 걸든지 해서 나 대신 불평을 해줄 사람을 찾습니다. 미리암이 바로 이런 짓을 하다가 얼굴이 하얗게 되는 문둥병에 걸린 것입니다.

자신의 누이가 자기를 비방하다 문둥병에 걸리게 되자 모세는 미리암을 위해 하나님 앞에 부르짖기 시작합니다. 그가 얼만큼 힘써서 미리암을 위해 기도했던지, 그냥 기도했다고 되어 있지 않고 "부르짖었다"고 기록되어 있습니다. 그리고는 미리암의 병을 고쳐 주시기를 하나님께 간구했습니다. **모세는 자기를 변호하는 데 입을 열지 않았을 뿐만 아니라 그 입을 벌려서 상대방을 위해서 기도한 사람이었습니다.** 우리에게는 나를 비방하고 시기하는 사람을 위해서 부르짖을 수 있는 온유함이 있습니까?

다윗은 시편 22편 6절에서 "나는 벌레요 사람이 아니라"고 말한 바 있습니다. 자기를 변호하지 않는 무저항의 벌레 말입니다. 그 벌레와 뱀의 차이를 한번 생각해 보십시오. 뱀은 언제든지 자기를 공격하는 사람을 향해 독을 쏘기 위해 혀를 나불거리고 고개를 추켜 세우고 있습니다. 당신은 자신을 변호하지 않는 무저항의 벌레입니까, 아니면 완전히 공격 태세를 갖추고 있는 뱀입니까? 어떤 비평이나 공격을 받을 때, 아니면 오해를 받을 때 당신은 얼마나 속히 자신을 변호 하고 있습니까? 자신을 변호하기 위해서 입을 열기보다 오히 려 자신을 비방한 사람을 위해 입을 연 모세를 보면서 자신의 모습을 점검하시기 바랍니다.

복수하지 않는 온유를 닮은 사람 요셉

창세기 45장에는 형들의 손에 애굽으로 팔려 갔던 요셉이 총 리대신이 되어 형들과 재회하는 장면이 등장합니다.

> "요셉이 형들에게 이르되 내게로 가까이 오소서 그들이 가까
> 이 가니 가로되 나는 당신들의 아우 요셉이니 당신들이 애굽
> 에 판 자라 당신들이 나를 이 곳에 팔았으므로 근심하지 마소
> 서 한탄하지 마소서 하나님이 생명을 구원하시려고 나를 당신
> 들 앞서 보내셨나이다 이 땅에 이 년 동안 흉년이 들었으나
> 아직 오 년은 기경도 못하고 추수도 못할지라 하나님이 큰 구
> 원으로 당신들의 생명을 보존하고 당신들의 후손을 세상에 두
> 시려고 나를 당신들 앞서 보내셨나니 그런즉 나를 이리로 보
> 낸 자는 당신들이 아니요 하나님이시라 하나님이 나로 바로의
> 아비를 삼으시며 그 온 집의 주(主)를 삼으시며 애굽 온 땅의
> 치리자를 삼으셨나이다"(4~8절).

요셉의 형들은 한때 요셉을 죽이려고까지 했던 사람들이었습니다. 그 형들을 다시 만나게 되었을 때 요셉은 형들에게 충분히 복수할 수 있는 실력을 갖춘 상태였습니다. 그러나 그는 형들에게 복수하지 않았습니다. 악을 악으로 갚지 않고 악을 선으로 갚았습니다. 그는 하나님께서 모든 환경을 주관하신다는 사실을 믿고 있었습니다. 혹자는 "복수와 원한은 복수하는 자와 복수당하는 자 모두를 파멸시킨다"고 말한 바 있습니다. 복수를 하면 속이 시원해질 것 같지만 사실은 복수를 하는 자와 복수당하는 자 모두 파멸에 이른다는 것을 기억하시기 바랍니다. 남이 나를 해칠 때 당신은 어떤 반응을 보입니까? 당신은 온유한 사람입니까?

용서하는 은유를 닮은 사람 스데반

사도행전 7장 59, 60절은 우리가 잘 알고 있는 말씀입니다.

> "저희가 돌로 스데반을 치니 스데반이 부르짖어 가로되 주 예수여 내 영혼을 받으시옵소서 하고 무릎을 꿇고 크게 불러 가로되 주여 이 죄를 저들에게 돌리지 마옵소서 이 말을 하고 자니라."

일곱 집사 중 하나였던 스데반은 유대인들을 향해 안타까운 심정으로 예수 그리스도에 관한 복음을 전하고 있었습니다. 이 세상에 살면서 사람을 사랑하는 방법이 여러 가지 있지만 그 중에서도 가장 큰 사랑은 복음을 전해 주는 사랑입니다. 이렇게 최고의 사랑을 베풀고 있는 스데반에게 유대인들은 오히려 돌을 던져 죽이는 악을 행하고 있었습니다. 선을 악으로 갚은 것입니다. 그러나 스데반은 돌에 맞아 죽어 가면서도 그들을 위해 기도했습니다.

"이 죄를 저들에게 돌리지 마옵소서."

이것은 예수께서 십자가 위에서 드리셨던 기도와 아주 흡사합니다. 그만큼 스데반은 예수님을 닮은 자였습니다. 당신에게 잘못한 사람에 대해 당신은 어떻게 반응합니까? 당신은 온유한 사람입니까?

자신의 권리를 주장하지 않는 온유를 닮은 사람 아브라함

아브라함은 각자의 소유 때문에 자신과 롯이 한 땅에 동거할 수 없는 형편이 되자 롯에게 먼저 선택권을 주어 거할 땅을 선택하게 합니다. 롯은 아브라함 덕분에 있는 축복 없는 축복을 다 받은 사람이었습니다. 그래서 당연히 아브라함이 먼저 선택할 권리를 갖고 있었지만 그는 그 권리를 주장하지 않았습니다.

> "아브람이 롯에게 이르되 우리는 한 골육이라 나나 너나 내 목자나 네 목자나 서로 다투게 말자 네 앞에 온 땅이 있지 아니하냐 나를 떠나라 네가 좌하면 나는 우하고 네가 우하면 나는 좌하리라"(창 13:8, 9).

　　　권리가 없는 롯은 턱 나서서 자기 권리를 주장했고 정
말 권리를 갖고 있는 아브라함은 뒷자리에 물러서 있었습니
다. 상황이 완전히 거꾸로 된 셈입니다. 예수께서 하시는 일도
매사가 그렇습니다. 복수를 해야 마땅한 예수님은 복수를 하
지 않으시는데 그럴 권한이 없는 우리는 복수하고 싶어하고,
우리를 심판하셔야 마땅한 예수님은 우리를 용서하시는데 우
리는 서로를 용서하지 않고 용서받기만을 바랍니다. 항상 이
런 식입니다. 권리가 많으신 예수님은 그 권리를 다 기권하고
우리를 위해서 십자가에 죽기까지 하셨는데 우리는 무슨 권리
가 그렇게 많은지 늘 자기 권리를 찾느라고 정신이 없습니다.
권리에 대한 당신의 태도는 어떻습니까? 당신은 온유한 사람
입니까?

범죄한 자를 은유로 다루는 사람 바울

고린도후서 10장 1절에서 바울은 "너희를 대하여 대면하면
겸비하고 떠나 있으면 담대한 나 바울은 이제 그리스도의 온
유와 관용으로 친히 너희를 권하고"라고 말합니다. 범죄한 고
린도 교인들에게 바울은 책망을 해야만 했습니다. 왜냐하면
그들이 하는 짓이 하나님의 영광을 가리고 있었고 바울은 그
들을 사랑했기 때문입니다. 그러나 바울은 그들을 향해 온유
와 관용으로 권유한다고 했습니다. 갈라디아서 6장 1절에서도
바울은 범죄한 자에 대해 온유한 심령으로 교훈하고 자신을
돌아보아 자신도 시험을 받을까 두려워하라고 말했습니다. 우

리도 똑같은 시험에 들 수 있는 사람들이기에 누가 범죄했을 때 그 범죄한 사람을 온유한 심령으로 타이르라는 말입니다. 죄 지은 사람에 대한 당신의 태도는 어떻습니까? 당신은 온유한 사람입니까?

사람은 자신에게 죄가 있을 때 다른 사람에 대해 더 참지 못하는 것 같습니다. 앞에서는 다윗이 억울한 가운데 하나님만을 바라보는 온유함을 보였지만 그 역시 온유하지 못할 때가 있었습니다. 다윗이 밧세바와 동침하고 나서 그 죄를 덮기 위해 자신의 신복인 우리아를 죽였을 때 하나님께서는 다윗에게 나단 선지자를 보내셨습니다. 나단 선지자는 다윗의 죄를 고발하기 위해 왕 앞에서 악한 부자의 비유를 듭니다. 그 비유를 들은 다윗 왕은 크게 노하여 "여호와의 사심을 가리켜 맹세하노니 이 일을 행한 사람은 마땅히 죽을 자라"(삼하 12:5)면서 격분합니다. 온유함이라고는 찾아볼 수 없는 태도입니다. 남의 잘못을 보고 온유할 수 없다면 내 자신에게 뭔가 떳떳치 못한 구석이 있기 때문임을 알아야 합니다. 즉, 내 눈에 들보가 있기 때문에 상대방 눈에 든 티를 보고 흥분하는 것입니다.

거역하는 자를 온유함으로 징계하는 사람 바울

디모데후서 2장 24, 25절에서 바울은 우리를 반대하는 자를 온유함으로 징계하라고 말합니다.

"마땅히 주의 종은 다투지 아니하고 모든 사람을 대하여 온유
하며, 가르치기를 잘하며 참으며 거역하는 자를 온유함으로 징
계할지니 혹 하나님이 저희에게 회개함을 주사 진리를 알게
하실까 하며."

당신을 반대하는 자들에 대해서 당신은 어떤 태도를 보
입니까? 당신은 온유한 사람입니까?

하나님 말씀을 온유한 태도로 받은 사람 다윗

말씀을 받는 태도를 통해서도 자신의 온유함을 평가할 수 있
습니다. 야고보서 1장 21절은 다음과 같이 말씀합니다.

"그러므로 모든 더러운 것과 넘치는 악을 내어버리고 능히 너
희 영혼을 구원할 바 마음에 심긴 도를 온유함으로 받으라."

"마음에 심긴 도"란 하나님의 말씀을 뜻합니다.
나단 선지자가 악한 부자의 비유를 든 뒤 다윗에게 "당
신이 그 사람이라"고 말하자 다윗은 "내가 여호와께 죄를 범
하였노라"(삼하 12:13)고 고백합니다. 비록 참혹한 죄악을
저지르기는 했지만 선지자를 통해 전달되는 하나님의 말씀에
대해서 다윗은 온유함으로 받아들일 자세가 되어 있었던 것입
니다. 왕이라는 신분을 등에 업고 나단에게 화를 낼 수도 있
었고 나단을 옥에 가둘 수도 있었으며 듣기 싫다고 소리를 지

를 수도 있었습니다. 그러나 그는 하나님의 말씀이 자신의 심령을 찌를 때 온유한 마음으로 그 말씀 자체를 인정했습니다. 하나님의 눈동자 아래 자신의 죄악상이 드러났을 때 다윗이 그것 때문에 얼마나 가슴 아파하며 회개하였는지는 시편 51편에 잘 나타나 있습니다.

그런데 다윗과는 반대로 웃시야 왕은 하나님의 말씀을 신중하게 받아들이지 않음으로 비참한 최후를 맞이한 인물입니다. 웃시야 왕은 하나님께서 축복을 해주셔서 말할 수 없이 큰 성공을 거둔 사람이었습니다. 그러나 성공 때문에 마음이 교만해진 그는 제사장 외에 아무도 드릴 수 없는 분향을 자기 손으로 하려는 죄악을 범했습니다. 분향하려는 왕을 말리면서 제사장이 웃시야 왕에게 이렇게 말했습니다.

> "웃시야여 여호와께 분향하는 일이 왕의 할 바가 아니요 오직 분향하기 위하여 구별함을 받은 아론의 자손 제사장의 할 바니 성소에서 나가소서 왕이 범죄하였으니 하나님 여호와께 영광을 얻지 못하리이다"(대하 26:18).

이 말에 웃시야가 화를 버럭 내자 하나님께서 그의 온유하지 못한 모습을 보시고서 그에게 문둥병을 내리셨습니다. 결국 그는 죽는 날까지 문둥병에서 헤어나지 못하는 신세가 됩니다.

하나님의 말씀이 당신의 마음을 찌를 때 당신은 그 말

씀을 어떤 자세로 받습니까? "주여! 옳소이다. 정말 저는 그런 사람입니다!" 하고 받으십니까, 아니면 반항하십니까? 우리는 또한 성경에서 자기 마음에 합한 구절을 찾아내려고 애쓰는 경향이 있습니다. 자기 입장을 옹호해 주는 성경 구절들에 마음이 더 끌리기도 합니다. 그러나 자기 마음에 합한 말씀만을 받아들이는 것은 온유한 마음(즉, 옥토와 같은 마음)이 아닙니다. 내가 아무리 좋아하는 것이라고 할지라도 주님께서 아니라고 하시면 버릴 용의가 있어야 온유한 마음입니다. 당신은 온유한 사람입니까?

온유함으로 순복한 사람 사라

베드로전서 3장 1~6절은 다음과 같이 말씀합니다.

"아내 된 자들아 이와 같이 자기 남편에게 순복하라 이는 혹 도를 순종치 않는 자라도 말로 말미암지 않고 그 아내의 행위로 말미암아 구원을 얻게 하려 함이니 너희의 두려워하며 정결한 행위를 봄이라 너희 단장은 머리를 꾸미고 금을 차고 아름다운 옷을 입는 외모로 하지 말고 오직 마음에 숨은 사람을 온유하고 안정한 심령의 썩지 아니할 것으로 하라 이는 하나님 앞에 값진 것이니라 전에 하나님께 소망을 두었던 거룩한 부녀들도 이와 같이 자기 남편에게 순복함으로 자기를 단장하였나니 사라가 아브라함을 주라 칭하여 복종한 것같이 너희가 선을 행하고 아무 두려운 일에도 놀라지 아니함으로 그의 딸

이 되었느니라."

　　우리는 어쩌면 '사라야 뭐 믿음의 조상 아브라함을 남편으로 두었는데 순종하기가 얼마나 쉬웠겠어. 내 남편이 만일 아브라함 정도만 된다면 나도 온유하게 순종하는 것쯤은 문제 없어'라고 생각할지 모릅니다. 그러나 갈대아 우르 지방을 떠날 때 사라의 마음이 어땠겠는지 상상해 보십시오. 어디로 가는지도 모르고 그저 하나님의 명령에 따라 정처 없이 떠나겠다는 남편 옆에서 사라가 가졌을 마음의 부담이 얼마나 컸겠습니까? 그러나 사라는 순종했습니다. 그런데 이제 가나안 땅에 겨우 정착할 만하니까 아브라함이 또 애굽으로 내려가자고 합니다. 그때도 순종하고 애굽으로 내려갔습니다.

　　아브라함이 땅을 선택할 권리를 롯에게 먼저 주었을 때도 아내 된 입장에서는 남편의 그러한 태도를 달갑게 받아들이기가 어려웠을 것입니다. 아브라함에게 늘 온유와 안정된 마음으로 순종하기란 쉽지 않은 일이었을 것입니다. 믿음의 조상을 따라가는 길이 결코 그렇게 쉬운 길이 아닙니다. 아브라함이 전쟁에 나간다고 했을 때도 사라의 마음은 편치 못했을 것입니다. 이긴다는 보장도 없고 만에 하나라도 남편이 죽으면 자신은 과부가 되는데, 어떻게 안정되고 온유한 마음으로 순종할 수 있겠습니까? 아들 이삭을 제물로 바친다고 했을 때는 두말할 나위도 없습니다. 사라는 그렇게 지독한 상황에서도 순종했는데 우리 모습은 어떻습니까? 당신은 온유한 사람입니까?

　이렇듯 성경에서 온유한 삶의 본을 보여 준 사람은 무수히 많습니다. 그런데 이들에게는 한 가지 공통점이 있습니다. 그들은 사람 앞에 온유하기에 앞서 먼저 하나님 앞에 온유한 사람들이었습니다. 그들은 하나님께 모든 소망을 두었기 때문에 그분께서 허락하신 환경 속에서 온유할 수가 있었습니다.

온유의 첫걸음

그렇다면 어떻게 하면 온유할 수가 있습니까? 그 방법 하나는 하나님께서 허락하신 환경 속에서 온유를 배워 가는 것입니다. 그 환경이 하나님께로부터 왔다는 것을 인정하고 그리고 이 환경을 통해 하나님께서 내게 가르치고자 하시는 것이 있다는 것을 인정해야 합니다. 다윗도 처음부터 온유한 사람은 아니었습니다. 모세도 처음부터 온유한 사람이 아니었습니다. 바울도 마찬가지였습니다. 바울은 우리가 다 알듯이 예수 믿는 사람들을 잡아 죽이던 사람이었습니다.

　모세는 광야 생활 40년을 통해 다듬어진 사람이었습니

다. 다윗도 얼마나 많은 세월을 여러 사람들에게 쫓기고 숨어 다녔는지 모릅니다. 그러나 그런 환경 속에서 그는 온유를 배웠습니다. 그런 환경을 통해 하나님께서 그를 겸손하게 만드셨습니다. 우리보다 앞서 살았던 이런 사람들을 보면서, 하나님께서 허락하시는 환경을 우리가 어떤 태도로 받아들여야 할지 명확하게 알게 되었을 것입니다.

온유는 성령의 열매 가운데 하나입니다. 그러므로 성령께 자신을 맡기지 않는 이상 우리는 온유할 수 없습니다. 스스로 노력해서 온유해질 수 있는 사람은 아무도 없습니다. 요한복음 15장 5절은 "나는 포도나무요 너희는 가지니 저가 내 안에, 내가 저 안에 있으면 이 사람은 과실을 많이 맺나니 나를 떠나서는 너희가 아무것도 할 수 없음이라"고 말씀합니다. 자기 노력으로 온유해지기를 바라고 있다면 지금부터 그만두십시오. 온유는 하루아침에 이루어지지 않습니다. **하나님께서 허락하신 환경 속에서 내가 깨어질 때 성령께서 나를 주장하셔서 나를 온유한 사람으로 길러 가실 것입니다.** 가지가 포도나무에 접해 있지 아니하면 온유는커녕 아무런 열매도 맺을 수 없다는 사실을 인정해야만 합니다. 장차 당신을 온유의 사람으로 빚어 놓으실 하나님을 소망하시기 바랍니다.

예수께서 십자가를
기꺼이 지실 수 있었던 힘은
무엇이었을까
?

아홉째 · 겸손하신 하나님

가장 아름다운 덕

하나님의 성품에는 도덕과는 관계없는 성품과 도덕적인 성품이 있습니다. 도덕적인 면과 관계가 없는 하나님의 성품은 우리가 가질 수 없는 성품이기 때문에 그런 성품들을 공부할 때는 우리 자신을 그렇게 많이 건드릴 필요가 없었습니다. 그러나 도덕적인 면의 성품은 우리도 소유해야 되는 성품이기 때문에 "온유하신 하나님" 한 가지만 공부하는데도 적용할 것들이 많았습니다. 온유하신 하나님을 살펴보면서 예수님이 가지신 성품과 우리들이 갖고 있는 성품이 얼마나 큰 차이가 있는지 느낄 수 있었을 것입니다.

겸손이란 낮아진다는 뜻이지만 우리 자체가 겸손하지 않기 때문에 겸손보다는 교만을 설명하는 게 이해하기가 더 쉬울 것입니다. 교만은 우리와 너무나도 절친한 사이이기 때문입니다. **겸손을 이타주의, 완전히 자기를 잊어버린 이타주의라고 한다면 교만은 이기주의라고 할 수 있습니다.** 예수님은 남밖에 모르셨기 때문에 우리가 그분을 일컬어 겸손하다고 하는 것입니다. 그분은 하나님과 사람들밖에는 모른 채 평생을 사신 분이었습니다.

그래서 "나는 마음이 온유하고 겸손하니"(마 11:29)라고 하신 말씀도 전혀 어색하지가 않습니다. 만일 제가 "나는 마음이 온유하고 겸손하니 나를 따라와서 배우라"고 감히 말한다면 그것보다 어색한 일도 없을 것입니다. 얼마나 안 어울리겠습니까? 그것은 사람으로서는 해서는 안 되는 말이고 할 수도 없는 말입니다. 그런 말을 감히 해도 조금도 어색하지 않고 너무나도 당연하게 들리는 분은 오직 예수님 한 분밖에 없습니다. 예수님은 그렇게 아름다운 분이십니다.

"자기"를 숭배하는 사람들, 즉 나밖에 모르는 이기주의자인 우리에게 이 겸손이라는 단어는 아예 없는 말이나 마찬가지입니다. 입으로는 가끔 사용하지만 실제적으로 따지자면 이 단어는 우리 사전에 없는 말입니다. 나폴레옹은 "내 사전에 불가능이란 없다"고 했다지만 사실은 엄격한 의미로 우리 인간의 사전에 겸손이라는 말은 없습니다. 유명한 기독교 사상가 중 한 사람은 "자신이 겸손하다고 생각하는 그 순간 그 사람은 이미 겸손을 잃어버린 사람이 된다"라고 말한 바 있습니다. 잡기도 어려울 뿐더러 잡았다 하면 잃어버리는 게 겸손입니다. 의식적(意識的)인 겸손은 가면을 쓴 교만일 뿐입니다.

온유를 배우면서 이미 공부했지만 겸손한 사람만이 온유할 수 있다고 했습니다. 또한 온유한 사람만이 겸손할 수 있습니다. **온유가 밖으로 표현된 행동이라면 겸손은 그 온유한 행동을 하게 하는 생각과 마음의 상태입니다. 온유가 나올 수 있는**

뿌리가 바로 겸손인 셈입니다. 겸손이라는 뿌리를 갖고 있지 않는 사람은 온유라는 열매를 맺을 수 없습니다. 그런데 대부분의 사람들이 갖고 있는 것은 교만의 뿌리이기 때문에 우리 삶에 온유의 열매가 맺혀지지 않는 것입니다. 내 마음의 생각과 마음의 상태가 겸손하지 않을 때, 온유의 정의인 자기 권리와 유익을 주장하지 않는 행동이 나올 수 없는 것은 당연한 이치입니다.

온유함도 먼저 하나님 앞에서 나타나야 그 다음에 사람들 앞에서 나타난다고 한 것처럼 겸손도 마찬가지입니다. **먼저 하나님 앞에서 겸손한 사람이라야 사람들 앞에서 겸손할 수 있습니다. 그러므로 하나님 앞에 겸손하지 않은 사람이 사람들 앞에 겸손하려고 하는 것은 허위이고 위선입니다.** 하나님께서 보시는 눈으로 자기 자신을 바라본 사람이라야만 겸손할 수 있습니다. 다시 말해서, 하나님께서 보시는 나를 있는 그대로 받아들일 수 있는 사람이 겸손한 사람입니다.

하나님께서는 우리를 일컬어 천하보다 더 귀하다고 하셨습니다. 그래서 독생자 예수 그리스도를 우리를 위해서 죽게 하셨을 정도로 하나님께서 우리를 사랑하셨지만, 그러나 죄로 타락한 우리들 속에는 선한 것이라고는 아무것도 거할 수 없습니다. 바울은 "내게 능력 주시는 자 안에서 내가 모든 것을 할 수 있느니라"(빌 4:13)고 했지만 그러나 사실 우리는 아무것도 할 수 없는 존재들입니다. 하나님의 거룩하심을 바라볼 때 우리의 죄는 상대적으로 더 확실히 드러날 수밖에 없습니다. 자신이 죄인인 것을 모르는 사람은 겸손이 무엇인지 전혀 알 수 없습니다. 그래서 예수님을 구세주와 주님으로 영접하지 않은 사람들은 겸손이라는 말의 진정한 뜻을 이해하지 못합니다. 그런데 예수님을 영접한 우리들도 얼마나 자주 스스로 주인이 되어 사는지 모릅니다. 그것 역시 겸손과는 거리가 먼 삶입니다.

하나님 앞에 겸손한 사람만이 사람들 앞에서 겸손할 수 있습니다. 신명기 12장 3절은 "이 사람 모세는 온유함이 지면의 모든 사람보다 승하더라"고 말씀합니다. 이 온유하다는 말은 겸손하다는 말과도 같습니다. 우리는 모세가 40일 주야기도를 한 번만 한 것으로 알고 있기가 쉽지만 사실은 세 차례에 걸쳐 40일 주야기도를 한 것을 알 수 있습니다(신 9:9, 25/10:10 참조). 모세가 겸손한 사람으로 인정받을 수 있었던 것은 하나님을 그만큼 가까이서 알았고 하나님 앞에서 그만큼 엎드려 기도하는 사람이었기 때문입니다. 하나님 앞에 엎드리는 겸손함이 사람들 앞에서도 온유와 겸손으로 나타났던 것입니다.

우리는 하나님 앞에 겸손하지 못하면서 사람들 앞에 겸손하게 보이기 위해서 꾸미는 때가 얼마나 많은지 모릅니다. 겸손이 그리스도인이 가져야 할 최고의 덕인 것은 알고 있기 때문입니다. 그 최고의 덕인 겸손을 이루기 위해서는 나를 기

권하는 훈련 과정이 필요합니다. 그러나 우리는 겸손을 갖고
싶어하긴 하지만 그 과정을 거치기는 싫어합니다. 하나님께서
하나님이시면서 스스로를 비워 종이 되신 것처럼 우리도 자신
을 비우고 기권해야 하는데 그 과정이 아프고 쓰라리니까 그
값을 지불하기 싫어합니다. 겸손하고는 싶은데 겸손해지기가
어려우니까 자꾸 겉을 꾸미게 됩니다. 그래서 겸손한 척, 온유
한 척, 사랑하는 척, 이기적이면서도 이기적이 아닌 척, 남만
위해서 사는 척합니다. 그런 뜻에서 우리는 "척하고" 사는 사
람들입니다.

　　　이런 위장된 겸손의 모습은 우리 생활에서 아주 쉽게
찾아볼 수 있습니다. 자신이 가진 전부를 기권하신 예수님을
위해서 우리는 흔히 돈을 많이 벌어서 주님 앞에 더 많이 바
치기 원한다고 말합니다. 열심히 돈 버는 이유가 거기에 있다
고 말합니다. 그런데 주님은 그 돈에 관심을 갖고 계시지 않
습니다. 그 돈을 쥐고 있는 사람을 원하십니다. 나 자신을 내
놓으라고 말씀하십니다. 그런데 나 자신을 내놓자니 예수께서
하늘나라의 영광을 버리신 것과 같은 그 쓰라린 아픔이 따릅
니다. 나를 바치는 대신 물질을 드리기가 더 쉽습니다. 나를
바치는 대신 시간을 드려 봉사를 하는 게 더 편합니다. 차라
리 동분서주하는 게 더 편합니다.

　　　겸손은 가장 아름다운 덕이지만 가장 성취하기 어려운
덕이기도 합니다. 하나님의 창조물 중에 가장 아름다웠던 아

침의 아들 계명성 루시퍼는 창조주의 자리에 올라가려고 하다 그만 음부(陰府)로 떨어졌습니다. 그가 말하기를 "내가 하늘에 올라 하나님의 뭇별 위에 나의 보좌를 높이리라"(사 14:13)고 했습니다. 하나님과는 비교도 할 수 없는 창조물이 감히 창조주의 자리를 탐내서 그 보좌 위에 올라가려고 마음 먹은 것입니다. 그래서 그는 "가장 높은 구름에 올라 지극히 높은 자와 비기고" 싶어했지만 결국은 음부 곧 구덩이의 맨 밑에 빠치우게 됩니다. 창조물이 감히 창조주의 자리에 올라가려고 교만하게 굴다가 타락한 것입니다.

그 타락한 뱀이 에덴 동산에 들어왔습니다. 그는 "너희가 그것을 먹는 날에는 너희 눈이 밝아 하나님과 같이 되어 선악을 알 줄을 하나님이 아심이니라"(창 3:5)는 말로 우리 조상 아담과 하와를 꾀었습니다. 그러자 하나님과 같이 되고자 하는 교만한 마음이 그들 마음속에 들어가서 그 선악과를 따먹게 했고 결국은 타락의 길에 접어들게 했습니다. 죄의 근본 뿌리는 교만인 셈입니다. 그때부터 온 인류는 교만 병에 걸려 "나"라는 우상을 섬기기 시작했습니다. 나밖에 모르는 이기주의자가 되어 버린 것입니다.

우리가 흔히 말하는 죄악이란 교만이라는 병이 나타내는 여러 증세일 뿐입니다. 어떤 병을 앓으면 이런 증세도 나타나고 저런 증세도 나타납니다. 감기에 걸리면 머리가 아프고 콧물이 나오고 기침이 나는 등 여러 증상이 나타나듯이,

이기심이나 불순종, 불신앙, 고집, 자랑, 사랑 없음, 오래 참지 못함, 시기, 질투, 우상 숭배, 돈 사랑 등 수만 가지의 죄악은 교만 병에 수반하는 증세들입니다. 그리스도의 겸손에 자극받아 교만 병이 치료함을 받지 않는 이상 겸손해지기란 불가능합니다.

예수님과 같이 되고자 하는 그 마음, 한걸음 더 나아가서 예수님보다 더 높아지고자 하는 마음이 바로 교만한 마음입니다. 우리는 어쩌면 "누가 예수님보다 더 높아지기를 원해?" 하고 생각할는지도 모릅니다. 그렇지만 잘 생각해 보십시오. 우리는 남에게 비평 듣기를 싫어합니다. 비평 듣기 좋아하고 욕먹기 좋아하고 비난받기 좋아하는 사람은 아무도 없을 것입니다. 그런 태도의 저변에는 '나는 완성 작품이야. 나는 비평받을 구석이 없는 사람이야. 비난받을 만한 사람이 아니라구'라는 마음이 깔려 있습니다. 완전하신 예수님도 비평받고 비난받고 욕먹으셨습니다. 물론 그것은 모두 우리 때문에 받으신 수모였습니다. 그러므로 비평받기 싫어한다는 것은 예수님의 자리보다 더 높이 올라가겠다는 마음이나 같습니다.

예수님처럼 겸손할 수만 있다면 우리는 다시는 죄를 짓지 않는 사람이 될 수 있습니다. 예수님처럼 완전히 겸손해진다면 말입니다. 그때는 죄와는 전혀 상관없는 사람이 될 수 있습니다. **낮아져야 하는데 높아져서 타락한 인류에게 겸손이라는 덕은 성령의 힘이 아니고는 소유할 수 없는 것입니다. 성령께**

서 우리 안에서 역사하셔서 우리로 겸손케 하지 않으시는 이상 우
리는 결코 겸손을 배울 수 없습니다.

스스로 낮아지신 하나님

시편 113편 5, 6절은 "여호와 우리 하나님과 같은 자
누구리요 높은 위에 앉으셨으나 스스로 낮추사 천
지를 살피시고"라고 말씀합니다. 하나님께서는 스스로 존재하
는 분이시기 때문에 아무것도 필요하지 않으십니다. 스스로
만족하시고 스스로 완전하시고 아무것도 필요로 하지 않는 분
이시므로 굳이 천지를 창조하실 이유가 없으셨습니다. 그러므
로 천지를 창조하신 그 자체가 하나님의 겸손입니다. 창조 때
문에 겪으실 그 모든 고난을 아시면서도 천지를 창조하고 인
간을 창조하신 하나님께서는 더군다나 그것을 돌보시기 위해
스스로 낮추셔서 천지를 살피신다고 합니다.

　　매년 12월에 들어서면 온 세상이 예수님 나신 날을 기
념하느라 분주해집니다. 이것은 어떻게 생각하면 분개해야 할
일이고 어떻게 생각하면 감사해야 할 일입니다. 들어서는 가
게마다 소란한 대중가요가 아닌 캐롤이나 찬양이 울려 퍼지는
것은 감사한 일입니다. 물론 성탄절이 상업주의와 맞물려서
그 뜻이 변질되고 오용되는 것은 분개할 일입니다. 그러나 어

찌 보면 주님께서는 돈을 벌고자 하는 인간들의 이기심까지 동원하셔서 우리들에게 "인간으로 오신" 겸손하신 예수님을 선전하고 계시는지도 모릅니다.

말구유로 오시기까지 자신을 낮추신 예수님. 그것이 바로 예수께서 우리를 사랑하시는 비밀입니다. 이사야서 57장 15절은 이렇게 말씀합니다.

"지존무상하며 영원히 거하며 거룩하다 이름하는 자가 이같이 말씀하시되 내가 높고 거룩한 곳에 거하며 또한 통회하고 마음이 겸손한 자와 함께 거하나니 이는 겸손한 자의 영을 소성케 하며 통회하는 자의 마음을 소성케 하려 함이라."

지극히 높은 곳에 계시는 하나님께서 자기 죄를 회개하는 자와 함께하시는 것은 그 회개하는 자의 쓰라린 가슴을 불쌍히 여기사 그 마음을 위로하고 소성시키시기 위해서입니다.

예수님은 "수고하고 무거운 짐 진 자들아 다 내게로 오라 내가 너희를 쉬게 하리라" 하시면서 우리를 초청하고 계시지만 우리는 사실 예수께 가까이 갈 수 없는 존재들입니다. 예수님은 거룩하셔서 죄인인 우리들이 접근할 수 없는 분이고, 너무 높이 계셔서 낮은 우리가 접근할 수 없는 분이며, 너무 깨끗하셔서 더러운 우리가 다가갈 수 없는 분인데, 그런 분이 지금 우리를 초청하고 계십니다. 예수께서 우리를 이렇게 초청하시고 우리도 그 초청에 응할 수 있는 것은 예수님의 마음이 온유하고 겸손하신 때문입니다.

마태복음 9장에는 예수께서 마태의 집에서 세리와 죄인들과 함께 식사를 하시는 장면이 나옵니다. 거룩하여 죄를 미워하시는 예수께서는 마땅히 죄를 심판해야 할 분이십니다. 그런데 예수께서 마태의 집에 계실 때 그분 주위에 모여든 사람들은 전부 세리와 죄인들이었습니다. 우리는 죄인들을 편하게 대해 주는 사람입니까, 아니면 죄인들은 근처에도 얼씬거리지 못하게 하는 사람입니까?

또한 기도와 안수를 받기 위해 사람들이 어린아이들을 예수께 데리고 왔을 때 제자들이 이것을 꾸짖자 예수께서는 아이들이 나에게 오는 것을 금하지 말라고 하시며 아이들에게 안수하셨습니다. 제자들은 아마도 바쁘신 예수님의 편의를 봐 드린다는 뜻에서 아이들의 접근을 막았을 테지만 예수님은 그분을 만나기 원하는 사람은 누구든 만나 주셨습니다. 죄의 짐을 지고 있는 사람이든지, 영적으로나 육신적으로나 정신적으로나 감정적으로 무슨 필요가 있는 사람이든지, 어린아이들이라고 할지라도 원하는 사람은 누구나 예수께 접근할 수 있었습니다.

예수께서 포기하신 것들

빌립보서 2장 5~8절은 다음과 같이 말씀합니다.

"너희 안에 이 마음을 품으라 곧 그리스도 예수의 마음이니 그는 근본 하나님의 본체시나 하나님과 동등됨을 취할 것으로 여기지 아니하시고 오히려 자기를 비어 종의 형체를 가져 사람들과 같이 되었고 사람의 모양으로 나타나셨으매 자기를 낮추시고 죽기까지 복종하셨으니 곧 십자가에 죽으심이라."

예수님은 근본 하나님이십니다. 그러면서도 하나님과 동등됨을 취할 것으로 여기지 아니하셨습니다. 하나님으로서 경배받으셔야 마땅한 분이지만 경배 대신 저주와 조롱과 형벌과 욕을 달게 받으신 분입니다. 그리고 오히려 자기를 비워 종의 형체를 입으신 분입니다. 비웠다는 말은 가진 것을 몽땅 쏟아 버렸다는 말입니다. 그렇다면 예수께서 대관절 무엇을 쏟아 버리셨습니까? 이것은 우리가 하늘나라를 가 봐야만 알게 될 것입니다. 왜냐하면 우리는 예수께서 하늘나라에서 가지고 계셨던 부와 영광과 존귀가 어떤 것인지 본 적이 없기 때문입니다. 예수께서 누리셔야 했던 것이 구체적으로 어느 정도의 것인지는 알 수 없지만 성경에 근거해 그 그림자라도 살펴보면 다음과 같습니다.

첫째 / 하나님의 권위

즉, 예수께서는 인간이 되심으로써, 뭐든지 스스로 행사하실 수 있는 권위를 포기하신 셈입니다. 그래서 예수께서는 "아들이 아버지의 하시는 일을 보지 않고는 아무것도 스스로 할 수 없나니 아버지께서 행하시는 그것을 아들도 그와 같이 행하느니라"(요 5:19)고 말씀하셨습니다. 하나님의 아들 되신 예수님도 아버지가 하시는 것을 보지 않고는 아무 일도 스스로 할 수가 없다고 하셨는데 우리 인간은 왜 그렇게도 스스로 할 수 있는 것들이 많은지 모릅니다. "내가 아무것도 스스로 할 수 없노라 듣는 대로 심판하노니 나는 나의 원대로 하려 하지 않고 나를 보내신 이의 원대로 하려는고로 내 심판은 의로우니라"(요 5:30)고 하신 말씀에서도 스스로 하나님의 권위를 포기하신 예수님의 겸손을 읽을 수 있습니다.

둘째 / 하늘나라의 영광

히브리서 기자는 "저[예수 그리스도]는 그 앞에 있는 즐거움을 위하여 십자가를 참으사 부끄러움을 개의치 아니하시더니"(12:2)라고 말한 바 있습니다. 예수께서 이 땅에 오셔서 가장 고민하던 순간이 바로 십자가를 눈앞에 둔 순간이었을 것입니다. 할 수만 있으면 십자가를 피하고 싶을 정도로 예수님이 당하셔야 할 고통은 큰 것이었지만, 그 십자가 뒤에 보이는 하늘나라의 영광을 바라볼 때 예수님은 십자가의 고통마저도 기쁨으로 감당할 수 있으셨습니다.

이런 정황을 통해 우리는 하늘나라의 영광이 얼마나 대단한 것이며 결과적으로 예수께서 포기하셔야 했던 영광의 깊이와 넓이와 높이가 얼마나 엄청난 것이었는지 짐작할 수 있습니다. 그래서 예수께서는 돌아가시기 전에 우리를 위해서 기도하시면서 먼저 자신을 위해 이런 기도를 하셨습니다.

"아버지여 창세 전에 내가 아버지와 함께 가졌던 영화로써 지금도 아버지와 함께 나를 영화롭게 하옵소서"(요 17:5).

이것은 예수님만이 하실 수 있는 간절한 기도입니다. 우리는 예수께서 누리셨던 그런 영광을 단 한 번도 누려 보지 못했기 때문에 예수님이 얼마나 간절한 소망으로 이 기도를 올리셨는지 이해하지 못합니다.

베드로와 요한과 야고보는 변화산에서 그 영광을 잠깐 맛볼 수 있었습니다. 구약의 이사야 선지자도 그 영광을 잠시 볼 수 있었습니다(사 6장 참조). 주께서 높이 들린 보좌에 앉으셨는데 그 옷자락은 성전에 가득했고 스랍들이 주님을 모시고 섰다고 했습니다. 스랍들에게 각기 여섯 날개가 있는데 두 날개로는 얼굴을 가렸고 두 날개로는 발을 가렸고 그리고 나머지 두 날개로 날아다니면서 "거룩하다 거룩하다 거룩하다 만군의 여호와여 그 영광이 온 땅에 충만하도다" 하며 서로 창화했다고 기록되어 있습니다. 천사들조차 예수님의 그 찬란한 영광을 감히 바라다볼 수 없어서 얼굴을 가렸습니다. 하나님의 거룩하심을 찬양하기 위해서 창조된 스랍들이라면 그 모습이 얼마나 아름답겠습니까? 그런데도 하나님의 영광 앞에서 그 얼굴을 가려야만 한다면 그 영광이 얼마나 찬란한 것이겠습니까?

그러한 경배와 찬양을 받으셔야만 하는 주님께서 "멸시를 받아서 사람에게 싫어 버린 바 되었으며 간고를 많이 겪었으며 질고를 아는 자라 마치 사람들에게 얼굴을 가리우고 보지 않음을 받은 자 같아서 멸시를 당하는"(사 53:3) 존재가 되신 것입니다. 이때 사람들이 얼굴을 가린 것은 그분의 찬란한 영광 때문이 아니라, 우리의 더럽고 추하고 일그러진 죄를 홀로 지고 가시는 그 얼굴을 차마 볼 수가 없고 보기가 싫었기 때문입니다.

셋째/율법을 심판할 권리

하나님은 율법을 제정하신 분입니다. 그런데 율법을 주셨을 뿐 아니라 율법에 따라 인간을 심판해야 할 재판장 되시는 예수님이 친히 그 율법의 심판을 받는 자리에 들어가셨습니다. 율법을 심판할 권리를 기권하셨을 뿐만 아니라 율법의 저주를 몸소 받기까지 하셨습니다. 고린도후서 5장 21절은 "하나님이 죄를 알지도 못하신 자로 우리를 대신하여 죄를 삼으신 것은 우리로 하여금 저의 안에서 하나님의 의(義)가 되게 하려 하심이니라"고 말씀합니다. 율법의 재판관 되신 예수께서 우리를 위해서 죄인이 되신 것은, 우리를 사랑하셔서 우리들을 그 죄에서 건져 주시기 위함입니다.

넷째 / 하늘나라의 부(富)

예수님은 하늘나라뿐만 아니라 우주까지도 소유하신 분입니다. 그런 예수께서 우리를 위해서 가난해지셨습니다. 그래서 고린도후서 8장 9절은 "우리 주 예수 그리스도의 은혜를 너희가 알거니와 부요하신 자로서 너희를 위하여 가난하게 되심은 그의 가난함을 인하여 너희로 부요케 하려 하심이니라"고 말씀합니다. 하늘나라의 영광된 보좌에 좌정하셔야만 될 예수께서 말구유에 누우신 이유가 우리를 하늘나라의 보좌로 높여 주시기 위함이라는 것입니다.

온 우주를 소유하고 계셨지만 이 땅에 사실 동안은 머리 둘 곳조차 없으셨던 예수님입니다. 그래도 가난한 인간의 삶을 택하신 것은 "내 아버지 집에는 거할 곳이 많도다"라는 말씀처럼 우리에게 거할 곳을 허락하시기 위해서였습니다. 또한 예수님은 돌아가실 때 자기 소유의 무덤조차 없으셨습니다. 부자였던 요셉의 무덤을 빌려서 쓰셨습니다. 그런데도 이 땅의 삶을 손수 경험하신 이유는 우리로 하여금 무덤이 필요 없는 부활의 삶을 살게 하시기 위해서였습니다. 예수께서는 예루살렘에 승리의 왕으로 입성하실 때도 나귀를 빌려 쓰셨고, 복음을 가르치실 때도 베드로의 고기잡이 배를 빌려 쓰셨으며, 제자들과 마지막 유월절을 지내면서 다락방에서 최후의 만찬을 드실 때도 시내의 한 다락방을 빌려 쓰셨습니다.

이렇듯 예수께서는 모든 기득권을 포기하셨을 뿐 아니라 종의 형체를 입으시기까지 했습니다. 만왕(萬王)의 왕이요 만주(萬主)의 주이신 예수께서, 섬김을 받으셔야 마땅한 예수께서 섬기기 위해 이 땅에 오신 것입니다.

> "인자(人子)가 온 것은 섬김을 받으려 함이 아니라 도리어 섬기려 하고 자기 목숨을 많은 사람의 대속물로 주려 함이니라"(마 20:28).

종으로 오신 예수님의 모습이 가장 극적으로 드러난 부분은 역시 제자들의 발을 씻기시는 장면에서입니다. 예수께서 제자들의 발을 씻기신 후에 "너희도 서로 발을 씻기는 것이 옳으니라"(요 13:14)고 하신 것은 실제로 발을 씻어 주라는 의미라기보다는 서로의 필요를 채워 주라는 말씀입니다. 그런데 우리는 그렇듯 낮은 자세를 별로 취하고 싶어하지 않습니다. 요한복음 13장과 관련해서 누가복음 22장을 보면, 예수께서 제자들의 발을 씻기실 때도 제자들은 앉아서 서로 누가 크냐 하는 문제를 놓고 다툼을 벌이고 있었던 것을 알 수 있습니다. 우리는 제자들의 모습에서 우리 자신의 모습을 얼마든지 볼 수 있습니다.

 ## 십자가 죽음의 의미

예수님은 십자가에서 죽으시기까지 자기를 낮추셨습니다. 예수께서 보여 주신 겸손의 극치가 바로 십자가의 죽음입니다. 그분은 십자가를 통해 죽기까지 순종하는 겸손을 보여 주셨습니다. 그래서 겸손을 측량하는 도구가 바로 순종입니다. 예수님은 죽기까지 순종하셨기에 겸손의 최고 본보기가 되셨습니다. 예수님의 죽음은 다음과 같은 세 가지 **특징**을 가지고 있었습니다.

첫째 / 고통스러운 죽음

십자가의 죽음은 가장 고통스러운 죽음이었습니다. 그래서 십자가형을 두고 "1,000번을 죽는 죽음이다"라는 말이 나올 정도였습니다. 오랜 시간 동안의 고문으로 사람의 진을 빼서 죽이는 사형 방법이 바로 십자가형입니다. 그뿐만 아니라 우리들의 모든 죄가 그분 위에 쏟아졌기 때문에 예수님은 그 죄의 무게 때문에 극심한 아픔을 겪으셔야 했습니다.

둘째 / 영문(營門) 밖의 죽음

히브리서 13장 11~13절은 이렇게 말씀합니다.

"이는 죄를 위한 짐승의 피는 대제사장이 가지고 성소에 들어가고 그 육체는 영문 밖에서 불사름이니라 그러므로 예수도 자기 피로써 백성을 거룩케 하려고 성문 밖에서 고난을 받으셨느니라 그런즉 우리도 그 능욕을 지고 영문 밖으로 그에게 나아가자."

영문 밖이란 이스라엘 시민권을 갖지 못한 이방인들이 사는 곳이었습니다. 사람들이 가까이하기도 싫어하고 보기도 싫어하는 문둥병자들이 사는 곳이 영문 밖이었습니다. 또한 그 곳은 범죄자들을 처벌하는 곳이기도 했고 쓰레기를 버리는 곳이기도 했습니다. 그 곳에서는 쓰레기를 태우는 연기가 하루 종일 피워 올랐습니다. 사람들은 그 곳을 가리켜 지옥이라고 부르기까지 했습니다. 예수께서 최후를 맞이하신 곳이 바로 그 곳이었습니다. 예수님은 우리 때문에 그런 수치스러운 죽음을 죽으신 것입니다.

셋째 / 저주의 죽음

"나무에 달린 자는 하나님께 저주를 받았음이니라"(신 21: 23).

"그리스도께서 우리를 위하여 저주를 받은 바 되사 율법의 저주에서 우리를 속량하셨으니 기록된 바 나무에 달린 자마다 저주 아래 있는 자라 하셨음이라"(갈 3:13).

십자가의 죽음은 저주를 받은 죽음이었습니다. 주석가 윌리암 헨드릭슨(William Hendrickson)은 예수님의 십자가 죽음에 대해 이렇게 말했습니다.

"십자가에 달려 계신 동안 예수님은 아래로부터 사단과 마귀의 공격을 받으셨다. 주위에서는 사람들의 경멸과 조롱을 받으셨다. 위에 계신 하나님으로부터는 저주의 상징인 어두움을 받으셨다. 예수님 속에서는 '나의 하나님, 나의 하나님, 어찌하여 나를 버리셨나이까' 하는 울부짖음이 일어났다. 그래서 예수님은 지옥까지 내려가셨다. 갈보리의 죽음까지 내려가셨다."

예수께서 이렇듯 자기를 비우고 죽기까지 낮아지셔야 했던 이유가 무엇입니까? 다름 아닌, 이것이 바로 그분께서 우리를 사랑하시는 방법이었기 때문입니다. 요한복음 17장에 보면 예수께서는 십자가에 달려 돌아가시기 전에 제자들과 온 교회를 위해 기도하시면서 다음과 같이 간구하셨습니다.

"…저희를 보전하사 우리와 같이 저희도 「하나 되게」 하옵소서"(11절).

"…저희도 다 「하나가 되어」 우리 안에 있게 하사…"(21
절).
"…이는 우리가 하나가 된 것같이 저희도 「하나가 되게」 하
려 함이니이다"(22절).
"…저희로 온전함을 이루어 「하나가 되게」 하려 함은…"(23
절).

예수께서는 우리가 하나가 되기를 원하십니다.
사도 바울도 빌립보 교인들에게 보내는 편지에서 다음
과 같이 부탁합니다.

"마음을 같이 하여 같은 사랑을 가지고 뜻을 합하며 한마음을
품어 아무 일에든지 다툼이나 허영으로 하지 말고 오직 겸손
한 마음으로 각각 자기보다 남을 낮게 여기고 각각 자기 일을
돌아볼 뿐더러 또한 각각 다른 사람들의 일을 돌아보아 나의
기쁨을 충만케 하라"(빌 2:2~4).

한마음을 품으라고 하면서 사도 바울이 예로 들고 있는
본은 다름 아닌 예수 그리스도였습니다. 예수께서 이렇게 겸
손하셨던 것처럼 너희들도 겸손해서 하나가 되라고 부탁하는
것입니다. **하나가 된다는 것은 겸손하다는 얘기입니다. 겸손하지
않고는 하나가 될 수 없습니다. 겸손하지 않고는 남의 일을 각각
돌아볼 수가 없습니다. 우리는 이렇듯 하나가 되라고 간절히 부탁
하시는 주님의 음성을 십자가 밑에서 들어야만 합니다.** 우리의 교

회는 하나입니까? 우리는 한마음을 가지고 주님의 일들을 하고 있습니까? 우리가 하나 되지 못하고 있다면 그 이유는 무엇입니까? 겸손할 줄 모르기 때문입니다. 우리가 하나 된 날, 그 날 우리는 겸손의 옷을 입고 있을 것입니다.

바울은 계속해서 이렇게 말합니다.

"이러므로 하나님이 그를 지극히 높여 모든 이름 위에 뛰어난 이름을 주사 하늘에 있는 자들과 땅에 있는 자들과 땅 아래 있는 자들로 모든 무릎을 예수의 이름에 꿇게 하시고 모든 입으로 예수 그리스도를 주라 시인하여 하나님 아버지께 영광을 돌리게 하셨느니라"(빌 2:9~11).

이렇게 우리를 위해서 낮아지신 예수님 앞에 어떻게 우리가 무릎을 꿇지 않을 수 있단 말입니까? 예수님 앞에 어떻게 우리가 입을 열어서 예수님이 나의 주님이라고 시인하지 않을 수 있단 말입니까? 물론 이미 예수 그리스도를 주님과 구원자로 받아들인 사람들은 그분 앞에 무릎 꿇은 자이고 예수님을 주님이라고 고백한 자들입니다. 그러나 문제는 일상 생활 속에서도 무릎 꿇음과 고백이 이루어지고 있느냐 하는 것입니다. 하루하루를 사는 동안 문제가 생겼을 때, 내게 유익이 없는 일이 생겼을 때, 내가 나를 기권해야만 됐을 때, 우리는 얼마나 자주 우리의 무릎을 주님 앞에 꿇어 드립니까? 내가 나를 주장하고 싶을 때 우리는 얼마나 자주 마음을 돌이켜 주님께 그 주권을 내어 드리고 있습니까?

이제는 그 교만한 무릎을 주님 앞에 꿇어 드릴 때입니다. 그 교만한 입술을 열어서 내가 주인이 아니라 예수님이 주인이라고 고백해야 할 때입니다. 그러면 하늘나라의 부가 내 것이 될 것입니다. 예수께서 낮아지고 가난해지신 이유는 그 하늘나라의 부를 나에게 주시기 위해서입니다.

망망한 바다 한가운데서 배 한 척이
침몰하게 되었읍니다.
모두들 구명 보우트에 옮겨 탔지만
한 사람이 보이지 않았읍니다.
절박한 표정으로 안절부절하던 성난 무리 앞에
급히 달려 나온 그 선원이
꼭 쥐고 있던 손바닥을 펴 보이며 말했읍니다.
"모두들 나침반을 잊고 나왔기에…"
분명, 나침반이 없다면 끝없이 바다 위를
표류할 수 밖에 없을 것입니다.

생(生)의 바다를 항해하는 모든 이들을 위하여
우리는 그 나침반의 역할을 하고 싶습니다.
우리를 구원하신 아름다운 주님을
20세기 문명의 이기(利器)를 통하여
널리 전하고 싶습니다.

우리 나침반 가족은
구원의 복음과 진리의 말씀을 전하며
당신의 믿음 성장과 삶을, 가정을, 증거를,
그리고 당신의 세계를 돕고 싶습니다.

그리스도 안에서
우리는 당신을 진실로 사랑합니다.

"하나님은 모든 사람이 구원을 받으며
진리를 아는 데 이르기를 원하시느니라."
(디모데전서 2장 4절)

테리홀 성경 안내서들

성경의 거대한 맥을 잡게 해 주는 책!

▩ 성경 종합 개관

성경의 전체적 조망을 말씀들의 긴밀한 연관관계, 조화를 통해 보여 줍니다. 많은 그림을 사용하여 성경 진리의 유기적 연관성과 그에 따른 하나님과 사람과의 교제에 대한 한 폭의 벽화를 보여 줍니다.

크라운판 / 182면

성경의 중심 내용을 관통해 주는 책!

▩ 특급 구약 관통

구약의 각 사건들과 인물들과 시가서의 내용의 일관된 흐름을 잡아 줍니다(중고등부, 대학부 성경공부 교재로 최적).

신국판 / 168면

▩ 특급 신약 관통

복음서와 서신서들의 상관관계, 중심 메시지를 특이한 기억법으로 소개해 줍니다(중고등부, 대학부 성경공부 교재로 최적).

신국판 / 180면

개인 성경공부의 지름길을 제시해 주는 책!

▩ 성경을 읽고 공부하는 7가지 방법

개인이 스스로 성경을 읽고 그 중심 개념을 파악할 수 있는 7가지 방법을 제시해 줍니다.

신국판 / 80면

재치와 실력을 갖춘 성경교사로 만들어 주는 책!

▩ 일류교사가 되는 방법

주일학교와 성경공부반에서 창의적이고 재치있게 가르치기를 원하는 교사들을 위한 탁월한 지침서입니다.

신국판 / 160면

성경을 재미있게 공부하는 방법을 제시해 주는 책!

▩ 성경을 좀더 재미있게 공부하는 방법

거대한 자원의 책인 성경에서 더 많은 보화를 얻는 성경공부 방법을 제시해 줍니다. 테리홀의 탁월한 성경공부 방법을 총집대성한 책!

신국판 / 232면

테리홀 (Terry Hall: 미국 노쓰센트럴 대학에서 문학사/달라스 신학교에서 신학석사)은 성경 교육에 창조적인 시청각 자료 사용을 장려하는 단체인 미국 「메디아 선교회」의 부회장이다. 그는 무디 성경 학교에서 10년간 가르친 바 있다.

책번호 / 가 · 1077

하나님에 대해 똑바로 알아야 할 9가지

발행소 ● 종 합 선 교 – 나 침 반 社
NACHIMBAN MINISTRIES
(등록 1980년 3월 18일 / 제 2-32호)

편집겸 발행인 ● 김   용   호

ⓒ1997 KIM YONG-HO

초판발행시 선교사역의 동참자들
강정림 • 김응국 • 남희경 • 이계복 • 이기쁨 이문숙 • 이부국 • 이선영 • 이헌주 • 양진선 송정규 • 정화영 • 조선아 • 최현규 (가. 나. 다…순)

연락처

- 우편/ 110-616 서울 광화문 사서함 1641호
  K.P.O. BOX 1641, SEOUL, 110-616, KOREA
- 우체국대체구좌 / 010041-31-1201888
- 은행지로번호 / 각은행 99번 창구 3000366번
- 전화 / 본사사무용(02)279-6321~3
  서점주문용(02)606-6012~4
- 팩스 / 본사사무용(02)275-6003
  서점주문용(02)606-6016

지은이 / 김인자

제 1 판 발행 / 1997년 6월 25일
제 2 판 발행 / 1998년 2월 25일

나침반 신간안내 / 전화사서함 (02)152 - 응답후 6322

기독교 종합정보 / PC통신 천리안 • 나우콤 GO NIC

값은 뒷표지에 있습니다. • PRINTED IN KOREA

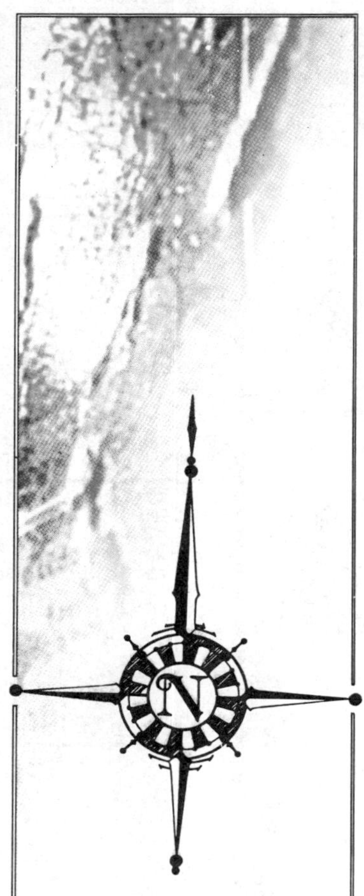

29

ISBN 89-318-1105-5